U0502345

秦始皇的用兵之道

墨香满楼 —— 著

中国出版集团　现代出版社

图书在版编目（CIP）数据

秦始皇的用兵之道 / 墨香满楼著 . –– 北京：现代
出版社 , 2021.5

ISBN 978-7-5143-9135-0

Ⅰ . ①秦… Ⅱ . ①墨… Ⅲ . ①秦始皇（前 259– 前
210）—生平事迹 Ⅳ . ① K827=33

中国版本图书馆 CIP 数据核字 (2021) 第 066487 号

秦始皇的用兵之道

作　　者	墨香满楼	
责任编辑	姜　军　王志标	
出版发行	现代出版社	
地　　址	北京市安定门外安华里 504 号	
邮政编辑	100011	
电　　话	010-64267325　64245264（传真）	
网　　址	www.1980xd.com	
电子邮箱	xiandai@vip.sina.com	
印　　刷	三河市宏盛印务有限公司	
开　　本	710mm×1000mm　1/16	
印　　张	15.75	
字　　数	287 千字	
版　　次	2021 年 6 月第 1 版　2021 年 6 月第 1 次印刷	
书　　号	978-7-5143-9135-0	
定　　价	45.00 元	

版权所有，翻印必究；未经许可，不得转载

前　　言

　　秦始皇是我国历史上的第一位皇帝，姓嬴，名政。公元前 259 年，他出生于赵国的国都邯郸，他的父亲异人是秦昭王的孙子，秦孝文王的儿子。当时赵国和秦国关系紧张，为了缓和这一局势，异人被父亲安国君送到赵国当人质。因此，嬴政是以人质的儿子的身份在邯郸艰难度过自己的少年时期的。在秦国和赵国交恶的岁月里，赵人恨不得生吞了异人一家，尤其是秦国名将白起坑杀 40 万赵军后，赵国上下都要追杀异人。最终，在吕不韦的积极周旋下，异人得以回到秦国，但这让嬴政母子的处境更加艰难，他们一直过着东躲西藏、吃了上顿愁下顿、受尽屈辱的日子。对嬴政来说，幼年的这番磨难将他塑造成了一个刚强坚毅、坚韧不拔的铁血君主。

　　公元前 247 年，秦庄襄王驾崩，13 岁的嬴政即位，尊称吕不韦为仲父。公元前 238 年，秦始皇在雍城的蕲年宫举行加冠庆典。接着，他铲除了叛变的嫪毐，罢免了吕不韦，完全执掌了秦国政权。

　　秦始皇亲政后，立刻开始了扫平六国、一统天下的大业。从公元前 230 年到公元前 221 年，秦始皇先后消灭了韩国、赵国、燕国、魏国、楚国和齐国，终于在中原大地上建立了中国历史上第一个中央集权的封建国家，他则成为中国的第一位皇帝。至此，中国朝代有了最初的模式，经济、政治、文化和思想都渐渐趋于完善。

　　为了更有效地管理国家，一统天下后，秦始皇采取了一系列措施：废除分封制，立郡县，这一制度一直为后世的帝王所采用；统一文字，统一钱币，统一度量衡，为后世确立了大一统的标准；修建驰道，大大便利了国内的交通；焚烧六国史书，从客观上讲，这一举措统一了思想；修建万里长城，有力地抵抗了匈奴的入侵；北伐匈奴，从匈奴手中夺回了河套地区，扩展了中国的版图；南征百越，大大推动了国家的经济发展。这些措施，使秦始皇成为名副其实的千古一帝。

但他同时强征暴敛，浮华奢侈，信宫、驰道、阿房宫、万里长城等工程耗尽了无数百姓的血汗，他还花费了大量人力、物力和财力求仙问道、寻找长生不老之药，这些都使他成为历史上最具争议性的人物。但是，他用十年时间结束了中原大地五百年的战乱，用十年时间开创了被后世沿用两千多年的制度。他用自己的生命谱写了一部史诗，他的名字如同一颗闪耀的星星，在历史长河中灼灼发光。自秦始皇起，便有了亘古不衰的一统华夏，便有了发愤图强的泱泱中国。秦始皇为大中华奠定了一个绚烂的根基，对世界和中国的历史都产生了重大而深远的影响。

秦始皇的一生是传奇的，他一生的故事就是一部史诗。他的身上围绕着许多谜团：他到底是王室之胄，还是大商人吕不韦之子？他到底是病死还是死于非命？在这本书中，你都能找到自己想要的答案。这是一部人物传记，利用大量历史资料，从一个全新的视角向读者呈现出一个不一样的秦始皇。本书十分客观地介绍了秦始皇的一生，结构紧凑，资料翔实，故事情节异彩纷呈，环环相扣，气势磅礴，扣人心弦，是一本不容错过的佳作。

目录 / Contents

第一章

除内患得天下

工于机巧，异人险中归大秦

《庄子·天地》："功利机巧，必忘夫人之心。"三国魏·曹植诗《侍太子坐》："翩翩我公子，机巧忽若神。"《后汉书·张衡传》："衡善机巧，尤致思于天文、阴阳、历算。"

春秋战国时期，各诸侯国争霸称雄，征战不断。经常是几个小国家联合起来抵抗另外一个小国家，而联合起来的国家为了取得彼此的信任，常常把自己的儿孙送到对方国家当"抵押品"，称为"质子"。实际上，这就是一种变相的"人质"。那个时候，这种做法相当盛行，甚至不少国家的安危全系在这些"人质"身上。

秦始皇的父亲原名叫异人，是秦昭王的孙子，秦孝文王的儿子。他就是在这种情况下，被秦孝文王送到赵国做了"质子"。虽然当时赵国和秦国是盟国，但两国发生过战争，并且是赵国输了，因此，赵王一直对秦国很不放心。为了牵制秦国，他就派人对异人严加看管。

因为秦国、赵国的关系并不亲密，所以与其他国送到赵国的"质子"相比，异人的处境就差了不少，他在赵国过得十分艰难。他的母亲夏姬失宠，他则被送来赵国当"人质"，这让他对自己的前途颇为失望，他明白，自己回到秦国继承王位的可能性不大。但他身在异国他乡，十分思念自己的祖国，思念自己的亲人，有家不能回，这是他最大的烦恼。

就在异人痛苦不堪的时候，到赵国邯郸经商的大商人吕不韦打起了他的主意，他决定在这个秦国王孙身上下一个大的赌注。

吕不韦经常云游列国，对不少国家的上层政权颇为了解，当然也包括秦国。不过话说回来，哪怕是一个富可敌国的商人，要拿出一大笔钱投资政治，也是需要胆识和魄力的。

吕不韦在家里反复权衡了一番，最后向其父亲说明了自己的想法，他的父亲是一个土财主，一向不关心世事。这几年，吕不韦在外经商的事情，他也从不过问。

吕不韦对父亲说："这几年我在外面闯荡，历尽了千辛万苦，但并没有赚到什么钱，父亲您在家辛苦经营，也没有朝廷中的官员富有。我已经意识到了一个问题，那就是单单凭借做生意，是永远没有出头之日的，我们要另辟蹊径才好。"

父亲听完，立马惊愕地看着他："你是不是疯了？"

"没有，我的精神十分正常。"吕不韦说道。

"是吗？那你为何说出这番话来？"

"我说的是真话。"吕不韦说道。

"我们家世世代代经商、务农，能干别的事情吗？"

"如果有比务农、经商更赚钱的事情，我们还是可以去做的。"

他的父亲不以为然地抽了几口烟，然后心不在焉地说道："还有这等好事吗？"

吕不韦并没有直接回答，而是问道："您说说，耕地种地能获得多少利？"

"十倍。"

"经商能获利多少呢？"

"一百倍。"

"如果立一个国王，能获利多少呢？"

"那就是无数倍了。"

"秦国现在有一个落难王孙，名叫异人，父亲听说过吗？"

"他不是在赵国吗？"

"是的，但现在秦国的国内形势瞬息万变，将来王位花落谁家，并没有定数。现在的太子安国君最宠幸华阳夫人，华阳夫人的弟弟被封为阳泉君，他们一家在秦国最有权有势。虽然这个华阳夫人有着很高的地位，但遗憾的是，她没有儿子。现在，有希望继承王位的是太子和另外一个姬妾生下的儿子。谁也说不准将来究竟由谁继承王位，所以，我们可以利用一下异人。"

父亲听完，虽然同意了吕不韦的看法，却说自己对这种事情不感兴趣。当然，吕不韦并不在意，他要的只是父亲的态度。于是，这次谈话之后，他就开始活动起来。

他利用一切机会接近异人，时间长了，异人就喜欢上了这个豪爽、讲义气的朋友，两人经常在赵国的王宫贵族家吃吃喝喝。

某天，吕不韦专门把异人叫到自己家中，故作神秘地告诉他："秦昭王驾崩了，现在由你的父亲安国君继位。我听说安国君对所有的妃子态度都一般，唯独宠爱华阳夫人，但华阳夫人没有儿子。安国君有二十多个儿子，有的在异国他乡做了质子，其余的在国内并不受重用。论才学，你在秦家子孙中算是最突出的一位，你想回去争王位吗？"

异人想了想，忧愁地对吕不韦说："你说得十分在理，我在赵国受尽了苦难，很不得志，但我还能怎么样呢？"

吕不韦看出了异人的心思，便说道："只要你愿意，我觉得还是有办法的。"

异人急忙问道："你有什么好办法？"

吕不韦直言不讳地说道："你现在在赵国当质子，身无分文，想要回国，只有一种办法。"

"什么办法？"

"你要结交秦国国内掌握实权之人，譬如华阳夫人。如果你和她攀上关系，前途就将一片光明。"

"你说得有道理，但我身在异国他乡，与国内有权有势的人没有任何联系，华阳夫人更是对我一点印象都没有，你说的都难以办到。"

"这个并不难。"

"为何这样说？"

吕不韦真诚地看着异人说道："我吕不韦能结交你这样的朋友真是三生有幸，我愿意为你出钱，为你奔走游说，让华阳夫人收你为儿子。"

"真的吗？"异人激动万分地问道。他握住吕不韦的手，诚挚地说："如果你帮我办成了这件事情，某天我坐上秦王的宝座，一定会与你共享秦国江山的。"

吕不韦见异人说出了内心的真实想法，不好意思地摆摆头，说道："你太客气了，咱俩是关系好，我才愿意帮你这个忙的。如果我是贪图富贵的人，怎么可能放弃这经商赚钱的行当，而投入大量资金办这件事情呢？"

两人说了一番客气话，一场政治交易由此开始。

吕不韦准备去秦国游说，临走前，他对异人说："我马上就要去秦国了，你在这里也不能无所事事，要找点事情做。"

异人问："我能找什么事情做呢？"

"你要让赵国更多有权有势的人认识你。"

异人听完，双眉蹙成一团，问道："我现在囊中羞涩，怎么去结交他们呢？"

"这个你就不要担心了，我给你五百两黄金，你就放手去花，在邯郸城搞出点名堂来，只要是邯郸城有权有势的人，你都应该登门拜访。当然，不能沉于女色当中。"

异人听完十分感动，说道："请吕兄放心，我会按照你说的去做的。"

吕不韦安排好这一切后，就带着金银财宝，踏上了去往秦国的征途。

一个月后，吕不韦终于来到了秦国的国都咸阳，他以前到这里做过生意，对这里的一切都颇为熟悉。他在当地一家客栈住了一晚，次日，便带着厚重的礼物去拜见华阳夫人的弟弟阳泉君。

当时的阳泉君凭借他姐姐的关系，在秦国混得风生水起，是一个权高位重之人。他性情高傲，从不接见外人。但由于吕不韦是当时一个赫赫有名的大商人，并且与秦国的一些文武官员有些联系，所以阳泉君不好意思拒绝他的拜访，只好礼节性地会会面。

吕不韦到底是见过世面的人，他见到阳泉君后，直截了当地说道："年兄，最近可好？"

阳泉君回答道："还行，请问你有什么事情吗？"

"难道你还没有感觉到吗？"

"感觉到什么？"

"你即将面临大的危险了。"

"此话怎讲？"

"你想听真话，还是想听假话？"

"当然是真话。"

"那好吧，我就直说吧。"

"你赶紧说。"

吕不韦却扬扬得意地端起茶杯，慢悠悠地喝上一口茶，才说道："你的姐姐华阳夫人现在是秦王最宠爱的妃子，你们几个兄弟也跟着飞黄腾达，身居高位，但目前你们的处境十分危险啊！"

阳泉君听了，脸色一沉，心想："他吕不韦为何诅咒我呢？"但他还是克制住了自己，问道："你这么说有什么依据吗？"

"当然有依据。"

"那么请如实说吧。"

吕不韦见阳泉君一副心神不宁的样子，故意慢悠悠地说道："你们家的财富，是他人所比不了的，这一切都得益于华阳夫人。但华阳夫人有一个显而易见的不足，那就是她没有儿子。秦王子嗣众多，一旦由他人继承了王位，华阳夫人的处境将会如何？你们想过这个问题吗？你们也清楚宫廷斗争的残酷，一旦有新的天子继位，肯定会杀掉一批人，你们现在受宠，这已经让秦王的子女们恨之入骨了。所以说，将来你们会有生命危险啊。"

阳泉君听完脸色苍白，他低头想了想，说道："真是当局者迷旁观者清！听你的一番话，我算是明白了，那你有什么好方法吗？"

吕不韦说道："办法是有的，就看你姐姐答应不答应了。"

"你就指点一下吧，只要是对我们有利的事情，姐姐肯定会去做的。"

"那你听说过异人吗？"

"听说过。"

"他现在在赵国当人质，是一个不可得多的人才，他十分想念自己的祖国，同样想念华阳夫人。他曾经对我说，想当华阳夫人的养子。如果华阳夫人立他为嗣，秦王一定会立他为太子的。如此一来，华阳夫人就能够永远保住自己的地位了。你们不光保住了自己的性命，也会更发达。"

"真能像你说的那样吗？"

"这还能有假吗？"吕不韦说道，"你是饱读诗书之人，明白道理，如果你姐姐华阳夫人真的收异人为养子，凭借秦王对你姐姐的宠爱，异人还愁无法继承王位吗？这是一件各得其所的事情，相当于异人没有国而有国，华阳夫人没有儿子而有儿子。你清楚秦国的历史，'夫在则重尊，夫百岁之后，所子者为王，终不失势，此所谓一言而万世之利也'。"

阳泉君认为吕不韦的一番话很有道理，所以当下就答应了吕不韦，表示自己将竭尽全力说服自己的姐姐。

吕不韦显然有备而来，他依然不放心阳泉君，于是通过阳泉君见到了华阳夫人的姐姐——一个风姿绰约而又贪图享乐的女人。这些年来，她沾了妹妹不少的光。

她面带微笑地将吕不韦送给她的金银珠宝接了过来，说道："你是一个大商人，在秦国名声很大，朋友多得像牛毛一样。你找我这个女人，能帮你办什么事情呢？"

吕不韦听完笑了，他全神贯注地看着眼前这个仪态万千的半老徐娘，两人用眼神交流了一会儿，谁也没有吭声。

终于，吕不韦打破沉默，说道："我想让你给你妹妹带一句话。"

"这是一件简单的事情，你尽管说吧。"

"那我就如实说了。"

"说吧。"

吕不韦喝了一口茶水，说道："我听说，用美色侍候人的女人，一旦美色衰退，她所受到的宠爱就会减少。你认同这个观点吗？"

华阳夫人的姐姐一脸茫然，她皱着双眉问道："你说这句话是什么意思呢？请直说吧。"

吕不韦说道："现在秦王十分宠爱你的妹妹，你知道原因吗？因为她是一个姿色绝伦的女子，这是她的福气。但是到目前为止，她还没有一个儿子，这是一个很严重的问题。我认为你妹妹应该立一个贤能、聪明、孝顺的人为子嗣，将来这个儿子很可能当上皇帝，你妹妹就能够永远不失宠了。"

"立子嗣也不是一件容易的事情，最基本的是要选择一个合适的人，可现在这些王孙都是秦王的其他妃子生下的，并且她们之间的关系也不太亲密，她不愿意干这种出力不讨好的事情。"

"夫人有所不知，还是有合适的人的。"

"是谁呢？"

"是秦王的儿子，他现在在赵国当质子，他叫异人。"

"这个人从小在外国生活，我们对他根本不了解啊。"

"请你们放心，我十分了解他，他是一个不可多得的人才，对华阳夫人也很是崇拜尊敬。如果你的妹妹立他为子嗣，他就会成为太子，到时候，你的妹妹就会成为人人都敬仰的皇太后。"

吕不韦终于说动了华阳夫人的姐姐。

次日，她就步履匆匆地进宫，将吕不韦的话语告诉了华阳夫人。而这个时候，阳泉君已经来过了。

华阳夫人说道："这件事情已经有人说过了，是一件大有裨益的事情，如果这个异人真的像大家说的那么优秀，我一定会立他为子嗣的。"

华阳夫人十分重视这件事情，她立马行动了起来。某天晚上，年老体衰的秦王安国君准备去陪那位新来的年轻美貌的燕国美女，从华阳夫人门口经过时，被她拦住了。无奈之下，他只好进了她的寝宫。

这是一个充满温情的夜晚，被安国君搂着的华阳夫人却突然梨花带雨，安国君立马抚摩安慰道："你这是怎么了？"

华阳夫人说："你天天忙于国事，我孤身一人，又没有个孩子，连说话的人都没有，我想收养一个儿子。"

安国君听完，面带微笑地说道："原来你是为这个事情伤心难过啊，这个很容易解决，你看上有合适的人，就立为子嗣，我没有意见。"

华阳夫人这才露出了笑容，说道："我想收养异人为儿子，你同意吗？"

安国君同意了。

次日，华阳夫人在其姐姐的引荐下与吕不韦会面了。在吕不韦的口中，异人就是一朵花。华阳夫人十分称心如意，并叮嘱吕不韦做异人的老师。吕不韦假意推辞了一番，然后按照华阳夫人的安排回到赵国，向异人报喜去了。

吕不韦回到邯郸后，立马将这个好消息告诉了异人。异人对他更加敬佩了，并多次催着他带自己回到秦国。吕不韦却安抚他说："不要着急,时候还没到呢。"

异人只好怀着激动的心情苦苦等待着。

这时的吕不韦却在为另外一件事情忙碌着,那就是异人的婚事,这件事情也十分有目的性。

吕不韦这段时间一直与自己刚娶进门的姬妾黏在一起,她名叫赵姬,是一个千娇百媚、能歌善舞的美女。

没过多久,赵姬就怀上了吕不韦的孩子。

吕不韦已经迈出了成功的第一步,他对赵姬说道:"现在你怀上了我的孩子,你希望咱们的孩子成为一国之主吗?"

"这可能吗?"

"只要夫人听从我的安排,我们的愿望就能够实现。"

"那你需要我做什么呢?"

"我想要夫人做异人的妻子。"

赵姬一下子呆住了:"你,不是白日说梦话吧?"

"夫人国色天香,异人在赵国做质子,并没有妻子,你就扮成我的歌女,尽一切机会接近异人,一旦我们的儿子出生,他不就是秦国王室的子孙了吗?"

"夫君,你这完全是在胡思乱想,异人的父亲安国君有二十多个儿子,异人排中间,是难以成为太子的。并且,谁知道妾的肚子里面是儿是女,如果是个女儿,岂不是竹篮打水一场空。"

"夫人,哪怕是有一丝希望,我们也要做出百分之百的努力。有道是:有志者,事竟成。"

说完,吕不韦"扑通"一声跪在地上,赵姬一着急,也跪下了。

"夫君起来说话,妾承受不起。"

"夫人不答应,我便长跪不起。"

"夫君,你我十分恩爱,情投意合,妾实在难以割舍。"

"夫人,我也舍不得你呀。但为了我们的儿子将来不再低三下四,即使是死,我都愿意,何况你我二人还能相见。"

"话都说到这份上了,我也不能说什么了,希望我能生下儿子吧。"

"你就等着我安排你和异人见面吧。"

一个月光皎洁的夜晚。

多盏红灯高高悬挂,异人家中的厅堂被照得像融入了红色的梦幻之中。异人手中拿着酒杯，呆呆地望着那个身着红袍、涂着胭脂的绝色女子。

这个女子坐在一架古琴旁，十分安静。她有着圆圆的脸蛋，弯如柳叶的细眉，一双凤眼含情脉脉，手指白皙修长——是个美丽的可人儿。

她的身上还散发出阵阵清香，这香气在室内萦绕着，让人热血沸腾。

吕不韦介绍说："这位我刚结识的女子赵姬，能歌善舞，是邯郸城内出名的美女。"

这个女子莞尔一笑，说道："吕兄又在笑话我了。"

吕不韦摇摇头，对赵姬说："这位年兄是一位大人物，他就是我向你提起的秦国国君安国君的儿子异人。"

赵姬赶紧起来行礼，此时的异人已经完全被赵姬迷住了，也急忙站了起来，拉住她的手亲吻了一下，说道："美人免礼，今天能够在这里认识你，是我的缘分。你真漂亮，以后有事尽管找我。"

吕不韦看了赵姬一眼，说道："异人兄对所有的美人儿都很热情，你以后有办不到的事情，尽管找他就对了。"

赵姬努努嘴，撒娇地说道："那你以后不理我了吗？"

"那怎么可能呢？"

此时的异人更是局促不安，吕不韦让赵姬给他敬酒，赵姬斟一杯，他就喝一杯。三人边喝边聊，室内的气氛有些美妙。

异人就这样一杯接一杯地喝着，渐渐地有些醉了。他一把拉住赵姬的手说："你能为我弹奏一曲吗？"

赵姬面带微笑地答应了。

赵姬的手指来去自如地在琴弦上拨来拨去，每一个动作都是那么娴熟。她弹奏的是一首情意绵绵的曲子，异人全神贯注地听着，琴声十分美妙，如同一杯甘甜的美酒，让人回味无穷——他已经完全沉浸在这美妙的琴声中了。

一曲结束，室内寂然无声。

吕不韦说道："知音难觅，你看异人兄已经陶醉其中了。"

听到吕不韦的话，异人才清醒过来，感叹道："真是太美妙了。"

赵姬再次向异人敬了一杯酒，然后翩翩起舞。

只见赵姬身轻如燕，像一只美丽的蝴蝶飞舞着。异人兴奋地为其鼓掌，吕不韦则低头喝酒，嘴角弯成了一个弧形。

不知不觉，月光从窗户中洒了进来，已经是下半夜了。吕不韦站起来要走，异人却不同意，他对吕不韦说道："吕兄，我有一事相求。"

吕不韦眯着眼睛，问道："什么事情？"

异人看了一眼身边的赵姬，说道："请你把赵姬送给我吧。"

吕不韦不开心地说："我像兄弟般对你，我看上的歌姬，你怎么能打她的主意呢？"

异人急忙说道："请吕兄不要生气，赵姬实在是太美了，我一眼就看上了她，希望你能了解我的心。"

"这个不行，我刚喜欢上她，我俩两情相悦，异人兄怎能让我忍痛割爱呢？"

异人还在苦苦哀求，尽管吕不韦的内心已经乐开了花，但他依然装出一副生气的模样，坐在那里的赵姬也是一副一筹莫展的样子。

最后，吕不韦为难地对异人说："既然你那么喜欢她，那我就把她让给你吧。不过这件事不小，你得征求她的个人意见。"

异人对吕不韦感激不尽，他转过身来，抓住赵姬的双手问："你愿意嫁给我吗？"

赵姬有点难为情地说道："你们秦国多的是美女，以后你可不要后悔啊。"

异人说："秦国的美女再好，也比不上你。请放心，我这辈子都会把你放在心上的。"

这件事情就这样定了下来。那天晚上，吕不韦独自一人回家，赵姬住在了异人的家中。

从此以后，异人就在这个风流的女子怀里消磨时间。至于他什么时候才能回到秦国，这得听吕不韦的安排。

很快，一年的时间过去了。这时，赵姬已经将孩子生了下来，果然是一个男孩，这让吕不韦开心极了。当然，他只能在心里偷偷开心。

异人十分疼爱这个儿子，赵姬对异人也是温柔有加，但她依然寻找着一切与吕不韦亲热的机会。

华阳夫人听说异人在赵国结了婚，并且还有一个儿子，也颇为欣喜，于是传话给吕不韦，让他带异人回国。但是这个时候，秦、赵两国的战争爆发了。

秦军兵临赵国国都邯郸，赵王无奈之下，派人去抓异人。

赵王对手下的臣子说："如果秦国不退兵，就杀了他们的王孙异人。"

赵国的几个士兵将异人抓了起来，并将其关押在一个秘密的地方。

战争依然在继续，邯郸城一片混乱，到处都是火药味，不少有钱人都往外逃。这时的吕不韦却慌张了起来，他费了不少力气才打听到关押异人的地方。

吕不韦匆匆忙忙地跑回家，拿了一些钱，将其送给看守异人的士兵，这才见到了异人。

此时的异人一筹莫展，问吕不韦："秦军是不是已经攻入了邯郸？"

吕不韦说："还没有，但你目前的处境很危险。"

异人说："我是秦国的王子王孙，他赵王不敢把我怎么样，我最担心的是我的妻子和儿子，不知他们现在在哪里？"

"可能也被赵王关押了起来。"

"那怎么办？"

"不要慌，现在你有生命危险，你得马上回到秦国去。"

"我能逃出去吗？"

"我有办法。"

"但我还是放心不下我的妻子和儿子。"

"赵家是赵国的大户人家，赵王一时半会儿是不会对她们母子动手的。"

这时，吕不韦听到门外响起了脚步声，于是急忙跑了出去，送给那两个看守的士兵一人二百两银子，然后跑回来，对异人说："我们赶紧逃走吧。"

"真的能逃走吗？"

"你不要问那么多了，这几个看守的士兵是不会为难我们的。"

吕不韦已经提前做好了安排，他和异人乘坐着马车飞快地逃到城门前，几个手上拿着长矛的门卫过来阻拦，吕不韦面带微笑地迎了过去，将早就准备好的一大包金子塞给长官，说道："这位长官，我是商人吕不韦，就住在南城巷子里，这个时候要出城接一位客人，请行个方便。"

那位长官掂了掂手中的金子，然后快速地将其装进了口袋中，面带微笑地说道："快去快回。"

吕不韦快马加鞭地驾着马车出了城门。他们二人历尽千辛万苦，终于在一个月后抵达了秦国的都城咸阳。

在吕不韦的一番安排下，异人马上就见到了华阳夫人。吕不韦在进宫之前就提醒异人："华阳夫人十分平易近人，她以前是楚国人，她既然已收你为儿子，你就应该穿楚服去见她，她肯定会更喜欢你。"

异人听从了吕不韦的建议，穿着一身楚服去拜见华阳夫人，华阳夫人看了他的这身装扮，十分满意。华阳夫人问了他很多问题，他都流利地一一作答，华阳夫人发现他果然如吕不韦说的那样优秀，并且十分懂礼仪，就更喜欢他了。

华阳夫人拉着异人的手说道："从现在开始，你我就是母子关系了，你就住在宫中好了。"

异人立马跪下拜谢。华阳夫人面带微笑地说："不要多礼，你现在这个名字不大好听，我给你取一个新的名字，怎么样？"

"请母亲恩赐。"

华阳夫人想了想，说道："我是楚国人，你是我这个楚国人的儿子，你就叫子楚吧！"

此时的安国君已经年过半百，加上沉迷女色，身体每况愈下，没当几天皇帝就去世了。

安国君去世后，子楚名正言顺地当上了秦王。后来，他把赵姬和儿子从赵国接了回来，吕不韦则被封为国相。

当机立断，长信侯殒命

汉陈琳《答东阿王笺》："秉青萍干将之器；拂钟无声；应机立断。"南朝梁刘勰《文心雕龙·神思》："若夫骏发之士，心总要术，敏在虑前，应机立断。"唐郗昂《岐邠泾宁四州八马坊碑颂序》："心悬规镜，家韬赐书，投刃靡全，应机立断。"

秦始皇少年时期在赵国生活的这段经历，可以说是他人生中的一笔宝贵财富。在秦国、赵国交恶的这段时间里，父亲在赵国当人质，嬴政的出生并没有给他们带来多少快乐，反倒添了不少麻烦。因为在嬴政出生的前一年，爆发了长平之战，秦军坑杀了四十万赵军，给赵国带去了极大的震动。

异人逃走后，赵姬母子的生活更加艰难。周围的人十分看不起嫁给秦国王孙，又被秦国王孙抛弃的赵姬。他们饱受战争的折磨，此时就将自己的痛苦发泄到这对母子身上——对他们破口大骂，又想尽各种办法羞辱他们。人们那一双双仇恨的目光，就像悬在赵姬母子头上的一把把风刀霜剑，让他们处境艰难，甚至性命堪忧。但是，他们不能反抗，只能默默承受着。因为他们知道，如果不这样做，就会有更大的灾难降临。朝廷早就对他们虎视眈眈，如果不是赵姬的娘家帮助他们东躲西藏，又有吕不韦在其中周旋，恐怕他们早就没命了。

嬴政在赵国都城邯郸生活了整整八年，在这里，他目睹过战争，忍受着饥饿以及他人对自己的仇恨，这让他幼小的心灵受到了极大的伤害。一方面，周围人对他们一家的仇恨和虐待让他变得孤僻、沉默寡言；另一方面，他学会了默默地去承受，并且十分仇恨身边的人。他由此变得自卑、冷漠、狂热，并且有着强烈的复仇心理。

嬴政是秦国人的种，每当他走在邯郸的街头巷尾，都有人指着他的鼻子骂，更有甚者，会抓起瘦小的嬴政一顿揍，他成了大家发泄怨恨的对象。

小嬴政和母亲赵姬相依为命，孤儿寡母好不艰难，一直过着食不果腹、东躲西藏的日子，所以幼年的秦始皇身体发育不良，这就是艰苦生活的烙印。

由于在赵国遭受了种种磨难，嬴政从小就希望自己长大后能有一番作为，以后去复仇。这个希望支撑着他在困难之中坚持下去，以便将来做个人上人。

当他被父亲接回秦国后，他感受到了无上的光荣。秦国的王孙——这种身世是多么的让人骄傲自豪哇！

父亲子楚去世后，嬴政继承了王位，从此就有了强烈的亲政意愿。但是他年纪尚小，不得已让仲父吕不韦掌握了政权，凡事都要听他的，这让嬴政感觉自己被架空了，得给吕不韦一点警告。

在一次宴席上，嬴政对吕不韦说："相国，你是寡人的仲父，寡人待你如同父母。仲父年事已高，可以在府中歇歇，享享清福，朝廷中的事情就不要操劳了。"

吕不韦当然明白嬴政的意思，但他当初可是对嬴政的父亲进行了一番大手笔的投资，现在岂能轻易放手？于是，他面带微笑地说道："我身体很好，再帮助你十年，是完全没有问题的。"

可以这样说，嬴政能有今天，完全是倚仗吕不韦。碍于这份情面，外加嬴政当时年纪小，在朝中没有什么势力，只好独自忍受着。

但是，当一个有所作为的君主是嬴政最大的愿望。于是，他决定先隐忍下去，积蓄力量，等待时机。

为了摆脱赵太后，吕不韦听说咸阳城的涵碧池有位名叫嫪毐的男子，他具有特异功能，便将其收入府中，经常让他表演转轮之术。赵姬听说后十分开心，与吕不韦合谋，让嫪毐剪掉眉头，除掉胡须后，以宦官的身份进入宫中。

嫪毐原本是一市井无赖，穷得连媳妇都娶不上，他做梦都没有想到自己能够和秦王的母亲同床共枕，并且她还是一个美丽的女子。于是他使出全身本事，极尽奉承。且说那赵太后正处于风月情长的年纪，近年来子楚体弱多病，根本无法顾及她，虽然偶尔与吕不韦私通，但总是难以尽兴。她没有料到嫪毐如此强壮，这让她欲仙欲死。

很快，赵太后怀孕了，为了避开嬴政，赵太后迁居秦国的故都大郑宫，近侍嫪毐自然也要同行。

隆冬时节，外面一片肃杀萧条的景象，大雪纷飞，白雪皑皑。大郑宫里传来了婴儿的啼哭声，一个男婴出生了。赵太后看着自己身上掉下来的肉，一脸的宠爱。虽然孩子顺利出生了，可怎么抚养是一个问题，何况她当初答应吕不韦，为了自己和嫪毐的性命着想，孩子一出生就要将其溺死。于是她狠下心来，对接生婆说："抱走吧。"

卧房外已经准备好了一个盛满清水的盆子，接生婆将婴儿的头朝下，按入水中。哪知嫪毐一脚踹倒了接生婆，说道："你真是胆大包天，我的骨肉你都敢溺死！"

接生婆畏畏缩缩地说道："这是太后的旨意。"

"太后的旨意也不行！"嫪毐冲进太后的卧房，"太后，你真狠心啊，竟然想害死我们的儿子。"

太后听了，叹着气说："要是不溺死他，吕不韦那边如何交代？"

"他吕不韦算老几，他当初为何不溺死嬴政？我不但要让咱们的儿子好好地活下去，还要让他当上秦王，像嬴政一样！"

"你让他？"赵太后用手指着婴儿。

"是！为何要听吕不韦的，我嫪毐也不比他差。你看，我们的儿子多可爱啊，我们一定要将他抚养成人。"

"我们如何养他？"

"我们哪儿也不去，就让他在大郑宫长大吧。"

"不回咸阳吗？"

"我们在这里多潇洒自在，谁也管不着我们，还去其他地方做什么？"

"说得在理。"赵太后点点头说道。

于是，赵太后和嫪毐在大郑宫中住了下来，但随着时间的推移，嫪毐的胃口越来越大。他明白赵太后已经离不开他了，就不断地向赵太后提要求。

第二个儿子出生后，嫪毐对赵太后撒娇道："臣已经为您生了两个儿子，也算得上是一个有功之人了。"

"怎么了，你又要奖赏了？"

"前些年，臣在咸阳宫中遇到了吕不韦，他对臣爱搭不理的。看他那副模样，比大王还牛气冲天。"嫪毐气愤地说道，"他对待臣就像对待家奴一样，不就是因为他既是相国，又是文信侯吗？"

"不要搭理他，毕竟你是得他举荐才进宫的。"

"不要，人活着就是要争一口气，吕不韦是一个文信侯，我也要当个侯爷。"

"简直是胡闹，对秦国来说，吕不韦是立下汗马功劳的人，你怎么能与他相提并论呢？"

"你是大王的亲生母亲，大王肯定会听自己母亲的话的。只要你开口，就没有办不成的事情。"

赵太后摇摇头说："不行，你就别打这个主意了。"

嫪毐见赵太后没有答应他的要求，就拂袖而去。接连几天，赵太后都没有见到嫪毐，这可让她受不了，她让太监、宫女多次去叫他，可他都称病不能起床。赵太后知道原因，没有办法，只好乘车去了咸阳。

嬴政看母后从雍地赶了过来，连拜了三下，问道："母后一般不来咸阳，今日驾到，不知所谓何事？"

"王儿，母后这次来是专门为嫪毐请封的。"

"哦，"嬴政诧异地问道，"母后，您想为他请什么封赏？"

"母后宫中有的是金银珠宝，赏赐就不用了，我是想让王儿封他个侯爷当当。"

"母后，不是孩儿不孝，是这件事情太不妥当了。只有对大秦有功之人才能得到封赏，嫪毐只是一个宦官，对大秦没有功劳，如果封赏他，文武百官会笑话的。"

"王儿这话就不对了。嫪毐是大郑宫的太监总管，十分尽职尽责，把为娘身边的事情都处理得妥妥当当的，这也算是有功吧？"

"儿臣明白，母后十分满意他，但封他为侯爷难以让文武百官信服哇。"

"文武百官？他们都在大秦做官，皇帝就是他们的衣食父母，皇帝的话，他们有何不信服的？"

其实，这一阵子，嬴政也听到过关于母后和嫪毐的一些言论，说嫪毐身份特殊，与母后关系密切，但其中的细节又不清楚。他看今日母后如此强硬地为嫪毐争取侯爷之位，颇为维护他，就知道两人关系不浅。他想，母后的命令不可违抗，也刚好可以借此机会将母后和嫪毐分开。

于是，嬴政说："既然母后再三为他请封侯爷之位，儿臣只能答应了。"

赵太后脸上立马露出了笑容，说道："这才是我的好王儿。"

"母后，儿臣这就下发圣旨，封嫪毐为长信侯。"

"这就太好了，娘今天实在是开心。"赵太后乐开了花。

"母后，山阳一带物产丰富，儿臣将把山阳作为他的封地，并在那里为他打造长信侯府。"

赵太后听完有些诧异，说道："这就不用了，他只要一个封号就行。"

"封侯哪有不奖赏封地的？您让他到了日子就立马动身，前往山阳封地。"

"王儿啊，封侯不一定要离开啊，你看那文信侯，封地在洛阳，不也一直住在咸阳吗？"

"嫪毐与文信侯不同，文信侯是一国之相，国事都离不开他，因此需留在咸阳。"

赵太后没有办法接话了，她虽然十分后悔，但王旨已经下达，也难以更改，更何况她无法将自己离不开嫪毐的原因说出口，就只好郁闷地回到了大郑宫。

嫪毐得知自己被封为长信侯，欣喜异常，因为他早就不想做赵太后的男宠了。虽说赵太后依然风韵犹存，但毕竟无法与豆蔻少女相比。于是，他开心地带着长信侯的侯印前往山阳封地去了。

咸阳的东街，一座金碧辉煌、高大华丽的府邸近日落成了，这就是秦王特地给长信侯新盖的府邸。原来，赵太后自嫪毐离开后，一直郁郁寡欢。这样过了几个月，她再也按捺不住，主动返回了咸阳。嬴政拗不过赵太后的一再请求，只好在咸阳给嫪毐盖了一座豪华府邸。

长信侯府邸建好后，嫪毐将自己在山阳的姬妾仆人都迁回了咸阳。今日，他要举行一场盛大的宴会，来庆祝长信侯府邸竣工。

到了中午时分，卫尉竭、中大夫令齐、中大夫颜泄、客卿李斯、内史肆、王叔子康、佐弋竭等各级官员纷纷携带礼物而来，而各种山珍海味已经备好。宴会的规模甚至超过了王宫的喜宴。

宴会结束后，中大夫颜泄提议："今天是长信侯爷的乔迁之喜，现在大家都吃饱喝足了，何不再玩得尽兴一点，我们博彩一番如何？"

嫪毐本是市井出生，天性好赌，颜泄明显是在讨好他，这正合他的心意。他开心地嚷嚷道："今天大家要豪赌一场，谁也不许走。"

于是，一个大赌台摆了上来，嫪毐做东。前面几轮，嫪毐十分幸运，每次都赢了，但后面形势发生了改变，嫪毐赢的时候少，输的时候多。慢慢地，嫪毐的赌本输了一大半，他有些接受不了，以前那种市井无赖之相显露了出来。

"换人，我不做东了。"

"侯爷，那您说换谁？"令齐巴结他说道。

嫪毐环顾一周，觉得颜泄最富有，便说："换颜大夫。"

颜泄一副满不在乎的样子，说："那就我来做东，你们下注吧。"

嫪毐为了赢回刚才输掉的钱，说道："这次我下一个大注，我就不相信倒霉的总是我！"

颜泄好意提醒道："侯爷，少下点。"

"怎么了？你害怕了吗？"

"不是，我是想少下点，能多玩几把。"

"怎么，你担心我没钱？"

"下官不敢。"

这一次，嫪毐赢了，他开心地叫嚷了起来："风水轮流转！哈哈，看到没？"

"侯爷运气真好，"颜泄试探地问道，"侯爷现在差不多都赢回去了，要不到此为止吧？"

"怎么？你又害怕了？你们现在不许撤！来，我再下一注，定要赢你们个底儿朝天！"嫪毐把刚才赢的钱外加老本一同押上了。

"侯爷，押得太多了，拿下一半来吧。万一运气不好，侯爷您就要竹篮打水一场空了。"

"别废话，全输了，我乐意，"嫪毐催着说，"赶紧开局。"

颜泄也不好再劝，只好将手中的盒子晃了晃，揭开盖子一看，发现是四个点，不免叹了一口气。

嫪毐兴高采烈地说道："你才四个点，看本侯爷的！"嫪毐接过宝盒，摇了很久，然后胸有成竹地打开，却发现是三个点，这就意味着他输了。嫪毐张大嘴巴，一声不吭。

颜泄开心了，说道："侯爷，这回您输了，这些全归我了，对不住了。"他将桌子上所有的钱都收了过去。

虽然嫪毐现在极其富有，可他无法承受这一输。突然，他面露凶光将桌子上所有人的钱都拉了过来，扫入自己囊中。

这个时候，大家都一声不吭，因为他们都知道嫪毐的势力。但颜泄实在忍不下去了，不满地嘟囔道："侯爷，您这跟抢劫有什么区别？要玩就要输得起。"

"本侯爷就是抢劫，你们敢不给吗？"

"颜大夫少说两句，今天是侯爷的乔迁之喜，侯爷开心就行。"令齐赶紧劝道。

"但在赌桌上是平等的，我不管他是不是侯爷，他凭什么这么野蛮霸道！"

此时的嫪毐已经是酒劲上头，拍了胸脯说道："就凭本侯爷是当今秦王的假父。你们能把我怎么样？"

在场的人一听这话，全都震惊了，颜泄也无话可接，令齐则脸色苍白，说道：

"侯爷，您喝多了，哪能说胡话呢。"

"我一点都没有醉，怎么了？你们还不相信？我与赵太后同床同枕三年多，已经给秦王生下了两个王弟。"

这句话如同平地一声雷，虽然以前有过关于嫪毐和赵太后的一些传言，但人们都抱着半信半疑的态度。可是现在，嫪毐亲口说出来了，在场的人全都目瞪口呆，颜泄更是直冒冷汗。

此时的嫪毐瞪着眼睛问颜泄："颜大夫，你还想拿回你的那些钱吗？"

颜泄连连鞠躬道："侯爷，下官有眼无珠，请恕罪。"

嫪毐见状，哈哈大笑起来，子康和李斯却悄悄溜走了，颜泄随后也逃走了。此时的令齐已经感到事态不妙，埋怨道："侯爷，您怎么为了这区区一千金，把隐私全都泄露出去了？"

"你们说我是为了钱，侯爷我今天让你们见识一番，"嫪毐嚷嚷了一声，"管家呢？我交代你做的事情怎么样了？"

"已经准备好了。"

"那抬上来。"

"遵命。"

很快，在管家的吩咐下，八个下人抬着四个红木箱子来到嫪毐面前。

"都下去吧。"嫪毐吩咐道，然后将四个箱子打开，金灿灿的金子直晃人眼。

"侯爷，您拿这么多金子干什么用？"

"每个箱子里都装着一万两黄金，你们四人一人一箱。"嫪毐豪爽地说道。

嫪毐说完，令齐、内史肆、佐弋竭、卫尉竭都愣住了。

令齐最先站了出来，婉言拒绝道："侯爷，一直是您庇护着我们，怎么也该我们孝敬您啊，怎么敢收下您这么大的赏赐呢？"

"侯爷如此重赏我们，实在是难以承受哇。"内史肆说道。

"侯爷如此重赏，实在不敢承受。"

"怎么了？你们还看不上，是吗？"嫪毐瞪起了眼睛。

"下官不敢。"四人脸色苍白地回答。

"给你们的，你们就坦然收下。等下我派人送到你们家中，"说到这里，嫪毐降低了音量，"这一万两黄金区区小事，后面有享不尽的荣华富贵等着你们。"

"侯爷，您没发现李斯和子康已经溜走了吗？如果大王知道这件事情，恐怕咱们都逃脱不了干系。"

"那也未必，什么叫先下手为强？"嫪毐说完，将自己的几个死党叫到跟前，狠狠地说道，"几天后，嬴政要在蕲年宫举行庆典……"

宴会结束后不久，嫪毐来到了赵太后这边，搂着赵太后说："太后，我一定要成为比吕不韦还有出息的人。"

赵太后不屑地回答道："吕不韦是一个深谋远虑之人，他能够让自己的儿子当上秦王，你那一套雕虫小技，怎么能和他相比呢？"

"你可别看不起我，你们的儿子可以做秦王，我们的儿子同样可以做秦王。"

"大白天说梦话。"

"嬴政不可能永远活着吧，他死了以后，我们的儿子就可以当上秦王了。"

"他现在才二十一岁，马上就要加冕执政了，等他老了，我们都不在了，想管也管不了。"

"哼，我才不要等他老了以后呢，我现在就要让他将王位让出来。"

"你是要叛变？"赵太后大吃一惊。

"懂得什么叫先下手为强吗？明天嬴政要在蕲年宫举行加冕庆典，他的死期就要到了。"

"你要干什么！"

"把你的太后玉玺给我。"

"你要做什么！"

"让你给我就给我，痛快点，废话少说！"

"你是要调集大郑宫的兵力？"

"实话实说，我明天要起兵，一举杀死嬴政。"

"绝对不行，"赵太后拒绝道，"你现在已经有享不尽的荣华富贵，不可再生贪念。"

"把太后玉玺交出来！"

"休想！"

嫪毐知道再这样拖下去，自己就死路一条了。他容不得赵太后拒绝，于是在赵太后的寝宫中各种翻腾，最后终于找到了太后玉玺。

"明天我就要同嬴政决一死战了，不是他死就是我亡。"嫪毐冷冷地说道。

"你这是害我呀！"赵太后说完就要往外走。

"你这是想去哪里？"嫪毐拦住了她的去路，"你这是想去给嬴政通风报信吧？"

"我就是出去散散步。"赵太后急忙掩饰。

"从现在开始到明晚，你只能待在这房间中。"说完，嫪毐便吩咐自己的随从对赵太后严加看管。

"你好大胆，竟然敢软禁我！"赵太后愤怒地说道。

愤怒归愤怒，赵太后终究出不了宫门，没有办法告诉嬴政嫪毐即将叛变。但嬴政毕竟是她的亲生儿子，她此时备受煎熬。

阳光透过窗户，投射到东边的墙壁上，分外明亮。墙壁上遍布七国疆域图，十分清晰。嬴政站在地图前，久久地凝视着。明天他就要加冕执政了，他苦苦等待的这一天马上要到来了。此时的他心中自然豪情万丈，他暗暗发誓：一定要成为一位有所作为的君王！

"宣赵高进殿。"

"叩见大王。"

"平身吧。赵高，你说说看，孤王亲政后，第一件事情应该干什么？"

赵高看嬴政兴致正浓，立马猜出了他的心思，说道："大王英姿飒爽，正值年轻有为之际，理应扫平六国，一统天下，创下先王们所没有的丰功伟绩，流芳百世。"

"赵高，你说到孤王的心坎上去了。你就留在孤王身边随身侍候吧。"

嬴政和赵高正说着，门外传来一阵哭声。嬴政双眉紧蹙地说："你去看看，是什么人在门外哭泣？"

赵高出去看后，返回禀告："是中大夫颜泄，说是有紧急事情需要禀告。"

嬴政板着脸说道："让他进来。"

颜泄进来立马叩拜，嬴政说："你一个男子汉大丈夫，为何哭哭啼啼的？"

颜泄看了一眼赵高，然后才说："臣有要事禀报。"

嬴政对赵高挥了一下手，示意他退下，然后依旧黑着脸问："你有什么话要背着人说呢？"

"大王，臣已经犯下了死罪。"颜泄一直在叩头。

"到底是什么事情？"

"微臣实在不知道嫪毐是大王的假父，刚才在侯爷府因为博彩而得罪了侯爷，让侯爷十分生气，请大王出手救臣一命。"

"你说什么，长信侯是孤王的假父？"

"嗯。"

嬴政一巴掌过去，颜泄的嘴角立马流出血来。

颜泄用手捂着下巴，呆住了："这可是侯爷亲自说的。"

嬴政从愤怒中清醒了过来，说道："他是怎么说的？你详细叙述一遍。"

颜泄立马将自己在长信侯府博彩的经过详细地叙述了一遍，然后说："他说他与太后有两个儿子，客卿李斯和王叔子康当时也在场，不信大王问问他们。"

"嫪毐估计是酒后胡言乱语，不能相信。"

"大王，当时长信侯已经冲微臣发怒了，微臣有性命之忧，臣实在不是有意的，还请大王帮一把。"

"没什么大事，你回去吧，谅他也不敢把你怎样。但是，这番话到此为止，不要对其他人提了。"

颜泄走后，嬴政又分别召见了李斯和子康，他们所说的话与颜泄一样，没有丝毫差别。显而易见的是，颜泄所说属实，母后的确与嫪毐通奸。但是，这件事情他该如何处理呢？嬴政现在也一筹莫展。

就在嬴政来来回回踱步之时，大郑宫的一个宫女求见，交给了嬴政一张手绢，这是太后转交给他的。

嬴政细细看了一番后，感慨万千道："关键时刻，母后还是惦记着儿子，抛弃了自己的情人。"

嬴政马上将赵高召来，吩咐道："你立马宣王翦、蒙武、昌平君进宫。"

"臣遵命。"

公元前237年4月8日，天气晴朗，万里无云，是一个好天气。甘泉宫前，嬴政的锦车正在等待出发，他不时从车内探出头来，透露出一丝焦虑。

赵高步履匆匆地赶了过来，对嬴政说："报告大王，长信侯称病，说不能随行。"

此时，嬴政心中的一块大石头落地了，他大手一挥，说："起驾。"

吕不韦为了彰显自己的地位，也重复了一遍："起驾。"

赵高提醒道："臣认为长信侯生病是假，其中必定有诈。"

嬴政没有接话，他不喜欢别人看穿他的心思。

嫪毐此时正待在长信侯府的密室里，他这几天都没有休息好，眼睛里布满了血丝。只见他一拳打在几案上，说："如今箭已经在弦上，必须叛变了，半小时后动身，今天不是他死就是我亡！"

"侯爷请放心，这次嬴政死定了。"卫尉竭胸有成竹地说道。

"如果侯爷登上了王位，我们也能成为侯爷了。"佐弋竭接着说道。

"侯爷，如果您当上了秦王，我可不当什么侯爷，我要当国相。"内史肆更是狼子野心。

"你们尽管放心，杀了嬴政，你们就有享不尽的荣华富贵。"嫪毐说完，见令齐没有吭声，就问："中大夫，你有什么想法？"

令齐迟疑不决，说："侯爷，下官认为不管什么事情都要想好退路，如果我们失败了，该怎么办才好？"

"没用的东西！"嫪毐破口大骂，"这就和赌钱一样，没有如果，不是输就是赢，因此我们这次只许赢！"

"侯爷您说的是。"令齐开始头冒冷汗。

"这次我们押的不仅是自己的身家性命，还有我们家人的性命，如果失败了，嬴政肯定要诛我们九族。所以，这次大家一定要拼命。"

嫪毐说完，在场的人个个哑然，没有人接话。大家此时才意识到问题的严重性，但事已至此，只能硬着头皮上了。嫪毐拿来一个酒樽，大家歃血为盟。

喝完血酒，嫪毐兴奋地说："诸位，本侯爷没有看错人，你们都是我的亲兄弟。其实，这次我们至少有九成胜算。这个时候，嬴政应该已经离开了咸阳，这京城是咱们的了。"

这个时候，卫尉竭站了出来，提醒道："侯爷，即使我们占领了咸阳，也还要发兵去往雍城蕲年宫，我们的兵力既要驻守，又要出兵，有些不足。"

"你说的本侯爷早就有所准备，我已经将县卒、宫骑、舍人等都组织起来了，也有二十多万人，对付嬴政足够了。"

卫尉竭听完点了点头，说道："如此一来，咱们的胜算大了不少。"

这个时候，一个部将跑了过来，向嫪毐汇报："侯爷，嬴政离开咸阳已经有半个时辰了。"

"好，立马行动。"嫪毐下令道。

蕲年宫中正在举行加冕典礼，突然，宫外响起了震耳欲聋的呐喊声："冲啊，杀死嬴政者，封万户侯，当大将军，赏十万两黄金！"

大将军王贲向嬴政汇报："大王，中大夫令齐已经率领十万叛军包围了蕲年宫。"

嬴政听完后站了起来，这时加冕仪式已经接近尾声，他走上蕲年宫的宫墙，对部下和叛军说道："将士们，嫪毐早就有叛变之心，对于这点，孤王早就察觉，并做好了应对的措施，用不了片刻，嫪毐就会被缉拿住。令齐纠集乌合之众来蕲年宫作乱，实在不堪一击。孤王在此宣布：令齐属下的叛变者，现在退出的，孤王不会治其罪，倒戈立下功劳的人，孤王必有封赏。我军立下功劳者，晋升一级。

如果有人活捉令齐，赏十万钱；如果有人活捉嫪毐，赏五十万钱；斩嫪毐首级的人，赏百万钱！"

令齐率领的十万士兵，大多是被骗过来的。在出发前，令齐声称有人在蕲年宫谋害嬴政，让他们跟随他去营救嬴政。所以，众人听完嬴政的宣告便纷纷倒戈，令齐见大势已去，就立马想要逃走。但是王贲早就瞄准了令齐，只见一支箭飞了出去，正中令齐的肩膀，令齐从马上栽了下来。王贲飞骑过去，擒住令齐，将其摔在加冠台下。

嬴政厉声问道："令齐，你现在还有什么话讲？"

令齐一声不吭地趴在地上。

咸阳城墙处，写有"嫪"字的大旗在空中飘荡。城楼处的嫪毐对同党说："这真是让人意料不到，我嫪毐已经占领了咸阳！哈哈哈，我就是秦国的大王了！哈哈哈……"

卫尉竭提醒道："侯爷，不知令齐那边战况如何了？没有杀死嬴政，就算不上胜利。"

"本侯爷认为杀死嬴政是一件轻而易举的事情，嬴政手下只有一万人马，令齐手下有十万多人，根本不用咱们担心。"

"关键时刻还是不要大意为好，"卫尉竭仍旧忐忑不安，"不如下官率十万人去援助吧。"

"还是本侯爷亲征吧，让我去教训一下吕不韦的孽种。"

于是，嫪毐率十万士兵向蕲年宫出发。大军行走了几公里，只见前面尘土飞扬，有大队人马迎面而来。

内史肆说道："一定是令齐的人马得胜归来了。"

"千万别是嬴政的人马。"佐弋竭担心地张望着。

"别瞎说，嬴政的虎贲军远在千里之外，他们做梦也不知道我们已经占领了咸阳，所以不可能是嬴政的人马。"内史肆否认道。

等尘土散去，空中那随风飘扬的大旗出现在他们的视线中，旗帜上那斗大的"王"字十分醒目。佐弋竭大为诧异："情况不好，是王翦！"

嫪毐也认出了王翦和昌平君，疑惑道："难道他们是有备而来？"

王翦见到嫪毐的人马后停了下来，说道："嫪毐反贼，大王早就察觉你有反叛之心，命令我和丞相率领虎贲军前来平定叛乱。识相的，赶紧下马受缚，免得我动手！"

　　嫪毐原本想出其不意地将嬴政杀死，这样他就可以号令天下了。没想到，嬴政竟然提前知道了他的阴谋。此时的他心虚极了，却不甘心束手就擒，于是举起手中的剑，说："王翦，这话该轮到我来说，是你识时务的时候到了。我已经占据了咸阳，这个时候，嬴政也应该被抓住了。你如果转而辅佐本侯爷，后面将有享不尽的荣华富贵。"

　　"嫪毐，你别白日做梦了，看本将军来取你的狗头！"王翦说完，便猛拍坐骑冲了过来。

　　佐弋竭上前迎战，但是仅战了十多个回合，他手中的枪就被王翦打掉了。紧接着，王翦一使劲，佐弋竭就从马背上栽倒下去，被王翦的部将生擒。

　　王翦一声令下："杀！"手下的大军呈排山倒海之势冲向了嫪毐的叛军。

　　嫪毐的叛军哪里见过这阵势？只见他们纷纷掉转方向，开始溃逃。这个时候，嫪毐什么也顾不上了，他的脑袋里只有"逃跑"二字。在慌乱之中，内史肆被王翦生擒。

　　王翦本想继续追赶生擒嫪毐，但昌平君对他说："大将军，我们该向大王汇报情况了，不然大王该着急了。"

　　王翦看了一眼正在逃跑的叛军，心有不甘地说："好吧。桓齮将军，你率领士兵继续追赶，一定要活捉嫪毐。"

　　"遵命！"桓齮率领士兵向溃逃的叛军追去。

　　此时的蕲年宫自是一番忙碌的景象，王贲正在编整已经倒戈的叛军，赵高听从嬴政的命令，一会儿忙这，一会儿忙那。吕不韦觉得自己受到了冷落，他情不自禁地走近嬴政，说道："大王，要不让为臣来查一下，看百官谁与嫪毐有牵连？"

　　"你为何要处理这件事情？"嬴政那像鹰隼一样的眼睛盯着他。

　　"臣毕竟是国相。"

　　"你是国相！"嬴政边说边发出阴冷的笑声。

　　吕不韦突然有一种不祥之感，他问道："大王为何这般冷笑？"

　　嬴政依然是一副恶狠狠的模样，说道："吕不韦，你说你要调查和嫪毐有牵连的人，孤王看你就是！"

　　"大王为何要这样说？"吕不韦突然感觉到了事态的严重性，因为这是嬴政第一次直呼他的名字。

　　嬴政冷冷地回答道："你认为孤王说得不对吗？那嫪毐是不是你推荐给太后的？他现在叛变了，孤王不该对你进行追责吗？"

　　"大王，嫪毐的确是微臣推荐给太后的，但是他一直待在太后身边，连太后都不知道他要叛变，微臣就更不知道了，哪里还能参加叛变呢？"

你开脱的能力还不错啊。嬴政心想。

昌平君、王翦等人来到，一起叩拜嬴政："大王千岁，我等奉命前去平定叛变，现在回来交旨。"

"情况怎么样？"

昌平君回答："我等已经活捉卫尉竭、佐弋竭、内史肆。"

"那嫪毐呢？"

王翦回答："嫪毐已经落荒而逃，但请大王放心，桓齮已经全力追赶去了，他肯定无法逃脱。"

"丞相。"嬴政召唤昌平君，余光却扫向了吕不韦，这让吕不韦更加不安了。

"大王有什么吩咐？"昌平君问。

嬴政突然向吕不韦发问："吕不韦，孤王想知道你对此有什么看法？"

吕不韦镇定自若地说："大王，臣现在是大秦的丞相，怎么又出来了一个丞相？"

"孤王这就告诉你，从现在开始，你不是大秦的丞相了。"

"好的，臣知道了。但是大王能否告诉臣，大王不用为臣的原因，臣有做错的地方吗？"

"这还用问吗？你推荐的嫪毐犯下了谋反的大罪，难道你不该被免职，承担相应的责任吗？"

"臣有罪，任凭大王发落。"吕不韦知道，嬴政掌握着自己的生死。

"念你之前对大秦有功，孤王不想将你治罪，现保留你的侯爵，你就回自己的封地去吧！"

吕不韦紧绷的神经这才放松了下来，他总算没有丢掉性命："谢大王。"

赵高在一旁趾高气扬地催促道："文信侯，大王宅心仁厚，保留你的侯爵，这已经是最大的恩典了，不要有其他非分之想。"

吕不韦听完这话，恨得咬牙切齿。他冲赵高唾了一口，然后迈着沉重的步伐离开了。却不承想与桓齮迎面撞上，桓齮开心地说："吕相，我已经活捉到嫪毐了。"

此时的嫪毐已经被五花大绑，但依然是一副愤愤不平的模样。吕不韦想到自己正是因他而丢掉了相位，便恶狠狠地说道："你是死到临头了，本是一市井无赖，本相推荐你，你才有荣华富贵，谁知你那么贪婪，这次落得这个下场，只怕是要株连九族了。"

"呸，你个老东西，我是市井无赖，你是什么，你不过是有几个臭钱的商人，我没有好下场，你能逃脱？"嫪毐啐了一口。吕不韦没有回话，默默离开了。

对于吕不韦的反应，桓齮有些不解，他上前叩拜嬴政："大王，叛乱头子嫪毐已经活捉在此。"

"好，记你一次大功，把嫪毐押上来。"

武士们将嫪毐推了上来，他一直在挣扎，大声叱喝："快给本侯爷松绑！"

昌平君愤怒地斥责道："嫪毐，见到大王，还不下跪！"

"哈哈哈。"嫪毐狂笑起来。

"嫪毐，你的死期到了，为何狂笑？"昌平君问道。

"让本侯爷给他下跪，那不是违反了天纲？"嫪毐理直气壮地说，"本侯爷是他的假父。"

"你，你，太放肆！"嬴政发怒道。

武士强硬地按下了嫪毐的头："跪下！"

嫪毐死活不肯下跪，嚷道："嬴政，你能把我怎么样？我和你母后同床共枕几年，为你生下了两个王弟，我是你名副其实的假父，你理应跪拜我！"

此时的嬴政已经被气得脸色发青，下令道："一派胡言，割去他的舌头！"

众多武士上前，按住嫪毐，薅出他的舌头，尖刀一削，断掉的舌头已经落在手中，鲜血直流。嫪毐发出一声声怪叫，但已经于事无补。

昌平君问道："大王，该怎样惩治他？"

此时的嬴政已是忍无可忍，喝道："五马分尸，诛其九族！"

"遵旨。"

"那他的同党呢？"

"腰斩，诛三族。"

"遵旨。"

嬴政接着宣旨："赵高担任黄门大总管，并担任这次的监斩官，立刻行刑，不得有误。"

"臣遵命。"

此时的嫪毐已经不能讲话，他知道自己在这世上的日子不多了。一回想，他真的不该遇到吕不韦，要是吕不韦没有推荐他进宫，此时的他还在市井中快乐地玩乐呢。可是，世上没有后悔药，他再也回不去了。武士将他放在木台上，脑袋和手足都被绑上了绳索，绳索的另外一头被绑在了五匹马的腰间上。

赵高一声令下："行刑。"

五名骑手拿起马鞭，猛抽身下的烈马，烈马立刻朝不同的方向奔去。一股剧烈的疼痛向嫪毐袭来，瞬间，嫪毐的身体被撕裂了，真是惨不忍睹！

嬴政目睹了这场行刑，他心中的怒火总算平息了下来："终于过去了。"

赵高讨好地问嬴政："大王，要不您接着观看对他同党的行刑？"

"不了，让昌平君监管吧，你随孤王去其他地方。"嬴政说完，便准备离开。

赵高也不敢多问，一声不吭地跟在后面。

大郑宫内，宫廷士卒还不知道嫪毐事败，依然看管着赵太后，不允许她出宫。赵太后坐也不是，站也不是。她不知道嬴政的加冠大典是否顺利举行了，也不知道嬴政是否已经得到了嫪毐准备叛变的消息。她一直在房间里徘徊着，当嬴政出现在她的视野中时，她那颗悬着的心终于放下了一半。她立马上前问道："王儿，一切可好吧？"

嬴政恶狠狠地瞪了赵太后一眼，没有说话。他能说什么呢？赵太后是他的亲生母亲，却做出这样让人难以说出口的丑事。

见到嬴政没事，赵太后开始担心嫪毐，但她毕竟有错在先，所以只能小心谨慎地问道："王儿，长信侯他怎么样了？"

嬴政哼了一声。赵太后已经察觉到情况不妙，她恳求道："王儿，你一定要饶了长信侯，娘已经给你通风报信了，你不管怎样都不要对他下狠手哇。"

嬴政没有回答，而是对赵高说："给我搜！"

"大王，搜什么？搜人还是搜物？"

嬴政这才清醒过来，明白自己下了一道糊涂旨意，于是又道："搜那两个小孽种。"

"臣明白了。"赵高立马在赵太后寝宫中搜查起来。

此刻的赵太后也明白了过来，她一把拉住嬴政，说："王儿，你千万不要那样做啊，那是你的两个王弟。"

嬴政一下子甩开了赵太后的手，说："你身为一国之母，竟然不知廉耻，跟那市井无赖私通。那明明是两个孽种，还口口声声说是我的王弟，我能饶过他们吗？"

"你，你想要把他们怎么样！"

"我要他们的命。"

"王儿，你不能如此狠毒哇！"

马上有小孩子的哭声传了过来，赵高已经找到了那两个小男孩。赵太后见此，立马扑了过去，将两个孩子抱在怀里。

两个孩子紧紧地抱住赵太后，说："母后，我害怕。"

"母后在，不要害怕。"

"交出这两个孽种！"嬴政发怒道。

赵太后也知道自己做得不对，恳求道："王儿，都是娘的错，你就可怜可怜他们，放过这两个孩子吧。这一切都是娘和长信侯造成的，娘给你赔不是，还请你放过他们。我们这就离开，离得远远的，再也不回咸阳了。"

"你这是大白天说梦话，我实话告诉你吧，长信侯已经被我五马分尸了，要不是念在你通风报信，你也是死路一条。至于这两个孽种，别想活命了。"

赵太后将两个孩子紧紧地抱住，说："要杀你就杀了我，不要伤害两个无辜的孩子！"

嬴政恨嫪毐恨得咬牙切齿，哪里容得下他的儿子？他不再和赵太后纠缠，而是转头对赵高说："你还愣着干什么？把他们拉出去杀掉！"

赵高不敢怠慢，命武士将两个孩子从赵太后手中抢了过来，两个孩子吓得啼哭不已，都呼喊着："母后，快救我！"

赵太后冲了过去，想要抢回两个孩子，哭道："还我孩子！"

武士将赵太后死死拦住，赵高将两个孩子装入麻袋，两个孩子哭得声嘶力竭。嬴政给了赵高一个眼神，赵高立马领会，朝武士大手一挥，说："你们下手痛快点。"

两名武士抡起手中的圆棒，狠狠地砸了下去。刚开始还能听到孩子的惨叫声，但是十几棒下去后，便没有了声响，只见到麻袋下面淌满了鲜血。

赵太后知道两个孩子已经被打死，她恨嬴政到了极点。此时的她反而不哭了，而是努力地站起来，对嬴政说："嬴政，你口口声声说他们是孽种，你是什么？你不一样是孽种？"

"你一派胡言！"

"你让他们都退下。"

嬴政挥了挥手："你们先退下。"

赵太后见屋内只有他们母子二人了，便说道："这个秘密我已经藏了二十多年，其实你是吕不韦的儿子，并不是子楚的儿子。为娘怀了你之后，吕不韦将为娘送给了子楚。他这么做，就是希望自己的子孙能够占据秦国的江山，可你们谁把为娘的苦衷放在心上过？你们一个个都是没心没肺的畜生……"

嬴政听不下去了。其实，他对自己的身世早有耳闻，但当事实摆在眼前时，他还是难以接受。此时，他对吕不韦的恨也到了极点……

弄权得势，文信侯引鸩洛阳城

《汉书·刘向传》："四人同心辅政，患苦外戚许、史在位放纵，而中书宦官弘恭、石显弄权。"明罗贯中《三国演义》第二十回《曹阿瞒许田打围　董国舅内阁受诏》："曹操弄权，国事都不由朕主，今得此英雄之叔，朕有助矣！"《荀子·非十二子》："是圣人之不得势者也，仲尼、子弓是也……则圣人之得势者，舜、禹是也。"

　　春天到了，万物复苏，阳光明媚。京城街道上熙熙攘攘的人群不绝于途，东风温柔地抚摩着行人的脸庞，成群的燕子在空中轻盈掠过。

　　吕不韦踏上了去往洛阳的征途，他的车队足有两里路长，声势浩荡地接近咸阳东门。吕不韦坐在第一辆车上，有意将车帘高高卷起，想要饱览京城的风光，因为他明白自己没有再回到咸阳的机会了。他同时要向世人表明：我吕不韦虽然失宠去职，但对秦国的影响力依然存在。他的锦车经过内城门前时，守城的士兵纷纷向他致敬，这让他得到了些许安慰。

　　一匹快马飞奔而来，马上的人一边追一边喊："文信侯，请止步。"

　　吕不韦向后望去，原来是李斯。他轻声细语地问道："李大人，你有什么事情？"

　　李斯驱马上前，然后从马背上跳下来，说："侯爷离开京城也不通知一声。下官也是刚刚才得到消息，来为您送行。"

　　"唉，没有这个必要。我是被大王贬出京城的人，你为我送行，难道不担心受到牵连吗？"

　　"侯爷是对我有恩的人，当初如果不是侯爷收留下官，下官在咸阳也没有立足之地。所以即使会受到牵连，下官还是要为侯爷送行，"李斯越说越激动，"不只是下官，侯爷还有不少门生旧友，他们都要来送行。"

　　"如此看来，我吕不韦也不是一个臭名昭著的坏人，"吕不韦有些得意，"本侯还有一件事情要办。"

　　"侯爷有什么事情？可以交给下官代办。"

　　"这件事情不必麻烦你，"吕不韦将仆人唤了过来，"将书挂起来。"

　　仆人立马照办，将一部《吕氏春秋》挂在城门的墙壁上，其中的重要章节都用大字抄录了下来，边上附有红帛一副，上面写着："如果有人能增删一字，赏千金。"

这个时候，为吕不韦送行的官员已有上百人，大家都围在城门那里，但没有人敢上前为《吕氏春秋》增删字。

吕不韦微笑着登上了他的锦车，坐在车辕上，对大家拱手作揖："各位空闲时，欢迎到我洛阳的家中做客。"

"还请侯爷不要一直窝在洛阳的田舍中，要多回咸阳看看。"

"这个老夫也决定不了啊。"吕不韦担心自己控制不了眼泪，就立马钻入马车中，"各位保重。"

城门外，距离城门不远的地方，一个卖馍饼的小贩，人称小麻子，他的心思好像并不在叫卖上，而是紧紧地盯着吕不韦。

吕不韦的锦车启动了，他心情沉重地向送行的文武百官挥手告别。

赵高的总管房内，小麻子向赵高详细地叙述着他的所见所闻。赵高听完，沉吟道："看来这吕不韦在朝廷中根基挺深……你继续监视吕不韦，留心他回到洛阳后的动静。"

"遵命。"小麻子领完指令后立马飞奔而去。

这天，洛阳的文信侯府热闹纷繁。府门上高高悬着大红灯笼，大大的"寿"字闪着金光。门前的街道上车水马龙，侯府大门外，成群的乐手吹吹打打。吕不韦的几个儿子站在府门外迎接络绎不绝的宾客——不光是咸阳的官员，就连关外六国也有不少高官前来贺寿。

小麻子这回扮成了一个乞丐，在吕不韦府门前徘徊着，把这一切都看得清清楚楚。

厅堂中，祝寿的乐声响了起来，十几个美女翩翩起舞，在大家的喝彩声中，美女们欢快地唱了起来。

这个时候，吕不韦开心地举起了金樽，说道："各位大人，本人已经不是秦国的国相了，承蒙各位看重前来祝寿，本人不胜感激。"

在座的上百人一起将酒杯举起，说道："祝文信侯寿比南山，福如东海，日月昌明。"

吕不韦十分开心，大声吩咐道："上来！"

只见两个仆人抬着一个盖着红绢的大漆盘应声上前，当上面的红绢被揭开，满满当当的寿桃闪着金光，耀花了众人的眼——这些桃都是用纯黄金打造而成的，与真桃差不多大，震惊了在场的所有人。

"感谢各位远道而来为本侯祝贺，本侯无以回报，以此金桃略表谢意。"吕不韦说完，向在场的人深深地鞠了一躬。

大家都称赞不已："侯爷真是大手笔，换作其他人，肯定不舍得。"

金桃分发完毕后，吕不韦又下令："今天是本侯的寿诞，理应全城同庆，我已经准备好一筐箩铜钱，都扬在府门之外，让门外的小孩子和乞丐都抢去吧。"

仆人立马将满满一筐箩的铜钱抬到府门外，如同扬沙一般抛向百姓，引得百姓抢了个昏天黑地、头破血流。

小麻子虽然是一身乞丐打扮，但并没有去人群中抢钱，而是站在一边冷眼旁观，时不时发出一声冷笑。

热闹与繁华总是短暂的。一转眼，秋天到了，万物萧索，寒鸦不时发出恼人的叫声。此时的吕不韦失落极了。一个人身居高位的时间长了，无意间跌落下来，这让他生不如死。他捡起一块石头，使劲儿抛向树梢，那寒鸦吓得立马扑棱着翅膀飞向了高空。

管家上前说道："侯爷，有贵客前来拜访。"

"又是谁？"吕不韦无精打采地问道。

"这是外国的贵客。"

"你就直说。"

"是赵国的国相郭开。"

"他来做什么？难道是有什么阴谋？"吕不韦思忖道。

"侯爷，他已经在门外等待了，见还是不见？"

"见。"吕不韦带着疑惑走向堂厅。

郭开让随从将所携带的箱子打开，金色的光芒直晃人眼——那是一箱子的马蹄金。

"侯爷，这是我的一点薄礼，还请笑纳。"

"郭相，你这是什么意思呢？我吕某不缺这些吧。"

"侯爷家财万贯，肯定不缺这些，这礼物不过是我的一点敬意而已，没有其他意思。"

吕不韦面带微笑地说："想必郭相是有所相求吧，可惜吕某已经不是秦国的国相了，所说的话也起不到什么作用了，郭相在吕某身上投资，不担心打了水漂吗？"

"侯爷这是开玩笑了，在秦国，谁不知道侯爷是秦王的仲父？这丞相只不过是暂时的，侯爷在朝廷中的地位没有人能够动摇，秦王没有侯爷的辅佐就难以强国富民，他迟早要恭迎侯爷还朝的。”

吕不韦觉得这话十分顺耳，其实内心深处，他也是这样想的，他觉得嬴政离不开他，恢复他的相位也是迟早的事情，但此时的他不愿意与赵王有任何瓜葛。

“郭相这次来所为何事？”

“侯爷，实话实说，这次我出使贵国，是赵王想和秦王重归于好，永不再战，赵国愿意年年进贡。”

吕不韦面带微笑地说：“这是你们一厢情愿而已。”

“但我们是真诚的。”

“郭相，秦王要的是你们赵国的江山，怎么会被你们的贡品收买呢？你还是请回吧。”

郭开在吕不韦府中的情景又被小麻子看在眼中，他马上回到咸阳汇报给了赵高。很快，嬴政就知道了这个消息。

甘泉宫中，嬴政久久地站在窗户旁，凝视着户外的老松。这棵百年老树看上去十分茂盛，但其根部早就空了，说不定哪天大风一刮，就会断掉，倒在屋檐上，对宫室造成损害。

这让嬴政联想到吕不韦，他不正是这样一个威胁吗？为了免除后患，不如早下决断。他定了定神，回到御案前，提起笔，很快就写好了一封书信。他小心翼翼地将其封好，然后唤道：“赵高。”

在外面恭候的赵高走了进来：“大王，臣在。”

“孤王有一封信，你要尽快交给吕不韦。”

“遵命，臣这就去安排人员。”

“不，你得亲自去一趟，并且是立刻出京。”

赵高虽然摸不准嬴政葫芦里卖的是什么药，但他知道这封信至关重要。于是，他快马加鞭地离开了咸阳。

淅淅沥沥的小雨敲打着地面，发出沙沙的声响。一阵微风吹来，让人感到一阵寒意。洛阳的文信侯府，百无聊赖的吕不韦正在宴请宾客，他将金樽举起，满脸笑意地欣赏着美女们的歌舞，在座的宾客也都沉浸在美妙的歌舞声中。

歌舞正在兴头上，管家急急忙忙地跑了上来，禀告道：“侯爷，有人从咸阳来。”

此时的吕不韦已经有了几分醉意，说道：“又是谁？让他入席吃酒就行了。”

管家回答：“是黄门大总管赵高。”

听到这个名字，吕不韦的酒醒了一半。他霍地站了起来，惊愕地问：“他来做什么？"

"小人也不知道。"

吕不韦挥了挥手，舞女们都退了下去，他又对在座的宾客说："各位，失陪了，有一位贵客来临，需要本侯爷去接待一下。"说完，他匆匆忙忙地走出了堂厅。

赵高此时正在旁厅徘徊，心里不住地嘀咕，猜想着嬴政给吕不韦的信中究竟写了什么。看到吕不韦走过来后，他露出极不自然的笑容，作揖道："侯爷别来无恙啊。"

"赵总管不在京城伺候大王，光顾寒舍，一定是有重要的事情。"

"这是大王的亲笔信，我是专门来送信的。"赵高取出信札，恭敬地递了过去。

"大王的亲笔信？"吕不韦忙把信接过来，小心翼翼地打开，仔细地从头读到尾：

……君何功于秦，秦封君河南，食十万户，君何亲于秦，号称仲父。……其与家属徙处蜀。

吕不韦读完信，整个身体都颤抖不已——这一天终于到来了。

蜀地距离这里有上千里，且道路曲折，一家老小何时才能顺利到达？而且看这个情景，即便是抵达了蜀地，嬴政大概也不会放过自己，与其被流放到蜀地，让全家跟着自己受苦，还不如结果了自己，换来全家的安宁。

此时的赵高正死死地盯着吕不韦，观察着他面部表情的变化，从其悲苦的表情上看，嬴政的这封信是一个噩耗。赵高十分开心，故意刺激吕不韦说："侯爷，我想一定是大王想念你了，召你回京城吧。"

"是呀，本侯爷又高升了。"吕不韦凄惨地自嘲道。

赵高听完大吃一惊，说道："是什么职位？"

"本侯爷要升天了。"

这时，管家匆匆忙忙地跑了过来，说："侯爷，大将军蒙武到了。"

"啊！"吕不韦大为诧异。

蒙武不等吕不韦出门迎接，已经大步迈进，一见到吕不韦，就取出王旨，说道："大王有旨，吕不韦跪听。"

吕不韦跪了下来，说道："大王万岁万万岁。"

蒙武大声读道："着将吕不韦流徙蜀地，其家小包括门客、歌舞伎一律籍没为奴，男丁两千多人流放到汉中房陵罚做苦役，女眷一千多人都押送到咸阳充实

033

各宫。"

吕不韦听着蒙武宣读王旨，脸上一点表情都没有。很快，府上的人都知道了这个消息。吕不韦的妻妾儿女都来到了旁厅，纷纷让他想想办法。

"老爷，这该如何是好？您得想办法救救我们啊！"

"老爷，您不是说您和秦王有父子之情吗？您能否去说说，通融一下。"

"老爷，您一定要想想办法呀。"

此时的吕不韦内心五味杂陈，想当年自己为了荣华富贵，在异人身上花费巨资，帮助异人成为太子，又把自己怀有身孕的小妾赵姬送给异人，来谋取秦国的江山。等自己的孩子嬴政做了秦王，却落得个全家发配蜀地的下场，自己还有什么脸面活在这人世间？他一步步挪到橱柜旁，将一个精美的铜制瓶子拿出来，反复打量着，自言自语道："它总算派上用场了。"

这时，吕不韦的孙子跑了过来，抱着他的大腿哭喊道："大父，您要想想办法呀，我不想去蜀地，我想留在洛阳。"

吕不韦的小儿子则说道："父亲，您平时总说秦王是您的儿子，如果是真的，他为何还要对我们家痛下杀手哇？"

但是，吕不韦还能说什么呢？他仰头长啸道："嬴政，我的好儿子呀，你真敢对自己的父亲下毒手哇！"他狂笑几声，那笑声让人胆战心惊。然后，他猛地打开铜制瓶子的瓶盖，仰头喝了一大口鸩酒，瘫倒在地，对家人说："我是……顾不……过来……了，你……们……听……天……由……命……"说完，他的鼻子流出了鲜红的血液，很快就身亡了。吕不韦的家人围着他哭天喊地，让人心生悲伤。蒙武也觉得凄惨，只有赵高幸灾乐祸。

嬴政得知吕不韦喝鸩酒身亡的消息后，长长地吁了一口气，心中的一块大石头终于落地了。他现在已经除掉了嫪毐和吕不韦两个内患，现在他需要做的就是一统天下。

第二章

远交近攻灭韩国

将计就计，疲秦之计终成"郑国渠"

元李文蔚《张子房圯桥进履》第三折："将计就计，不好则说是好！"明罗贯中《三国演义》第十七回："某已知曹操之意矣。今可将计就计而行。"明吴承恩《西游记》第十七回："菩萨，我悟空有一句话儿，叫作将计就计，不知菩萨可肯依我。"

秦国原本是位于西北一角的野蛮荒凉的小国，当时的秦人以畜牧业为主，不懂农耕。但经过秦国几代君主的努力，秦国的国土面积不断扩大，到了春秋前期，秦国的国土已经扩大到渭水流域。秦人在向东迁移的过程中，慢慢地掌握了农耕技术，开始发展农业。为了促进农业的发展，秦国开始大兴水利工程。

据《左传》记载，公元前648年，晋国遭遇大旱，很多农民颗粒无收。无奈之下，晋国向秦国借粮。考虑到当时的晋国是大国，晋襄公的母亲还是秦穆公的女儿，秦穆公就派出大量船只，载着上万斛粮食从秦国都城雍城出发，顺着渭水五百里水路向东而去，经由一段陆路，渡过黄河，到了汾河，然后继续北上，抵达晋国的国都绛城。运输粮食的船只从秦国到晋国八百里水路首尾相连，历史上将其称作"泛舟之役"。

秦穆公之后，秦国几代君主励精图治，尤其是秦孝公重用商鞅，施行变法，使秦国快速崛起。据《战国策》记载，到了秦庄王时期，秦国已占据了天下三分之一的土地和五分之三的财富。随着国力的日益强大，秦国开始对众诸侯国虎视眈眈，而首当其冲的，就是与其毗邻的韩国。

韩国十分弱小，幸而几代国君都擅长谋略，韩国才得以在弱肉强食的环境中生存下来。为了保住自己的江山，韩王开始各种讨好秦国，每年都会上贡许多金银财宝和美女。秦王从韩王那里得到了不少好处，所以大多数情况下都不会为难韩王。但是，其他各国对韩国这种"没骨气"的做法十分不屑，并且韩国国内的大臣们也多持反对意见。所以，这种状况维持的时间并不长，嬴政上位后，韩国便慢慢停止了这种做法。

当时的韩国君主是韩桓王，亡国危机时刻笼罩在他的心头。怎样才能避免这场灭顶之灾呢？拼实力是拼不过，想联合其他诸侯各国吧，各诸侯国都有自己的小算盘。况且诸侯各国多次联合起来抵抗秦国的战争均以失败告终，而现在已经是火烧眉毛，再组织一次联合各国抵抗秦国的战争，恐怕已经来不及了。

韩桓王此时寝食不安，他不知道该如何是好。恰逢秦国的都江堰工程刚刚建成，秦国的统治者正沉浸在巨大的喜悦之中，对修建农田水利工程十分热衷。于是，韩桓王那些深谙法家学说的大臣想到了一个方法，就是派出一个水利专家去秦国游说，这样秦国就会把大量的人力、物力投入水利工程当中，就没有精力对付韩国了。这就是所谓的"疲秦"大计。

一些大臣对韩王的这个计谋持反对意见，韩王却自信满满。

"众爱卿有所不知，秦国向来爱修水利工程，早在秦昭王时期，他就派出李冰父子，在成都岷江修建水库，使成都百余亩农田免受干旱之灾，秦国也因此获得'天府之国'的美誉。但他们在上面耗费了大量的人力、财力。当然，他们也舍得在这上面花钱。现在嬴政刚刚上位，他肯定不会丢掉本国的传统。"

"大王，秦王嬴政虽然年轻，但他也是一个开明之主，广纳贤才，大有一统天下的决心，臣认为他不会将主要精力用在修建水利工程上的。"

"爱卿不用发愁，寡人自有办法。"

接着，韩桓王找来韩国当时赫赫有名的水利专家郑国。

"郑公子，寡人找你来，是有一个重大任务交给你，这件事关系到韩国的存亡。"

水工郑国十分热爱自己的国家，他立马应允了："能够为韩国出力，即使牺牲自己的性命，我也在所不辞。"

"寡人想派你去秦国，游说秦王兴修水利工程，这个工程越大越好。你就告诉秦王，如果他们在关中修建大型水渠，秦国的农田就不会遭受干旱危机了。"

"如此一来，不是反而有利于秦国吗？"郑国万分不解地问道。

"你只看到了一个方面，寡人这么做，有一个隐藏的目的，那就是消耗秦国的国力，这样他们就无力对韩国发动战争了。"

"原来如此，我愿意出使秦国。"郑国爽快地答应了。郑国回答得这么干脆，不仅是为了自己的国家，他还有一份私心，那就是可以借此机会实现自己的平生之志——能够在自己有生之年修建一个令世人惊叹、造福于子孙后代的伟大工程。但是在贫困弱小的韩国，他是很难有用武之地的。

很快，郑国以使者的身份来到秦国，考察了秦国的水利情况，然后大力劝说嬴政兴修水利工程。

"我大秦位于关中，干旱的时候多，涝灾的时候少，寡人觉得没有这个必要。"

"大王有所不知，正是因为这样，秦国才一定要兴修水利工程。"

"此话怎讲？"

"关中降雨少，时常干旱，这就是最大的天灾了，这极大地制约了秦国的发展。"郑国说道。

"这倒是事实，这个问题寡人也想过，但还没有想到解决的办法。"

"大王，依照现在这个情况，这个问题是很好解决的。"

"你有什么好的建议？"嬴政问道。

"我实地考察了几天，如果能够将秦国的千里平原变成千里沃野，秦国的国力将得到很大的提升。"

"的确是这样，但主要的问题是关中没有水。"

"我说的也是这个问题，秦国可以兴修一个水利工程，将水引过来。"

"怎样修建呢？"嬴政开始有了兴致。

"整个工程由三个部分组成，分别是分渠口、引水渠、灌溉区……"

郑国将自己的设计娓娓道来，嬴政听完后连连称赞，当下任命郑国为这项水利工程的总负责人。郑国假意推托了一番，然后兴高采烈地接受了。

这是一个声势浩大的伟大工程。嬴政颁布了命令，在这个工程上投入了大量的人力和财力。

韩桓王看到秦王开始大修水利工程后，颇为得意，自认为是一个有谋划的君王，于是到处宣扬自己的"疲秦"计谋如何成功。那时，秦国内部因为外国客卿的问题而祸端不断，秦王对郑国来秦国的目的也心有疑窦。所以，当韩王的话传到嬴政耳中时，他勃然大怒，立刻将郑国抓了起来。

"韩王派你来劝说寡人修渠，想借此转移秦国的注意力，这件事情是真的吗？"

"臣刚开始的确是为'疲秦'而来，但是……"郑国如实地回答道。

"但是什么……"秦王咄咄逼人地问道。

"大王想想，水利工程修成了，关中的良田就没有了干旱之灾，这会给秦国带来多么大的效益呀。臣虽然是为存韩而来，这样做也的确能够让韩国多残喘几年，但是水渠一旦建成，秦国只会更加强大。"

嬴政听完郑国的一番话后点了点头，觉得他说得很在理。

"大王，虽然韩王派我前来，是为了消耗秦国的国力，但兴修水利工程能够大大地推动秦国农业的发展，是一件造福千秋万代的大好事。"郑国继续说道。

郑国的一番话说到了嬴政的心坎上，并且秦国已经在这项工程上投入了巨大的财力和物力，怎么能前功尽弃呢？

"寡人就暂时放你一马，让你戴罪立功，赶紧督促人完工，务必尽职尽责。"

"臣遵旨！"郑国忙不迭地回答。对于嬴政的不杀之恩，他万分感激，并把这份感激之情灌注到修建郑国渠的事业之中。

郑国渠修建成功后，极大地促进了秦国农业的发展，给秦国带来了巨大的效益。《史记·河渠书》中是如此评价郑国渠的："渠就，用注填阏之水，溉泽卤之地四万余顷，收皆亩一钟。于是关中沃野，无凶年。秦以富强，卒并诸侯，因命曰'郑国渠'。"也就是说，郑国渠让秦国关中成为千里良田，从此之后，百姓再也不用担心饿肚子，秦国也因此更为强大，最终吞并了六国，实现了统一大业。此话虽然有些夸张，但郑国渠在稳定秦国国内的经济方面，确实发挥了至关重要的作用。

可以说，韩国此举正是搬起石头砸了自己的脚，韩桓王的这个拙劣的计策，最终加速了韩国的灭亡。郑国渠给秦国带来了千里沃野，这让它的粮仓更为充足，如此一来，弱小的韩国就成了第一个被灭掉的国家。

郑国渠的修建，充分表明嬴政十分重视发展农业，很清楚发展农业、富国强兵和吞并诸侯国之间的关系。此外，嬴政敢采纳敌国专家的建议，甚至在发觉韩国的阴谋后依然修建郑国渠，并投入巨大的人力、财力，反映出嬴政对外国客卿的重视，而这正是秦国迅速强大的一个重要原因。

用人不疑，逐客之谏，秦王重用李斯

《孙子兵法》"九变"策略中有段话是这样描述的："凡用兵之法，将受命于君，合军聚众；涂有所不由，军有所不击，城有所不攻，地有所不争，君命有所不受。"

秦国自秦穆公、秦孝公以来，一直广纳贤才。只要是人才，不论国籍，都会被重用。尤其是商鞅变法以来，更是赏罚分明。这种做法使秦国迅速强大了起来，却损害了秦国旧贵族的权利。贵族要是没有功劳，就享受不了原有的权利，六国之士却能因立功而成为秦国的座上宾。

韩国的"疲秦之计"被识破后，在秦国引起了一场轩然大波。秦国的贵族希望利用这个机会大造舆论之势，赶走在秦国位居高位的客卿，恢复秦国旧贵族的权利，其中就包括嬴政的表叔昌平君。

咸阳城的南端府第林立，秦国的重臣们大多居住在这里，住在这里是一种身份的象征。但事实上，这些秦国重臣大多数并不是秦国人，他们是来自六国的客卿。这让秦国宗室和秦人十分不满，他们认为正是这些客卿抢走了原本属于他们的东西。

蒙武也住在这里，他很小的时候就跟父亲蒙骜来到这里，如今他的两个儿子蒙恬、蒙毅已经长大成人。毫无疑问，他是这里的老住户，并且大家都认为他们还将一直在这里住下去，因为他的两个儿子都是秦国大将，是秦王嬴政的左膀右臂。

此时，蒙武正在奋笔疾书，这是写给秦王嬴政的奏章。他苦思冥想，反复看着奏章，不断地修改，希望大王看到后能重视这奏章。在他的心目中，这份奏章实在是太重要了。如果大王不重视这份奏章，那么朝中不少大臣都会被驱逐，秦国也会陷入危险的境地。

事情的起因是昨天昌平君邀请他去府中商议事情，他原本不想去，因为大王一向反对大臣们私下聚在一起议事，可是昌平君自恃得宠，常常召一些大臣到他府中议事，这让蒙武颇为不满。蒙武也曾好言劝过昌平君，昌平君却恶语相向，两人的关系就慢慢淡了。

如今昌平君突然相邀，蒙武预感一定有什么大事将要发生。果不其然，他一见到昌平君，昌平君就提出了一切逐客策略，这让他大为诧异。什么是一切逐客呢？就是将各国投奔到秦国的客卿全部驱逐出去，只留下秦人出身的官吏。

原来，昌平君和一部分宗室大臣对担任要职的客卿极为不满，于是联合起来上奏秦王。为了加大这份奏章的分量，他们想把蒙武也拉进来。

正直的蒙武听后坚决反对，但他势单力薄，阻止不了他们。这不，他此刻正在奋笔疾书一份奏章，希望大王能听听自己的意见。

"老爷，你忙了半天了，喝点热汤再写吧。"蒙夫人温和地说道。

"夫人，你有所不知，这事关大秦，我必须慎重对待。"蒙武放下笔，感慨万千地说道。

蒙夫人是秦国宗室之女，为人知书达理，夫妻二人一直相敬如宾。更令蒙武欣慰的是，他有两个优秀的儿子，这让他颇为自豪。长子蒙恬快二十岁了，熟读兵书，擅长带兵，颇有其祖父蒙骜的风范；次子蒙毅性情沉稳，通儒法之道。

蒙武把光耀门楣的希望都寄托在两个儿子身上，平时也经常把朝中政治讲给两个儿子听，有意培养他们对政治的兴趣。

这个时候，他想听听两个儿子对此事的看法，便问："蒙恬、蒙毅呢？"

"他们被昌平君的儿子叫去了。"

"我早就和你说过，不要让他们兄弟同那群人来往，那群人没什么能耐，就知道仗势欺人。"

当时的秦人崇尚武力，尤其是宗室重臣的后代，有了一身武技才有可能取得军功，才能入朝为官。蒙恬、蒙毅两兄弟能文能武，并且都出类拔萃，所以经常有人找他俩比试，想挫挫他们的威风，但最终都甘拜下风。

"孩子们都大了，有自己的判断力，不用太着急。你也该替他们想想，让他们有立军功的机会。"蒙夫人说道。

"我最佩服的就是王翦将军，但他现在正在戍守边疆，等他班师回朝时，我就把恬儿交给他，只有得到像王翦这样的大将军的指点，恬儿才能有所作为。至于毅儿，他并不适合这一行，我再想想其他办法。"

这个时候，一个下人走了进来，说："老爷，池太傅求见。"

"快快请他进来。"蒙武激动地说。他正发愁无人能够一起商量昌平君的逐客之谏一事，没想到好友正好前来。

"老爷，那我先回避了，你们慢慢聊。"

蒙夫人前脚出去，池子华后脚就走了进来。

"蒙兄，在下又来打扰你了，不会介意吧？"池子华声音爽朗，说完便哈哈地笑了起来。

"池兄说哪里话？池兄刚刚荣升太傅，我还未来得及登门拜访，今天池兄来得正好，我们今日多饮两杯。"

"好，好。"

蒙武的父亲蒙骜和池子华的父亲池行燕都是齐国人，两人是老相识，一齐投奔秦国而来。蒙骜多次立下军功，晋升很快，池行燕却在朝中多次受到排挤，很不得志。

池子华满腹经纶，精通儒法之道，但性情耿直，吕不韦担任秦国相国时，他不愿屈就其门下。后来当吕不韦罢相，他才得到重用，在少府属下担任尚书。虽然两家地位相差很大，但时常互相走动，蒙武和池子华更是志同道合。

"蒙兄，你的两个儿子呢？"池子华左顾右盼地看了一下，甚是奇怪。往日他一进大门，蒙恬、蒙毅就会出来问候，然后坐在一起谈论政治。

"一大早被昌平君的儿子叫去了，现在还没回来。"蒙武不高兴地说道。

"昌平君这个人不怎么样，但他的儿子还算优秀，不用担心。"池子华称赞地说道。

"池兄，既然你提起了昌平君，我也正好有一件事情和你商量。"就这样，蒙武将昌平君驱逐外国客卿的事情一一告诉了池子华。

"这些人简直是太厉害了，一看就知道他们想要排除异己。细细想来，这逐客之策对秦国来说是弊大于利，他们完全抓住了大王痛恨吕不韦这点，真是太厉害了。刚好大王又识破了郑国的'疲秦之计'，我想这节骨眼上，大王估计会同意的。其实，他昌平君又何尝不是客卿出身呢？还有你我也是，我们都在被驱逐之列，到了那时，估计没有几个大臣能留在秦国。"

"池兄所言极是，他们这么做不过是出于嫉妒，因为秦国位居高位的大多数是来自外国的客卿。事实上，宗室早就有了排除异己的心思，只是他们这次竟然大张旗鼓，让人有些意外。如果大王真的接受这条策略，大秦一定会元气大伤的。"蒙武愁眉不展地说。

"在下认为，大王是一位英明之主，他一定会意识到此举的危害。大王志在一统天下，就不可能做出失去人心的事情来。我觉得大王要是真的接受这条策略，一定会有一定的变通，不可能将所有的外国客卿都赶出秦国。"

"如何变通？此话怎讲？"蒙武百思不得其解。

"大王如果接受这条策略，肯定会在众多诸侯国留下不能容士的恶名。蒙兄能否上奏，多多提醒大王，也许还能同昌平君理论理论。"

"还是池兄想得比较周全，让我豁然开朗。"

很快，蒙夫人就摆好了一桌丰盛的酒菜，两人边吃边聊，但此时两人的心里都在打鼓，不知道这逐客之策会给秦国、给他们带来什么。

祈年宫的内殿中，嬴政一直安静地听着蒙武和昌平君等人的争论。蒙武和昌平君的奏章他都看过了，他看忠厚的蒙武已经处于下风，就说："好了，众爱卿不要再争论了。相邦，你赶紧把要驱逐的人的名单列出来交给寡人。蒙武，你留下，退朝。"

昌平君心中狂喜，大王交给了自己这个任务，说明他是认同自己的逐客策略的。

待大家都退出后，嬴政对一声不吭的蒙武说道："蒙将军，你没有什么话要同寡人讲的吗？"

"大王既然已经决定逐客，臣没有什么好说的。"蒙武已经陷入了自责之中。

"蒙将军一心为国，寡人心知肚明，但你可知寡人在担忧什么？吕不韦的势力一日不除，寡人连睡觉都会做噩梦。寡人这次就是想借逐客之名，彻底除去吕不韦的势力。"原来，吕不韦虽然已经身亡，但他曾是嬴政之父秦庄襄王的相国、宠臣，在朝中苦心经营十多年，势力依然树大根深，是嬴政的心头大患。

"但大王就会留下不能容人的恶名啊！将来各国的贤能之士就不敢再投奔秦国了。"

"蒙将军，寡人不过是想借这次逐客之名除掉吕不韦的势力而已，只要他们稍稍细想，就能看出寡人此举只针对吕不韦，并非天下之士。再说，秦国一天比一天强盛，这逐客之举是吓不住那些一心来秦国谋求富贵的人的。"

"但总有一些才高心气也高的人。"

"如果真有这样的人才，寡人愿意亲自去请。"

"这……"蒙武虽然觉得不太妥当，但也不好再说什么。

"寡人今天将你留下来，是有另外一个重要的事情要问。"

"大王请说。"

"寡人准备任命池子华为左相，你和池子华相熟吧，你觉得他能够胜任吗？"

"大王难道不担心臣暗藏私心吗？"

"蒙大人一向为人正直忠诚，知道自己的职责所在，寡人信任你。"

"那臣就告诉大王，此人十分有才华，足以胜任左相之职。"

"有你这句话足矣，你先替寡人保密。回去之后，像往常般行事，不要多想。"

蒙武离开后，嬴政脸上露出一丝得意的笑容。他这样做，既能安抚蒙武这样的正直大臣，还能让昌平君等暗藏私心之人成为自己的挡箭牌而不自知。

"昌平君和那些宗室大臣明明是担心自己的利益受损，还说什么一切为大秦着想，你们竟然想利用寡人对吕不韦之流的痛恨来施行逐客之策。"这样一想，嬴政有些难受，"我是一国之君，什么时候轮到你们来利用寡人？你们当寡人是什么，排除异己的工具吗？要是真的为大秦着想，你们为何不说说逐客之谏那些显而易见的危害？"

这几天，咸阳城南端热闹纷繁。自逐客令颁布以来，这里就整日车水马龙、熙熙攘攘。搬走的人都叹着气，留下的人则幸灾乐祸。

吕不韦门下的李斯正在府中指挥仆人搬运东西，他也在被逐之列。他一直渴望在秦国大施拳脚，但逐客令打碎了他的美梦。他历尽千辛万苦才打下了一点基础，如今一瞬间就烟消云散，他于心不甘。

"主人，都准备好了。"一个下人轻声禀告。

"走吧！走吧！"李斯失望地说道，他已经拖了几日，现在已经不能再拖了。

唉，真是时运不济，命运坎坷！

想他李斯来秦这几年，也曾风光过——他曾向嬴政进言，深得嬴政赏识，被升为长史。

不幸的是，随着吕不韦与嬴政的矛盾加深，作为吕不韦的门生，他的好运似乎也到此为止了。

原来，李斯曾经担心嬴政扳不倒吕不韦——大王又如何？吕不韦曾深得嬴政之父秦庄襄王的信任，担任相国十余年，早就在朝廷中形成了一股强大的势力。所以，李斯一直在嬴政和吕不韦之间观望，结果导致两边的人都不待见他。等他下定决心投靠嬴政时，嬴政已经以迅雷不及掩耳之势罢免了吕不韦。此后，李斯继续担任原职，却失去了一次接近嬴政的好时机。他虽然为此遗憾不已，但并没有绝望，而是努力让自己绽放光芒，希望某天嬴政能够注意到自己。可是，这个逐客令打碎了他所有的梦想。

想到要回楚国当一介布衣，李斯不情愿，也不甘心。所以，当他得知自己也在被逐之列时，连夜执笔、尽平生所学写下《谏逐客书》，经过反复斟酌后才递上去。但奏书如石沉大海，一点消息都没有，他每天望穿秋水，却只等来了搬离的最后期限，于是不得不踏上返回楚国的旅途。

其实，嬴政在读了李斯的《谏逐客书》后，就立马被其磅礴的气势和严密的陈述所打动了。他反复看了好几遍，越看越觉得在理。但是他身为一国之君，不可能刚颁布逐客令就反悔撤回，这让天下之士怎么看他？如此朝令夕改，手下的大臣又如何替自己办事？此时的他矛盾极了。

嬴政将自己的几位宠臣召集过来，想听听他们对李斯的奏书的看法。

"众卿看看这篇奏章。"嬴政开门见山地说道。

蒙武接过李斯的《谏逐客书》，一读此文，顿觉震撼，一字一句都说到了他的心坎上：

臣闻吏议逐客，窃以为过矣。昔穆公求士，西取由余于戎，东得百里奚于宛，迎蹇叔于宋，来丕豹、公孙支于晋。此五子者，不产于秦，而穆公用之，并国二十，遂霸西戎。孝公用商鞅之法，移风易俗，民以殷盛，国以富强，百姓乐用，诸侯亲服，获楚、魏之师，举地千里，至今治强。惠王用张仪之计，拔三川之地，西并巴、蜀，北收上郡，南取汉中，包九夷，制鄢、郢，东据成皋之险，割膏腴之壤，遂散六国之众，使之西面事秦，功施到今。昭王得范雎，废穰侯，逐华阳，强公室，杜私门，蚕食诸侯，使秦成帝业。此四君者，皆以客之功。由此观之，客何负于秦哉！向使四君却客而不内，疏士而不用，是使国无富利之实，而秦无强大之名也。

今陛下致昆山之玉，有随、和之宝，垂明月之珠，服太阿之剑，乘纤离之马，建翠凤之旗，树灵鼍之鼓。此数宝者，秦不生一焉，而陛下说之，何也？必秦国之所生然后可，则是夜光之璧，不饰朝廷；犀象之器，不为玩好；郑、卫之女不充后宫，而骏马駃騠不实外厩，江南金锡不为用，西蜀丹青不为采。所以饰后宫，充下陈，娱心意，说耳目者，必出于秦然后可，则是宛珠之簪，傅玑之珥，阿缟之衣，锦绣之饰不进于前，而随俗雅化、佳冶窈窕，赵女不立于侧也。夫击瓮叩缶，弹筝搏髀，而歌呼呜呜快耳者，真秦之声也；《郑》《卫》《桑间》，《韶》《虞》《武》《象》者，异国之乐也。今弃击瓮叩缶而就《郑》《卫》，退弹筝而取《昭》《虞》，若是者何也？快意当前，适观而已矣。今取人则不然。不问可否，不论曲直，非秦者去，为客者逐。然则是所重者在乎色乐珠玉，而所轻者在乎人民也。此非所以跨海内、制诸侯之术也。

臣闻地广者粟多，国大者人众，兵强则士勇。是以泰山不让土壤，故能成其大；河海不择细流，故能就其深；王者不却众庶，故能明其德。是以地无四方，民无异国，四时充美，鬼神降福，此五帝三王之所以无敌也。今乃弃黔首以资敌国，却宾客以业诸侯，使天下之士退而不敢西向，裹足不入秦，此所谓"藉寇兵而赍盗粮"者也。夫物不产于秦，可宝者多；士不产于秦，而愿忠者众。今逐客以资敌国，损民以益仇，内自虚而外树怨于诸侯，求国无危，不可得也。

简单地说，李斯的这封奏书说明了三个问题：第一，客卿都是对秦国有功劳的人，正是因为有他们的贡献，秦国才能迅速崛起。第二，逐客是重物轻人，秦国一向对六国的珠宝宠爱有加，这是众所周知的事情，此时却对六国人才大加驱逐，这不是重物轻人吗？第三，逐客是在帮助六国。不管在什么时代，人才都是稀有资源，如果秦国驱逐六国人才，这些人才就会流向六国，秦国就相当于主动削弱了自己，帮助敌人。

一向沉稳的蒙武看完后不禁拍手叫绝。

"蒙将军，不必如此激动。其他爱卿都看看。"

等众大臣都看完，嬴政才问："众爱卿对此有什么看法？"

"大王，李斯的这篇奏章虽然慷慨激昂、文辞华丽，但有失偏颇。他只说了六国客卿对秦国的功劳，却对其危害只字未提。昔有商君，现有吕不韦。"昌平君直言道。这简单的一句话，直指嬴政的痛处。

"昔日我大秦是一个小国家，人才十分难得，借助六国客卿之力是不得已而为之。现在我大秦地广人多，如果此时再重用客卿，岂不显得我大秦没有能人将士？再说，他们这些人是不是真心服侍大秦，还不得而知。一旦大秦对他们的国家动武，就容易引发内乱。"昌文君附和道。

兄弟二人一唱一和，企图让嬴政回心转意。其实他们也知道李斯是一个有才华的人，但正因如此，他们才更要反对。

"李斯所言情真意切，他说出了微臣心中所想。不过，相邦和昌文君，臣斗胆问一句：如果大秦与楚国开战，相邦会对楚国存有私心吗？"

"蒙将军这么说是什么意思？我兄弟二人从楚国来到秦国已经三十多年，早就把自己当成了秦国人，对大秦一向忠心耿耿。"昌平君面带怒色地说道。

"既然相邦也是客卿出身，能为我大秦效忠，那么为何不给其他客卿一个效忠大秦的机会呢？"蒙武反问。

"好了，三位爱卿不必争论了。"嬴政担心这么争论下去会伤了和气，他看了看冯去疾、桓齮和王绾三位大臣，问："你们有什么意见？"

"臣认为蒙将军所言极是。"冯去疾说道，然后便不再多言。

嬴政知道他的性格，便不再多问。蒙武向冯去疾投去了感激的目光，但冯去疾好像没有看到一样。

"大王，逐客令刚下，如果因为李斯的奏章而改动，况且他同样是吕不韦的门生，这样做后面将无法收场。"桓齮支持昌平君。

"大王，臣也觉得李斯是一个满腹才华之人，驱逐出秦国，实在可惜。"王绾委婉地说道。

六位大臣，刚好分成两派，这让嬴政有些为难。嬴政看了看站在自己身边的赵高，问道：

"赵高，你对此有什么看法吗？"

赵高听到嬴政的问话，受宠若惊，立马从一旁站出来说道："臣认为这个逐客令未免有些武断，像李斯这样的有才之人，如果不能为秦所用，最好也不要为他国所用。"

"好，寡人这就撤销逐客令。为了早日完成统治天下的志向，寡人就受点非议吧。如果已经受到驱逐的臣子回来了，就由王绾来安排。"

"大王，遵命！"王绾忙起身答应道。

"寡人是因为李斯撤销逐客令的，他可是一个难得的人才啊！如果他不是吕不韦的门生，应该早就得到重用了，现在去找回他也来得及。蒙武，你代替寡人去迎接他吧。"

"大王，遵命！"蒙武开心地说道。

听到嬴政下达的命令，昌平君兄弟二人万分沮丧。他们前两天还在府中大肆庆祝呢，逐客令一下，会有更多的权力落到他们的手中。可如今李斯的一封奏书扭转了一切，他们实在是懊悔没有借吕不韦事件将其斩草去根。更让他们担心的是，左相一职一直是空着的，李斯一回来肯定会得到重用。而李斯担任长史时，一直受到他们的排挤，过着忐忑不安的日子。现在李斯要是掌权了，他俩就没好日子过了。

昌平君知道嬴政的主意已定，无法更改，于是讨好地说道："臣也觉得李斯才华出众，被驱逐实在是大秦的不幸，臣恳请与蒙将军一起去迎接李斯。"

"好，你和蒙将军一起去吧，这更能彰显寡人的诚意。今天的事情就到此为止，众爱卿没什么事情就回去吧。"

如此，秦王嬴政不仅收回了逐客令，并且重用了李斯，任命其为廷尉，是主管司法的最高官员，而李斯也正是在这个时候，才真正成为秦国政坛的一员。

借刀杀人，李斯谏言杀韩非

明汪廷讷《三祝记·造陷》："恩相明日奏（范）仲淹为环庆路经略招讨使，以平（赵）元昊，这所谓借刀杀人。"

秦国政十三年（公元前234），秦王嬴政开始了他的统一大业。秦国在他的统治下日益强大，秦军在他的统领下势如破竹，他的志向是灭掉周围的六个国家。嬴政崇尚武力和强权政治，只要有战事，就要找出出兵的理由。当秦军的兵器对准了韩国之时，嬴政就给自己找了一个理由。

当年，廷尉李斯为嬴政制订了详细的灭诸侯的计划，首先就是"先取韩以恐他国"，就是说先灭掉韩国，达到恐吓他国的作用。秦国为何要灭掉韩国呢？首先，当时的韩国是六国中实力最为弱小的，秦国不费吹灰之力就能将其灭掉；其实，韩国有着险要的战略位置，它位于中原腹地，秦国与其相邻，位于西边。当时战事不断，如果天下有什么变故，对秦来说，韩国便会是最大的威胁。所以，嬴政制订统一大计时，首先就要搬开秦军东进路上的大石头，然后再对其他五个国家各个击破。

无巧不成书，正当嬴政准备灭韩之时，他读到了韩非的著作，这些著作加速了韩国的灭亡。

一日深夜，嬴政处理完奏章，开始翻阅从各国搜集而来的典章史集。当他翻开第一卷书简，就立马被书中的内容吸引住了。

"'智术之士，必远见而明察，不明察，不能独私，……重人也者，五令而擅为，亏法以利私，耗国以便家……'说得太精彩了！"嬴政拍案叫绝，迫不及待地翻开了一卷卷竹简，沉迷其中。读完，他对书中的内容有些明白，但想想又好像不太明白。他想找一个人来解开心中疑惑，但身边的赵高只懂狱法，并不懂治国理论。他想起李斯曾师从荀子，一定对此有所了解，便对近侍说道："快去把李斯找来。"

李斯步履匆忙地赶了过来，中常侍赵高看到他来，便小声地提醒他说："大王正在专心致志地看书。"

"看的是什么人的著作？"

"我也不知道。"

李斯小心翼翼地来到嬴政的背后，朝几案看去，嬴政已经察觉背后有人。

"是李斯吧？"

"正是微臣。"

"你看一眼，你可曾读过这册书？"

"大王，这是《孤愤》。"李斯俯身看了几眼后，不假思索地说道。

"怎么，你读过？"

"这书是韩国人韩非所作。"

"那你了解他？"

"岂止是了解，是很熟悉。"

"熟悉到什么程度？"

"禀告大王，微臣和韩非都曾拜荀子为老师，在一起做了三年同学，所以我很了解韩非。"

"这样一位贤才，你为何不向寡人举荐？寡人要是能够见到此人，即使是死也情愿。"

李斯没有想到嬴政深夜将他叫过来只是为了韩非，大失所望，十分难受，于是说道："韩非是一个孤傲之人，他身为韩国人，连韩王都不肯辅佐，想让他辅助大王，恐怕难以办到。"

"他现在在韩国担任什么职位？"

"一个平民而已。"李斯回答道。

"这样的有才之人，竟然不被韩王所用，不异于珍珠埋没于尘土当中。我要重用他。"嬴政情不自禁地说道。

"但他有口吃的毛病，不善言辞，只会著书立说。"

"他有口吃？"秦王微微皱起了眉头，他知道说话结巴的人会让人听得厌烦，纵横之士之所以能够得到重用，凭借的就是一张能说会道的嘴，没有哪位君王会重用一个有口吃的人。但是，嬴政一想到自己要的是他的学问，就让他先到秦国再说。

"你替我去一趟韩国，一定要请来韩非，寡人想早点见到他。"

"这……他不肯来是一个原因，另外只怕是韩王不愿意放他呀。"

"韩王不用，为何不放？"嬴政问道。

"大王要重用韩非，一向多疑的韩王必会警惕，虽然他一直没有重用韩非，但难免会担心韩非到了秦国，会对韩国做出什么不利的举动来。"

"依寡人看，是李大人妒忌有才之士吧？"秦王话中有话地说道，"寡人好人才，人才是越多越好，韩非来秦，影响不了你李大人的地位的。"

"臣绝不是小心眼之人，"李斯为了表达自己的诚意，说道，"如果大王有意请韩非，臣愿意出使韩国，为大王要来韩非。"

"这正合寡人的意思。李大人与他是同学，正好可以好言相劝，来到秦国，寡人一定会让他施展自己的抱负，不辜负平生所学。"嬴政面带微笑地说。

"臣一定会申明大王的求贤若渴之意，但是，如果韩王使绊，那该如何是好？"

"你告诉韩王，如果扣着韩非不放，秦国就立即攻打韩国。"

"大王，臣觉得还是委婉一点为好。"李斯劝道。

"你就这样清楚地告诉他，我大秦一向是一言九鼎。"

"臣遵旨。"李斯不敢再多说，退了出来。即使心中不大愿意，但嬴政心意已决，他也只好遵命行事。

虽然韩国是最为弱小的国家，但在享乐宴饮游猎方面，却不输于其他各国。在韩王安的心中，平阳边关有李牧镇守，他十分踏实，于是他终日在宫廷里寻欢作乐。

某日，相国韩辰急匆匆地赶到宫中，对韩王说："大王，秦国的廷尉李斯来到我国，等待召见。"

"他为何而来？"

"秦王派他来索要韩非。"

"原来是这样啊。"韩王安突然来了底气，说道，"他不是来下战书的，这就好。那么，秦王为何要索要韩非呢？"

"听说是秦王读了韩非的著作，十分钦佩他的才华，因此请他去做座上宾。据说，这样秦王请教起来比较方便。"韩辰回答道。

"哼，韩非是我韩国人，他说要就要，凭什么？我也是一国之君，为何要听从于他？"

"大王一向不把韩非放在眼里，在我国，他只是一介布衣，大王何不做一个顺水人情？秦国现在是最强大的，我们还是不要得罪秦王为好。"

"我国的子民，本王想给就给，不想给他能怎么样，还能发兵攻打我们不成！"韩王一副盛气凌人的模样。

"大王，秦王派来的是秦国的重臣，大王还是以礼相待为好。"

"本王就是不见，看他李斯会怎样！"

"大王，一旦引发战争，那时后悔就迟了。"

"你身为韩国的相国，不要因为一点小事就吓破了胆量，即便秦国发兵，再想办法就是了。"

韩辰极力劝说无果，只好摇摇头离开了。李斯无奈，只好回秦国复命，嬴政听完后大怒，他没想到弱小的韩国竟敢不遵从他的命令。

秦王政十四年（公元前233），秦国在征讨赵国的同时对韩国出兵，十万秦军浩浩荡荡来到了韩国边境。韩王安这才慌了神，他没有想到秦国真的会为自己国家的一个平民出兵，急得如热锅上的蚂蚁，立马召相国韩辰商议。

"这是大王咎由自取。当初我劝大王不要得罪强秦，大王不同意，说什么车到山前必有路。现在秦国真的出兵了，大王却吓破了胆子。祸是您闯出来的，您还是自己想办法解决吧。"韩辰冷冰冰地说道。

"相国，那是寡人逞一时口舌之快，现在寡人是一筹莫展，你赶紧帮忙想想办法，"韩王安带着哭腔说，"韩国灭亡了，你作为相国，也逃不掉啊。"

"大王，您自己闯的祸，烂摊子让我来收拾，真是太为难人了。"韩辰叹气说道。

"别叹气了，相国，赶紧想办法吧。"

"解铃还须系铃人。秦王是为韩非而来，这次也只能请韩非出面，才能解决危机。"

"他会出面吗？"韩王安不安地问道。

"他是韩国的王族之后，这次秦国大军压境，纯粹是因他而起，他肯定不会置国家安危于不顾。只要大王真诚一点，他肯定会出面的。"韩辰安慰韩王安道。

"那寡人去试试。"韩王安忐忑不安地去往韩非府。

韩非的房间中，竹和帛的书籍遍布，仆人向韩非报告韩王安驾到，他好像没有听到一样，依然奋笔疾书着。门外的韩王安不由得气愤起来，韩辰在一旁安慰道："大王，现在是我们有求于他，不要动怒，稍稍等待一下。"

"寡人是堂堂一国之君，他一介平民，竟然如此对待寡人，这让寡人颜面何存？"

"那我们就直接进去罢了。"

"你这个相国，让寡人丢尽了脸面。"

韩辰在前，韩王安在后，两人一前一后走进韩非的房间。韩辰见韩非依然看着竹简，就开口说道："韩公子，大王来看你来了。"

韩非不得不抬起头，故作惊讶之态，起身鞠了一躬，说道："不知大王驾到，有失远迎，真是罪过。"

"不碍事。"韩王假装大度地回答道，"公子是寡人的王兄，不需多礼。"

"大王从不登臣的寒舍，今天突然来到，想必是有什么事情吧？"韩非说道。

"王兄应该是有所耳闻，秦军来势汹汹，已经进入了韩国的边界，但韩国实力不足，王兄不能坐视不管。"

"臣乃一介布衣，也没有击退敌人的好办法。"

"强秦这次出兵，是为王兄而来。"韩王安说道。

"大王为何这般说？"韩非问道。

"王兄写了《孤愤》《五蠹》等书，嬴政读后十分钦佩王兄，曾派重臣李斯来索要王兄，寡人惜才，就拒绝了。没想到嬴政因此发怒，派大军攻打我国。"

"这样说，秦国这次出兵，真的是为臣而来？"

"是的，请看在我们同宗的情分上，一定要救韩国。昔日寡人有待你不周的地方，希望你不要放在心上。你到了秦国之后，一定要劝说秦王，保存韩国。寡人的江山社稷就托付给你了。"

韩非听后心酸不已，自己的才识得不到自己的君王赏识，反而是他国君王不惜出兵索要自己，真是太悲哀了。而到了这个时候，韩国还不加强防御，只知道一味地讨好秦国，自己就算能够劝住秦王，但韩国还能苟延残喘多久呢？

"我尽力而为吧。"韩非看着眼前这个昏庸无能的韩王，无奈地回答道。

对于韩非的到来，嬴政表达了极大的热情，他大张旗鼓地迎接韩非，还让韩非坐在自己左方，这让秦国百官羡慕不已，当然也引起了一些大臣的不满，包括李斯和赵高。

某日，赵高来到李斯府上，一见到李斯，就开门见山地说道："李大人，咱家特来报信，尊驾的地位不保哇。"

"是吗？大总管，何来此言？"李斯听完直接蒙了，要是别人说出这话，他还不放在心上，但赵高成天待在嬴政身边，他肯定知道什么别人不知道的事情。

"李大人，人无远虑必有近忧，大王现在十分看重韩非，为了得到韩非，他不惜动用十万大军。如果韩非得到重用，还有你我二人的位置吗？"

李斯这才明白赵高的来意，两人对视了一会儿，李斯便回答道："感谢大总管的提醒，还希望大总管给出对策来。"李斯明白自己的学识远在韩非之下，看秦王对韩非那种势在必得的态度，要是韩非真的得到重用，自己就只有被冷落的份儿了，这还真是不得不防。

"目前只有一个办法，那就是阻止大王重用韩非。"赵高说道。

"我们也无法左右大王的意愿啊。"

"只要你我二人联手，还有办不到的事情吗？"

韩非是带着存韩的使命而来，在嬴政与他商讨治国策略的时候，他建议先灭赵国。"遍观秦国之外的六国，赵国和楚国的实力最为强大，况且赵国与秦国毗邻，应该先攻打赵国。"

"太合寡人意了，"嬴政再次求教，"还请先生赐予攻打赵国的策略。"

"韩国是小国，不足为患。但是，韩国位于赵国和秦国之间，如果韩国联合赵国，就会使赵国强大起来；相反，如果韩国联合秦国，秦国就会强大起来。"韩非的这一计谋有保韩之嫌，但对秦国来说，确实不失为一条好计谋。

次日早朝，李斯上书嬴政，对韩非的建议予以了全盘否定。"大王，现在韩国才是秦国的隐患，如果真像韩非说的那样先攻打赵国，赵国就会和强大的齐国联合起来，这对秦国来说是十分不利的。而韩国只是表面臣服于秦国，如果这次秦国攻打赵国失败，那秦国将在众多诸侯国面前颜面无存，只能退回函谷关。所以，臣认为韩非这次来秦带有一定的目的性，就是窥探秦国，保存韩国。"

赵高也趁机大进谗言："大王，韩非让大王联合韩国，实则是为了保韩。即使韩国和秦国联合起来攻打赵国，韩国能出多少兵力呢？韩非建议大王去攻打强大的赵国，韩国就会渔翁得利。这也是人之常情，毕竟他是韩国人。他同意来我国，不过是想当间谍而已。"

"大王，韩非是韩国公子，我与他同窗之时，他就多次苦谏韩王驱逐奸佞之臣，广纳贤才，但因为说话过于直白而得罪了韩王。此人性情耿直，一心希望韩国强盛起来，是一个忠贞之士，想当初也是因为秦国十万大军压境，他迫不得已才来的。"

　　嬴政点了点头，若有所思地说道："韩非是一个有才华之人，他这次来秦行间并没有造成什么实质性的危害，韩王也是昏庸，行间这种勾当岂是韩非能胜任的？寡人哪次派出的行间之士不是能言善辩之人？"

　　"如果大王要灭韩，我想韩非只会站在韩国那边而不会站在秦国这边的。韩非留在秦国的时间越长，就越了解秦国的内情，对秦国越不利。一个人如果不能真心事秦，即使再有才华，又有什么用呢？我觉得大王应该惩治韩非，以儆效尤。"

　　"爱卿所言极是，寡人会慎重考虑的。"此时嬴政的内心矛盾极了，韩非是不多可得的治国之才，他希望韩非能够忠于自己。但从社稷大业上看，韩非又是他扫平六国的绊脚石。

　　"大王想如何处置韩非呢？"赵高试探性地问道。

　　"寡人还没想好。"

　　"臣认为韩非是贤能之士，既然不能为我大秦所用，也不能为韩国为用，先把他关起来为好。"

　　"就照你说的办吧，等寡人灭了韩国再说。"

　　可怜的韩非就这样不明不白地被关进了大牢，每日被刑讯逼供，他不相信嬴政会如此对待自己，当初来时还是座上宾，突然之间又成为阶下囚，真是伴君如伴虎。每次审讯，他只有一句话："我要见大王。"

　　在李斯的授意下，狱监每天想尽办法折磨韩非，他们急于取得韩非承认自己是韩国间谍的口供，因为他们担心嬴政会某日突然想起韩非来而重新重用他。无奈韩非是一个性情倔强之人，不管怎样逼供，他都不屈服，他只想见到嬴政，面陈一切。但是，李斯等人怎么可能让他见到嬴政呢？

　　某日，李斯来到关押韩非的牢房，韩非此时正在奋笔疾书，把著作当成发泄怨气的唯一方式，完全没有意识到李斯的到来。

　　"韩公子，该用餐了。"李斯说道。韩非身旁，劣等的晚饭已经凉了。

　　"先不吃了，我把这一节写完。"

　　"韩公子，我今天为你带来了上等的酒菜。"

　　"为何？"

　　"韩公子暂且放下笔来。"李斯将食盒里的酒菜摆在桌子上面。

　　"李大人，我想见大王，你传达了我的意思了吗？"

　　"传达了。"

　　"那他怎么说？"

"别问了，先吃下这酒菜吧。"

"莫非……"韩非此时对嬴政还存有一丝幻想，"我认为大王还不至于！"

李斯也不多说什么，只是为韩非斟了一杯酒，道："韩公子，请用。"

"李大人，大王到底是何意？"韩非哪有心思喝酒，追问道。

"韩公子，你先用过酒菜再说。"

"李大人若不直说，我是喝不下这酒的。"一丝不祥的预感涌上韩非的心头。

"唉！"李斯长叹了一声，挤出两滴眼泪来。

"大人，大王莫非……"

"你呀！天天要吵着要见大王，这倒好，大王认为你对他的处置心怀不满，更加生气了。还有你写的那个什么《说难》，大王看完后更是勃然大怒。他已经吩咐我，让你饱食一顿后，赏你一杯鸩酒。"

"啊！"韩非惊叫了一声。

李斯从食盒里拿出鸩酒，小心翼翼地放在桌子上面："韩公子，对不住了。我已经再三向大王求情，但大王还是不肯原谅你。"

"我的《说难》会让大王生气？大王应该理解我的呀。"

"是韩公子不了解大王，他一向喜怒无常，他决定的事情，别人是无法改变的。韩公子呀，下官已经尽力了。"

韩非上上下下打量着李斯，看得李斯有些心虚。

"韩公子，你为何这样看下官？"

"李大人，你我同窗一场，你不会像庞涓对待孙膑那样对我吧？"韩非的目光像一把刀子般投向李斯。

"韩公子，你这是哪里的话？公子要是不相信下官，我同你一起自尽。"

"这又怎么可以呢？这不怨你，只怨我命苦，所恨平生之志得不到施展。"说完，韩非拿起鸩酒一饮而尽。一代大儒，就这样死在一场阴谋之中。

太阳的金辉射向了甘泉宫，嬴政草草地吃完了早饭。宫门外，李斯来到。

"大王，昨夜韩非服毒自杀。"

"什么！"嬴政大吃一惊，"此话当真？"

"大王，千真万确。"

"这就奇怪了，人好好的，怎么就自杀了……该不是你二人合谋害死的吧？"嬴政一脸严肃地看着他。

"大王，臣今天早上接到狱吏的报告，前去看望，见人已死，他出身于王室，哪受过这种冤屈？恐怕是一时想不开，寻短见了。"

"寡人让你好好看管他，他哪来的毒药？老实交代！"精明的嬴政恶狠狠地看着李斯。

"臣怀疑是狱卒送给他的，已经把这些人拘捕起来了。"老奸巨猾的李斯早就准备好了一套说辞。

聪明的嬴政知道再问下去是不会有结果的，再说人死不能复生，李斯和赵高对他来说还有用处，所以这个案件就不了了之了。

不降而屈人之兵，韩王安被俘

《孙子兵法·谋攻篇》："是故百战百胜，非善之善者也；不战而屈人之兵，善之善者也。故上兵伐谋，其次伐交，其次伐兵，其下攻城。"

韩非死后，秦王下令薄棺薄殓，并派使者将其送回韩国。又指责韩王竟然派韩非来秦国做间谍，然后对韩国出兵。韩王立马将都城迁到郑城，他认为郑城离秦国远一些，稍微安全一些。来到郑城，贪图享乐的韩王安为自己建造了一座飞阁流丹、回廊溢彩的韩楼，里面曲院回廊、画栋雕梁、荷池画舫、假山流泉应有尽有，消耗了大量的人力财力。好色的韩王安还在这里设了一百多处美人宫，专门从全国挑选各色美女供自己享乐。他根本不理朝政，没日没夜地歌舞升平。当地的老百姓对此评价说："这是好日子要到头了，要在临死之前玩个痛快。"

不少亡国之君多少都有些才气，韩王安也是如此。他一看到大臣们呈上来的奏章，就脑袋痛，却擅长作词。这不，他刚编写出了一曲歌词，并让多名美女做舞。此时，两名美女一左一右依偎在他的身旁，畅饮美酒，欣赏着下面的美女们优美的舞姿。

韩楼高高入云霄，美人窈窕更多娇。
金樽玉液不眠夜，锦帐牙床且逍遥。
莫道人生似梦短，日上三竿不上朝。
今夕能乐且当乐，醉卧画楼听吹箫。

兴致正浓时，相国匆匆忙忙地走了过来，韩王安挥了挥衣袍，吩咐众人都下去。

"相国，你这是干什么呢？真是太扫寡人的兴致了。"韩王安不满地说。

"我们都要成为亡国子民了，大王却还在歌舞升平！"韩辰一筹莫展地说。

"秦军不是还没到郑城吗？看把你急成什么样了？叫那些美人都回来，继续唱歌跳舞。"

"大王啊！您怎么能堕落到这种地步呢？真是无可救药了！"韩辰气愤不已。

"相国，并不是寡人不着急，但着急有用吗？秦国该吞并韩国的时候还是会吞并的，秦军该来的时候还是会来的。寡人不能上阵抵御敌人，现在只能得过且过了。"

"我韩国虽然弱小，但不能束手就擒啊！我们应该想办法抵抗，不能让秦军畅通无阻地开进都城。"

"相国，那你替寡人做主吧，让哪位将军上阵迎敌，全凭相国说了算，寡人相信你。"

"唉，韩国有您这样一位国君，真是不得不亡啊！"韩辰长长地叹了一口气。

在秦将内史腾的率领下，八万秦军声势浩荡地向韩国出发，一路上势如破竹，没有遭遇到什么像样的抵抗，不久就顺利地来到了阳翟城下。

内史腾对蒙恬和蒙毅说："二位将军，我认为我军能够不费吹灰之力占领阳翟，八万大军全留在此是一种浪费，不如本帅带领一部分大军去取韩国的都城，怎样？"

"大帅言之有理，末将愿带领两万大军攻打阳翟，大帅可带领剩下的六万大军攻打郑城，等末将占领阳翟后便去郑城与大帅会合。"蒙恬回答。

"两万大军有些不足吧，本帅给你多留一万，如何？"

"大帅，两万大军足矣，末将一定尽快占领阳翟。"

于是，内史腾和蒙毅率领六万大军直奔郑城，蒙恬则向阳翟发起了进攻。阳翟虽然有三万韩军镇守，但他们对秦军的勇猛早有耳闻，此时已是闻风丧胆。秦军仅用了一个时辰，就占领了阳翟。蒙恬性情凶残，秦军进城后便血洗了阳翟城。

此时的郑城韩楼依然歌舞升平。

韩王安手举金樽，醉醺醺地看着唱跳的舞女们。相国韩辰上气不接下气地跑过来说："大王，秦军已经兵临城下了，快想办法吧！"

"寡人能有什么办法呢？我们韩国是一个弱小的国家，被秦国吞并是它的命运。"

"祖宗的社稷江山都保不住了，那么，我们总该知道逃跑，来保存自己的性命吧？"

"这都是命，听天由命。"韩王安叹气道。

"大王，郑城是保不住了，趁现在秦军还没有进城，赶紧逃跑吧！"

"往哪里逃呢？"

"我们可以先逃往魏国，韩国与魏国向来交好。先保存性命，来日方长。"

"逃往魏国？"韩王安苦涩一笑，"去魏国过着寄人篱下、痛不欲生的生活，让我这一国君主成为一介乞丐，祈求他们的施舍？"

"先忍忍，以图东方再起。"

"这是大白天说梦话吧。"

"那也不能在这里等死呀！"

"逃到魏国又能怎样？难道秦国会放过魏国？我们这些小国被秦国吞并是早晚的事情，不要挣扎了，"韩王安坚决地说道，"寡人哪儿也不去，就留在韩国，与自己的国家共存亡。"

韩辰此时一点办法都没有，只能万分焦灼地跺了跺脚。

内腾史和蒙毅率领的秦军不费吹灰之力就攻破了郑城，二人带领大军直奔韩楼。此时相国韩辰急坏了，直接带领一百多名侍卫闯进了韩王安的长乐宫，一把拉起正沉浸在歌舞声中的韩王安。

"大王，跟我来！"

"这是要去哪里？"

"秦军已经占领了都城，臣带大王逃跑。"

"你想带寡人逃跑，你有多少兵马？能对付秦军吗？"韩王安挣脱掉。

"臣手下有一百多名武士，我们不对付秦军，我们要带大王逃跑。"

"算了，相国对寡人一片忠心，寡人已经心领。但现在说什么都为时已晚，韩国已经灭亡了，相国快自己逃命吧。这都是天意呀！"

"韩国的各位先王们，韩国怎么会有如此国君啊？真是上天要灭韩啊！"

"不要感叹了，相国赶紧逃命吧。"

韩辰与一百多名卫士刚到宫门，内史腾和蒙毅带领着大军也赶到了这里。

韩辰上前拦住道："秦军止步，不得擅闯韩宫。"

"大胆，你是何人？"

"我是韩国的相国韩辰。"

"韩国已经灭亡了，你身为相国，还有颜面自报家门。"

"你们都是强秦的爪牙，无缘无故侵犯我国，这已经为世人所不齿。现在不能再擅闯宫门，打扰我大王。"

"就凭你？如今你就算带领十万大军来抵挡秦军，我也不会惧怕。何况你手下只有区区一百多人，快让开！"

"恃强凌弱是野蛮行径，你们赶紧退下！"韩辰并不畏惧，他已经将生死置之度外。

"我看你是不想活了。"蒙毅拍马上前，一枪过去。可怜的韩辰就从马上栽了下去。他的前胸喷出血来，但一脸的欣慰："我也算对得起相国这个称号了。"言毕，便一命呜呼。

韩辰手下的卫士长趁乱赶紧溜了，他气喘吁吁地来到韩王安的面前："大王，秦军已经杀了进来，相国已经牺牲了。"

"你来保护寡人。"

"我哪是强秦的对手？大王，我们还是自保吧。"说完就匆匆逃走了。

"大王，你得救救我们啊！"众多嫔妃围住韩王安哭泣道。

"平常寡人待你们很好，现在寡人有难，你们得帮我。"

"我们都是一群手无缚鸡之力的女子，怎么跟秦军对抗呢？"

"有办法，用你们的身体。"

"用身体？"众嫔妃一脸迷惑。

"是的，你们听寡人的命令：脱光衣服，去寡人平时洗澡的莲花池中，围成一圈，寡人藏在你们中间。秦军哪怕再凶残，也会避开正在洗澡的女人。如果你们这次保住了寡人的性命，寡人会重重赏赐你们的。"

众多嫔妃只好依照韩王安吩咐的去做，数十人都脱得精光，围成了一道墙。那韩王在下水之前，还不忘把玉玺抱在胸前。他躲在里面，倒也悠闲自在。

秦军在韩楼里来回搜寻了几次，就是找不到韩王。蒙毅按捺不住，一把抓住了一个太监，满脸怒气地问道："韩王藏在哪里？"

"臣也不知。"

蒙毅一剑划过，这个太监立马脑袋落地。他又抓住了一个宫女，恶狠狠地说："说，韩王在哪里？如果不说，他的下场就是你的下场。"

"也许在莲花池。"宫女瑟瑟发抖地回答。

"带路。"

蒙毅带着众将领来到莲花池，只见池子中间数十个美女正在洗浴。她们见到秦军，无不全身哆嗦。

"你们赶紧将他们轰走。"韩王小声地说道。

"你们这些大男人，看女人洗澡，羞不羞啊！"

"快走吧！"众嫔妃嚷嚷道。

"没见过女人啊，要不让你们看个够。"其中一人干脆站了起来。本来她是想用激将法将秦军轰走，没想到"偷鸡不成蚀把米"，将躲在中间的韩王安暴露了出来。

蒙毅上前，长胳膊一伸，将韩王一把拉了出来："瞧你这副德行，你以为藏在这里就没事了吗？出来！"

"将军，寡人情愿归降秦国，这是我韩国的国玺。"韩王耷拉着脑袋说道。

蒙毅将国玺接了过来，说道："押走，念在献上国玺有功，大家要好生看待，等大王发落。"

六国之一的韩国，就这样轻而易举地被秦国吞并了，嬴政就此迈出了他统一天下的第一步。

第三章

计策与阴谋下赵国请降

诱敌深入，秦王亲征

毛泽东《论持久战》："我们历来主张'诱敌深入'，就是因为这是战略防御中弱军对强军作战的最有效的军事政策。"

公元前 234 年春，杨柳发芽了，一片青翠，八百里秦川一派祥和的景象。此时，嬴政心情格外美丽。他将右丞相昌平君、国尉缭、廷尉李斯、大将王翦、桓齮等召集到内殿。

"众爱卿，你们可知寡人找你们来所为何事？"

"大王，这不用猜，一定是向赵国出兵。"

"还是国尉厉害。"嬴政脸上露出了欣慰的微笑。

"六国中赵国的实力最为强大，灭了赵国，其他国家便不在话下。"李斯附和道。

"英雄所见略同，众爱卿和寡人的想法相同，"嬴政开心地说，"众爱卿，这次出征，以何人挂帅比较合适呢？"

"臣认为是尉缭大人。"李斯说。

"不合寡人之意。"嬴政摇摇头。

"大王是否要用王翦将军？"尉缭猜测。

"不对。"嬴政继续摇头。

众人又说出了几位将军，但嬴政依然摆了摆头。

"莫非大王想要亲征？"李斯幡然悔悟。

"还是廷尉知寡人心啊！"

"大王不可。大王是我大秦的君主，不可轻动，再说，战场上刀枪不长眼，这样做风险太大。"李斯劝阻道。

"出征打仗是我们将帅该干的事情，再说，杀鸡焉用牛刀？大王出征，我们这些将帅岂不是遭人耻笑。"王翦也予以了否定。

"众爱卿所言差矣，寡人亲征，既可以提高士气，又能威慑敌人。孤王出马，胜算大了不少，寡人主意已定，大家不要再说了。"

"谨遵王命。"

春天已经接近尾声，夏天的脚步越来越近，干热的风吹过街市，还未来得及换下春装的人们，后背都湿透了。

此时，由于正忙于打仗，赵王宫里人人自危，都是一副惶恐不安的模样。赵王迁的额头冒出了豆大的汗珠，他心神不宁地问朝中大臣："众爱卿，强秦已经出兵，平阳战事吃紧，一天来三次急报，得赶紧想想办法呀！"

大家把目光齐刷刷地投向了相国郭开，郭开无奈地说：

"大王，这次秦王嬴政亲征，率领三十五万大军压境，大有一举歼灭我赵国的架势。所以，这次我赵国一定要派出一个得力的将帅。"

"难道寡人也要像嬴政那样挂帅亲征吗？"赵王迁不安地说。

"依臣看，不用。"郭开知道赵王害怕，"臣推荐一人，能够胜任这次战事。"

"相国请说。"

"国舅扈辄。"

"他能胜任吗？"

"当年国舅率领士兵大败秦将蒙骜，并将其一枪毙命，从这点足以看出国舅是一个不可多得的帅才。"

"那么就依相国所言，让扈辄带领十万大军增援平阳。"赵王迁下达了命令。

此时，秦国大将桓齮已经在平阳处将赵军围困了三天，赵军将领庞虎带领手下三万兵马苦苦支撑着。桓齮对平阳志在必得，他准备进行新一轮的进攻。此时，快马将嬴政的一封信札交到他手中：

　　赵军派扈辄率军来援，将军可放弃攻城，佯败退却，一路可遗弃粮草辎重，诱敌深入至武威小城，孤王自有道理。

桓齮看完后，只好放弃之前的计划，依照大王的命令行事，假装攻城失败后便急急撤退，整个队伍没有秩序，十分混乱。

当扈辄率领的十五万大军赶到平阳时，桓齮所率领的秦军正好撤走。他没有直接进城，而是由庞虎前来迎接。

"你三次告急，说平阳战事吃紧，马上要失守，但我为何看不到秦军？你难道不知道谎报军情是什么罪吗？"扈辄翻了一个白眼说道。

"大将军，末将不敢说谎，这三天，秦军攻城甚急，不知道为何突然撤退了。"

"哼，我想大概是他们听到本帅率领大军来了，心里害怕，闻风而逃了。"扈辄冷冰冰地说道。

"大将军，秦军在与我军作战时，一直占据上风，不像败逃，其中一定有诈。"

"怎么？你是不相信本帅的能力？"

"末将不敢。"

"本来是秦军看到本帅率领大军前来心里胆怯，望风而逃，你非要说其中有诈，你这是有意贬低本帅的虎威。"

"末将绝无此意，只是担心而已。"

"秦军已经闻风丧胆，溃不成军，现在我军要乘胜追击。本帅有十五万大军，纵使他有诈，又能怎样？现在兵不进城，全速追击。"

一路上，遍地都是秦军扔下的粮草、衣物、战车，更有秦军之前掠走的赵国青年男女，哀鸿遍野。赵军便挑了一些美貌女子于军中，如此一来，行军速度便缓慢了不少。刚开始的时候，扈辄还管管，到了后来，他的将领们也这样做，扈辄也就放任自流了。一日，随征的庞虎将一个美貌如花的女子进献给扈辄。

"大帅，这个女子青春年少，可供军中使用。"

"大战在即，不能玩物丧志。"扈辄佯装发怒。

"该女原是秦军主将身边的女子，知道秦军内幕，如果我们细细询问，也许能够得到有用的军情。"

"这女子哪里人？叫什么？"

"民女平阳人，叫莹莹。"

"你在秦军中可听到什么消息？"

"民女听秦军议论，说什么秦王已经遇刺身亡，所以才匆匆忙忙地逃走。"

"原来如此，我们总算弄明白了秦军逃走的原因，你庞将军也不要再捕风捉影了。"

"这消息千真万确吗？"庞虎抓住另外一个被掠的女子问道，"你们听到了秦王遇刺身亡的消息了吗？"

"我听士兵们议论来着，说什么秦王是在睡觉的时候遇刺的。"

"我也听说遇刺，伤情很重，已经回咸阳了。"

"听说是已经死了，但对外宣称是重伤。"女子们你说一句，我说一句。

扈辄越听越开心，说道："不管秦王是死了还是重伤，秦国无主，秦军必定军心大乱，这正是本帅建功立业的好时机，理应全速乘胜追击。"

"大帅，天已经完全黑了，这里多是崎岖小路，行军多有不便，可否明日早饭后再追击？"庞虎还是担心其中有诈，有意拖延时间。

"好吧，在本帅帐下设宴，本帅要与众多将士畅饮一番，庆祝即将取得的胜利。"扈辄色眯眯地看了一眼姿色绝伦的莹莹说道。

　　当天晚上，帅帐内，美酒飘香，觥筹交错，美女歌舞。等扈辄喝得醉晕晕的时候，大家都识趣地离开了。

　　次日清晨，太阳的光辉洒向大地，小鸟在枝头叽叽喳喳地叫个不停。精力充沛的嬴政已经早早起床了，他盥洗完毕，想出门呼吸一下清晨新鲜的空气，一推开门，却发现十几位文武大臣齐刷刷地站在门外，见嬴政出来，便一起跪在地上。

　　"臣请大王离开武威城。"

　　"众爱卿，这是为何？"

　　"一场大战即将开始，武威城危机四伏。大王是我大秦九五之尊，不容有半点差池，请大王离开这块险地。"

　　"众爱卿，寡人亲征，这是你们之前都同意的。"

　　"亲征不等于来到最前线，这里太危险，大王还是退到安全一点的地方为好。"

　　"寡人身强力壮，没有那么禁不住风吹雨淋的。"

　　"刀枪无眼，大王还是先撤，臣等才能安心打仗。"

　　"好了，你们不要再说了，寡人已经决定好了，都起来吧。"

　　大家你看我，我看你，先是昌平君站了起来，大家刚来时的决心顿时荡然无存。

　　"众爱卿快禀报敌情！"

　　"大王，根据探马报来，赵军昨天晚上没有追上来，而是扎帐露营，还曾宴饮歌舞，看来他们是放松警惕了，我军散布的谣言起作用了。"

　　"好极了，他们还真的以为寡人遇刺了，看来他们已经中计。"

　　"想必今日敌人肯定会全速追击的。"

　　"好，众将听令！"嬴政严肃地说道。

　　"末将在！"

　　"王翦率领五万人马，到城西小山上埋伏好；蒙恬率领五万人马到城东山岭上；蒙毅率领五万人马到城南山岭；蒙武率领五万人马到城西北小山边上。众将一定都要埋伏好，以武威城中火起为信号，一同杀下山来，包围武威城，将城外正北小路留给敌军。"

　　"那末将带领十万大军在脸盆谷埋伏，等溃败的赵军逃到这里，就把提前备好的干柴火油点着，然后再进行围攻。"尉缭说道。

　　"国尉真是深得我心！"

　　"大王，微臣这十万大军还没有派上用场，不能让末将置身事外啊！"桓齮不禁问道。

"寡人已经给你安排好了任务，此大战成败与否取决于你。你的任务是诱敌深入，只要你成功将敌人引至武威城下，你的任务就算完成了。"

"大王，您手中只留三千虎贲军，实在是太危险了。一旦被围困的赵军拼死突出重围，大王就来不及撤退，后悔都晚了，"桓齮继续说，"末将率领五万人马足矣，剩下五万留给大王，如此方能无忧。"

"桓将军，你与敌人抵抗多日，如果人马突然减少一半，敌人肯定会起疑心。你必须带走十万，我带三千即可。"嬴政毅然决然地说道。

"桓将军可以带走九万，留给大王一万护驾，这样既能迷惑住敌人，诱敌深入，还能保障大王的安全。"尉缭建议道。

"国尉不愧是国尉，这样的安排甚妥！"李斯说道。

等扈辄推开民女莹莹起床时，天已经大亮，他饱食一顿可口的饭菜后，便下令追击敌军。差不多走了十里路，赵军便与桓齮的军队"狭路相逢"了。双方大战一场，秦军不敌，节节败退。扈辄一挥令旗，赵军便全速追击。双方时追时打，等到中午时分，赵军就追到了武威城附近。

扈辄的弟弟扈亏担任先锋，他猛地勒住马缰，仔细地看了又看。

扈辄呵斥道："理应一鼓作气，活捉桓齮，你停下来是贻误战机。"

"大帅，那桓齮边作战边向后退，末将觉得其中有诈。"扈亏将自己的疑虑说了出来。

"大帅，此地地势险要，敌人容易在此设置埋伏。"庞虎同样说出了自己的疑虑。

"你们这纯粹是草木皆兵，是没胆量吧？"扈辄不屑一顾地说，"那桓齮一看就是打不过，哪来的诱敌深入这一说。"

"大帅，我们还是不要轻举妄动，先派出一支人马试探再说。"扈亏还是不愿冒进。

"像你们这样畏畏缩缩，踌躇不前，等你们想好了再追击时，桓齮早就逃回老家了。"扈辄固执己见。

扈亏是扈辄的亲弟弟，他和大哥说话的时候相对随便一些，就说道："大帅，我还是觉得其中有诈，我军现在不能贸然前行，而应安营扎寨。"

二人坚持不出兵，说得扈辄也动摇了，他细细观察了一番，然后不再催促进兵，而是捻着胡子说："你二人说得似乎也有些道理。"

武威城头，李斯看敌军迟迟不愿前行，焦灼不安地对身旁的嬴政说道："大王，敌人像是识破了我军的计谋，我们该如何是好？"

"不能让到手的鸭子飞了，待寡人钓一回大鱼。"嬴政镇定自若地说道。

"大王，接下来我们该怎么办？"

"在城楼上竖起王旗，寡人要在众人面前现身。"

"大王，这万万不可。"昌平君立马阻止，"赵军知道大王在城楼上，一定会死攻，我军主要的势力在外围，如果赵军攻入城内，我军将来不及救援，大王将会有生命危险。"

"不入虎穴焉得虎子，爱卿不必相劝，寡人主意已定。"

"大王这样说也有一定的道理。"李斯附和地说。

象征王权的秦王旗帜在城楼上方飘荡着，秦王同时出现在城楼上，夕阳那灿烂的光辉洒在嬴政身上，如同给他镀上了一层金光。

"你们看，秦王嬴政，他果然没死。"赵将庞虎大声说道。

扈辄听到后，愣了一秒，然后露出狂喜的笑容："杀入城内，活捉嬴政。"

"大帅，万万不要，您可记得之前的谣言说嬴政已经死了，现在看来，全是引诱之计。"庞虎说。

"庞将军说得对，嬴政现身，更证明秦军是有计谋的。这里应该有埋伏，我们赶紧撤退吧。"扈亏说道。

"秦王能够亲征，我们能够与秦王对峙，这是一个多么难得的机会，一定要让他尝尝我们赵军的厉害。"扈辄立功心切。

"大帅，万万不可，嬴政身边一定有重兵把守，这不过是一个诱军之计。我主张立即撤退，让其计谋落空。"庞虎继续规劝。

赵军犹豫不决，城楼上的嬴政见此，对大臣说道："看来，寡人这一诱军之计火候不够，寡人还要加把火。"

"大王的意思是？"李斯不解地问道。

"寡人要亲自出城。"

"大王是要把自己当成诱饵吗？"

"如果他们看到寡人在他们眼前，还不会中计吗？"

"大王，这万万不可呀。大王这是以身试险。一旦失误，再无挽回的余地。"李斯急急地说。

"不这样的话，赵军哪能上钩？"嬴政说完，就朝城楼下走去。

"大王，千万不要贸然涉险。"昌平君也在一旁劝阻。

"爱卿不必劝阻，寡人从小习武，哪怕与他们短兵相接，他们也不一定能够占到便宜。"

"大王，一国之尊敢以身试险，这是赵军所没有想到的，他们必定中计。"李斯看赢政心意已决，便忙不迭地称赞道。

"寡人定要让他们这次有去无回！"赢政自信满满地说。

崀辄看到赢政从城楼上消失时，不免失望至极，他不停地抱怨崀亏和庞虎："你们这也怕那也怕，你看看，让秦王给溜了，这是一个多么好的立功机会啊！"

"大帅，当年秦将蒙骜就是轻易冒进，才中了我军的埋伏，我们切不可犯同样的错误。"庞虎说道。

"赢政逃跑不一定是好事，我们应该退后数里，安营扎寨，从长计议。"崀亏补充道。

正当几人争论不止的时候，赢政的王旗突然出现在赵军前方。崀辄真切地看到秦王坐在黄罗伞盖下的马车里，马车此时正向东南方奔去。他大叫了一声："快看！赢政在车里，不要让他跑了，赶紧追上去！"

赢政听到崀辄的话后似乎受惊，不敢与他们直接交战，而是向武威城冲去。崀辄恨不得一刀砍死赢政，这样他就可以立大功了。他立马上马追去，在这一追一逃之际，赵军就来到了武威城下。

突然，武威城火光四起，埋伏在周围的秦军冲了下来，两军交战，呐喊声、兵戈相接之声不绝于耳。

"大帅，不要再追了，我军中了埋伏！"崀亏说。

"事情已经这样，我们只有拼死突出重围了！"崀辄下令。

赵军勇猛地冲杀着，无奈所有的路都被秦军堵死，他们只好冲向秦军最为薄弱的地方，进入了赢政为他们预留好的脸盆谷。之前的二十万大军，此时只剩下了十五万。

"崀辄，赶紧投降吧，你已经走投无路了。"秦军的部将说。

"大帅，我们宁死也不能投降啊，之前的长平之战，白起坑杀我赵国四十万大军，大帅应该还记得吧！"崀亏看到崀辄有些动摇，赶紧说道。

"我们情愿战死也不投降！"众将士高喊。

"那好，我们杀出一条血路吧，冲！"崀辄说完，向南冲去。

"赵军不愿意投降，就只好射箭了。"王翦叹气，然后一声令下，密密麻麻的火箭射向谷底，带有火油的干柴立马燃起熊熊大火，在风的作用下瞬间化为一片火海，赵军全军覆没。

离间之计，秦始皇离间赵国君臣

《象》辞："比之自内，不自失也。"茅盾《霜叶红似二月花》："一些势利小人卑鄙无耻，惯会兴风作浪，挑拨离间。"

平阳之战是秦王嬴政在统一天下的战争中最大的一次战役，秦军再次重创了赵军的有生力量。在胜利的浪潮下，嬴政决定再次出兵，一举歼灭赵国。

朝堂之上，嬴政询问众多大臣对此次出征的看法。

"众爱卿，现在的秦国不同往日了，国力提升了不少，虽说先王们没有吞并赵国，但这并不说明寡人无法办到，我大秦刚刚打了一大胜仗，现在正好趁这股热乎劲儿消灭赵国。"

"大王，消灭是完全有可能消灭，但不要采取强攻的方法。"李斯说道。

李斯的话让秦王十分诧异。在他心中，李斯是一个有雄才大略之人，并且一向支持自己统一六国的大业，现在为何这样畏畏缩缩的？

"李爱卿为何这样说？"

"大王，从古至今，秦国向外扩张，都是采取吞并的策略。现在秦国实力最强，但赵国的实力同样不可小觑。并且赵国还有着丰富的作战经验，在赵国，只要是五尺男儿，都是能够上战场的。我们现在贸然前去攻打，肯定是要吃败仗的。"

"为何我大秦与赵国打仗，总是吃败仗？就是因为太过保守，没有锐意进取的精神，没有伤到赵国的元气。"

众大臣也不好再说什么了，秦王政再次向赵国发兵，秦军浩浩荡荡地向赵国境内出发，势不可当。

此时的赵王已经完全慌了神，一旦秦军占领了战略要地番吾，就会对赵国形成夹击之势，那样秦军就相当于打开了赵国的门户。

在这大敌当前之际，赵王突然想到了镇守边关的李牧将军，他立马将李牧火速调来。

番吾城内，李牧和副统帅司马尚正在商讨如何迎战敌人。

"养兵千日用兵一时，我赵国的土地绝不允许秦军践踏，现在秦军距离我们只有数十里，我军应该立马奔赴边境，与敌人决一死战。"司马尚说道。

"不能这样做，边境地势平坦，无险可守，敌人想攻打我们易如反掌，如此一来，我军反而容易处于不利的地位。"李牧说。

"赵国大军再不出兵，敌人就要进入我国境内了，那样就会威胁到都城邯郸，赵王肯定会勃然大怒的。"

"考虑大局，就不要计较一城一地的得失，再说，将在外君命有所不受。"

"那元帅的意思是直接放弃番吾城吗？"司马尚问道。

"是的。"

"啊，番吾城可是赵国的门户，敌人占领了番吾城，占领都城邯郸就不是问题了。赵国危矣！"

"这是常人的逻辑，之前我军节节败退，主要是因为我军统帅带领士兵打仗不得法，我们要突破常规思维，如此才能出其不意，战胜敌人。"李牧说道。

"元帅实在高深莫测。"司马尚虽然这样说，却仍心存疑虑。

"好，本将就向大家解释一下，但一定要保密，如此才不至于功败垂成。"李牧低头向在座的将领们说出了自己的想法。

当时正是大暑时节，太阳刚刚升起，大地如同火烤一般。在王翦的带领下，秦将全副武装地逼近武威城。前方是一片枝繁叶茂的小树林，里面透出一股杀气。

"老将军，要小心前方有埋伏。"桓齮提醒道。

"言之有理，全军停止前进。"王翦传令道。

"老将军，末将愿意带一路人马前去探路，看是否有赵军在那里埋伏。"杨端和说道。

"这样很好，但一定要小心谨慎。"

杨端和率领一千人马地毯式地搜索着进入了前方的小树林，没过多长时间，埋伏在里面的赵军就冲杀了出来，呐喊声顿起。"冲啊！杀啊！秦军已经中了埋伏，不要放走一个人！"赵军的副统帅司马空身先士卒，刀锋直指杨端和。

赵军在人数上占据优势，很快就处于上风。后方的王翦见前方两军已经开战，便匆匆忙忙前去增援。桓齮的一万人马冲上去之后，赵军抵抗了一会儿便撤退了。

秦军大概追了二十里路，一座山峰挡在了他们眼前。高崖深涧，地势险要，赵军一会儿就不见了踪影。桓齮提醒道："老将军，敌人一定在前方埋伏好了。"

"这里的地势十分凶险，一定要小心慎重。"王翦边观察边说。

"老将军，我来当前锋吧，总不能因为前方有埋伏就踌躇不前吧。"杨端和再次请求。

"杨将军依然带领一千人马试探，"王翦叮嘱道，"我带领大军在后面援助。"

于是，杨端和带领士兵进入山谷，可是绕过了几个弯道都没有看见赵军的身影。前方是一座高耸入云的山岭，抬头望去，看不见山顶。王翦和桓齮带领士兵跟随在后，山下的道路崎岖不平，十分难走。小溪中的水刚好没过了人的膝盖，溪中怪石丛生，想要前行，只能从河滩上蹚水而过。杨端和想了一下，然后回转，来到王翦跟前，问道：

"老将军，还继续追吗？"

"赵军能在这里行走，我军就能行。即使敌人在这里有埋伏，又能把我军怎么样呢？"王翦坚持前行。

"末将领命，前速追击！"杨端和听完王翦的话后，豪情万丈地说道。

杨端和率领一千人马在前，王翦率领大军殿后，大军走过半里路的河滩，一座峡谷摆在他们面前。顺着蜿蜒的山路，他们来到了王屋山，但此时依然一个赵军也没有。

"这赵军到底藏到哪里去了呢？"杨端和嘀咕道。

正在疑惑之际，对面响起了紧急的鼓声，山丘后面竖起了一百多面赵国军旗。在擂鼓声中，一万多赵军迅速排好阵势，将领司马尚骑在军马上，手执横刀，作交战之势。等杨端和上前，司马尚策马出列，刀锋一指，说道："秦将过来受死！"

"我乃秦将杨端和，看我来取你狗头！"杨端和执枪直接冲了过去。

"副帅，杀鸡不用牛刀，看末将打得他满地找牙！"司马尚的副将纵马出列。

两人在阵前厮杀起来，三十几个回合后，副将手中的戟被打飞，败下阵来。司马尚见状，亲自出马，和杨端和斗了一百多个回合。渐渐地，司马尚感到体力不支，于是拨转马头败下阵来。赵军立马向后撤退，杨端和纵马要追，桓齮喊住了他："杨将军且慢！"

"桓将军这是为何？"杨端和勒马问道。

"一定要小心前方的埋伏！"桓齮说。

"何以见得？"王翦一脸不开心地问道。

"我大军有十五万，赵军有二十万，但司马尚只带了一万多人马，赵国的大军在哪里？其中必定有诈。"

"这不是明摆着的吗？番吾城是赵国的门户，赵军此时必定在镇守番吾城，司马尚此举不过是试探而已。"王翦捻着胡子说道。

"老将军，"桓齮在马背上鞠了一躬，说道，"这次敌军的将领是李牧将军，此人精于谋略，英勇善战，我们得处处小心才是。"

"李牧是厉害，但老夫也久经沙场，我倒是要会会这位赵国名将。杨将军为前锋，全力追击！"王翦不以为然，下达了命令。

于是，秦国大军浩浩荡荡地向前开进了。

清晨，太阳那金色的光辉射向番吾城，赵国的国旗与大将军李牧的帅旗在清晨的微风中飘扬。守城的士兵严阵以待，将官们一直在巡逻。城外，秦军已经安营扎寨、秣马厉兵。

城内赵军的营帐中，争论声不断传出。

"本帅还是之前的看法，就是佯败，放弃番吾城，诱敌深入，在后方设下埋伏。只有出其不意攻其不备，方能制胜。"这是李牧的声音。

"我反对，番吾是赵国的门户，一旦失守，秦军便会势如破竹，到时候想抵挡都无能为力了。"司马尚说道。

"打仗不能计较一城一地的得失，如果能够以番吾城换来整个秦赵战役的胜利，也是值得的。本帅决定将十五万军马撤到肥下，在肥下设下埋伏，剩下五万人用于守城，主要目的是迷惑敌人。成败在此一举，如果失败，本帅全权负责！"

司马尚虽然不服气，但也无可奈何，只能遵守军令。

另一边，王翦带领大军来到番吾城下，下令将番吾城围住，亲自出马喊阵："李牧小儿，快快投降！"

突然，城门打开，李牧率领士兵迎战，手下的一员副将迎战秦将杨端和，两人大战了几十回合，副将落马。司马尚上前，与杨端和厮杀。两人大战一百多个回合，司马尚再度体力不支，回马败走。接着，李牧亲自出马，敌对杨端和，两人激战了差不多百余回合，杨端和胜在年轻，并且越战越勇，最终李牧体力不支，败下阵来。王翦指挥士兵发动突然袭击，赵军退入城内。接着，秦军在一天之内发动了三次进攻，但都败了下来。

"秦军明天一定会发动全面攻击，我军先抵抗一阵，然后佯装失败逃走，将番吾城拱手相让。"当天晚上，李牧对戍守城门的将士说道。

"大帅，将番吾城拱手相让，一旦肥下战争进展不顺利，我军就彻底失败了，赵国也要完蛋了！"司马尚不无担忧地说道。

"只要我们佯装失败成功，就一定能够取得肥下之战的胜利，"李牧安慰道，"副帅，要相信自己，你我二人的策略都无法统一，就更不可能打败敌人了。"

"好吧，事情已经到了这个地步，只能破釜沉舟了！"

清晨，火球般的太阳冉冉升起，番吾城一派祥和寂静。秦军已经吃饱，王翦正在给士兵们作战前动员。没过多久，秦军发动了昨日两倍的兵力，王翦和桓齮亲自指挥，大家都抱着势在必得的信念。在发动进攻一个小时后，秦军顺利地通过云梯爬上城楼，在杀死一千多名赵军后占据了番吾城，鲜艳的秦国旗帜飘扬在番吾城城楼的上空。

占据番吾城后，王翦建议乘胜追击，歼灭赵军主力。此时的王翦一心求胜，催促军队加速前行。一路上，溃逃的赵军丢下了不少兵器物资，还有年轻的受伤士兵。行了二十多里路后，一个山谷出现在他们面前，弯弯曲曲的道路延伸到峡谷中，地势险要，是一个易守难攻之地。

"老将军，这里崇山峻岭，地势险要，敌人常常会选在此地埋伏，如果真是这样，我军贸然前行，一定会吃大亏的。"桓齮勒住马缰对王翦说道。

"赵军已经到了山穷水尽的地步，他们此刻想的只是如何逃命，哪有能力对抗我们！此时我们应该紧追不放，不让其有一丝喘息之机。"王翦嗤之以鼻地说道。

"老将军，末将觉得番吾城得来全不费工夫，按理说，赵军有二十万，如果他们拼死抵抗，我军哪能这么轻而易举地拿下？再说番吾城是赵国的门户，那些赵军去了哪里？"

"桓将军想得太多了，番吾城是众将士拼死得来的，纯粹是赵将李牧等打不过。我军已经打了一场胜仗，现在需要做的就是乘胜追击，像你这样前怕狼后怕虎，踌躇不前的，等赵军逃回邯郸，我军攻打赵国就费劲了。现在全速追击，不得有误！"

桓齮无可奈何地率领大军向山谷追去，走过蜿蜒的山路，到了谷口的尽头，看见是一片开阔地，大约有十几里。他这才把一颗心放在肚子里，放心地去追赶。但是让他生疑的是，沿途不再有赵军丢弃的物资、兵器。走着走着，一片枝繁叶茂的小树林出现在他眼前。

"老将军，此地易于隐藏敌军，末将认为小心为妙。不要中计！"桓齮勒住马缰，回转对王翦说道。

"难道我军要回去不成？"王翦不满地说。

"末将不是那个意思，我大军焉有后退之理。"

"那桓将军如何打算？"

"我军只有前行才能攻下赵国都城邯郸。"

王翦听完，嘲讽桓齮道："桓将军既不敢前行，又不想后退，难道邯郸会自动落入我们手中？"

桓齮听完脸不免一红，说道："末将只是提醒要小心，不要中了敌人的埋伏。"

王翦见状，掉头问杨端和："杨将军有什么看法？"

"我身为大将，已经置生死于度外，现在赵军节节败退，无心埋伏，我军理应高歌猛进。老将军，我再次请愿，愿前去试探。"杨端和信心十足地说道。

"好！那杨将军带领一万军马前去。"王翦开心地说道。

"末将遵命！"

杨端和挥了一下军令旗，一万军马就冲向了前方的小树林之中。

靠近小树林时，杨端和勒住了马缰，犹豫要不要直接冲进小树林。突然，"咚、咚、咚"的声音响起，树林里竖起了一千多面赵军的旗帜，成千上万的赵军呐喊着冲了出来，"秦军中计了，王翦拿命来！"

为首的一匹高头大马上坐着一员全副武装的大将，手执金背砍山刀，刀锋指着杨端和，声音洪亮地说道："大元帅李牧在此，在下何人？报上名来！"

此时王翦心里咯噔一下，突然，秦军后方又是三声炮响，十万赵军出现，挡住了秦军的退路。肥下的谷口全都被堵死，赵军副帅司马尚手执横刀上前，高声喊道："王翦老头儿前来受死！"

秦军顿时乱了阵形，王翦大声说道："不要慌，镇定！这是一个求之不得的与赵将李牧对峙的机会，刚好与赵军决一死战！"

"老将军，此时我军四面楚歌，形势极为不利。"桓齮稍微提醒道。

"那又怎么样？你害怕了？"

"不是，末将只是分析了当前的形势。我们已经没有退路了，只能拼死一战。老将军，我们分兵拒敌吧。李牧交给我，老将军去对付后方的司马尚。"

"好，我看他有何能耐。"王翦说道。

秦军不愧是一支训练有素的队伍，经过短暂的慌乱后，马上变得井然有序起来，跟随桓齮冲向了赵军，声势震天。就在秦军冲向赵军之际，只听一声巨响，桓齮和前面冲锋陷阵的秦军落入了陷阱当中。

李牧的脸上现出一丝微笑，下令道："放箭！"

顿时，密密麻麻的箭如同蝗虫般飞向秦军，前去营救桓齮的秦军不是死就是伤，陷阱周围遍布秦军的尸体，落入陷阱的桓齮也被赵军射死了，可惜了一代名将。

谷口处，王翦与司马尚的斗争也异常激烈，双方僵持不下。司马尚大概也没有想到中了埋伏的秦军还有如此强大的战斗力，他依照计划退到一个岩洞中，王翦穷追不舍，但山洞口叠满了沙袋，秦军无法进入。正在这个时候，秦军头顶上方响起了呐喊声，巨大的石头滚滚而下，砸得秦军不断发出凄惨的喊声。王翦的兵力损失了一半。

此时，秦军的战斗力已大大降低，司马尚率领赵军从岩洞中杀了出来，短兵相接，直接砍杀秦军的残余势力。肥下谷口这一战，秦军损兵折将数万人。

王翦侥幸捡回了一条性命，在残余兵力的保护下，朝肥下谷口仓皇逃窜，与杨端和在谷口会合。两人相见，王翦感慨万千地说道："我真的后悔没有听桓齮将军之言，还枉送了桓将军的性命，我真是罪人！现在我军全军覆灭，我还有何颜面回去见大王！"说完，就拔出腰中的剑，想要自刎。

杨端和眼疾手快地将王翦手中的剑打掉，恳求道："老将军何必如此，胜败乃兵家常事，你我二人先回咸阳，任凭大王处置，也许还有带兵报仇的机会。"

山谷中，一阵微风吹来，王翦花白的胡子在风中飘动着，他看着身边秦军的尸体，不禁潸然泪下："我一定会给你们报仇雪恨的！"

王翦将宝剑插入剑鞘，带领仅剩的三万秦军踏上了返程。这是强秦打响统一天下的战争以来，遭遇的第一次惨败。

赵国的大旗重新在番吾城城头的上空飘荡，赵国守住了自己的门户。此时，李牧正站在城楼上，一股自豪之感油然而生。他极目远眺，思考着与秦军的作战计划。

司马尚激动万分地说道："大帅，秦军已经被打败，我们何不乘胜追击，将其整个军队歼灭？"

"不能这样做，与困兽作斗争会伤及我军的实力。这次我军主要是利用了有利的地形才获胜的，如果是在平原上，我军未必是骁勇善战的秦军的对手。虽然这次秦军折损了十二万人，但我军同样有五万人丧生。此时此刻，我们需要加紧练兵，以此来抵抗秦国的下一次来袭。"李牧说道。

司马尚虽然有些想不通，但也只好服从。

邯郸城，赵王迁接到了李牧的捷报，欣喜万分，他反复问相国郭开："真的是这样吗？"

"大王，战报上就是如此说的。"郭开模糊地说道。

"赵军竟然能够战胜强大的秦军，说得我怎么有些不相信呢？王翦是谁，赫赫有名的秦将，打了无数胜仗，竟然败在了李牧手中，真的让人有些难以相信。"赵王迁说道。

"这样的大胜利，确实在人意料之外！"

"既然李牧发来战报说胜利了，你就率领劳军使团到番吾城，赏赐李牧黄金五千两，赏赐司马尚黄金三千两，赏给将士五百坛酒、两千只羊。同时调查一下战果是否属实，回来向寡人汇报。"

"臣遵命！"

甘泉宫，嬴政怒目圆睁，气得半天说不出话来，他实在无法想象秦军竟然会大败而归，特别是立下无数战功的王翦统领的精锐之师。

赵高见状，小声地提醒道："大王，王老将军一行还在等您处置。"

嬴政恼羞成怒地说道："王翦，你是否知罪？"

"这次战败全是臣的过错，大王无论怎样处置，都是臣咎由自取，臣绝无怨言，只是希望大王不要追究杨将军的罪责。"王翦跪在地上磕头回答。

"为何？"

"杨端和将军只是在听从微臣的命令，只是可惜了桓齮将军，他三番五次地劝阻臣，是微臣轻敌冒进，臣有罪于大秦，臣对不住桓将军！"

"王将军能主动领罪，实属难得。"嬴政赞赏了王翦的做法。

"大王，臣建议给王老将军一次机会。战场上，胜败乃兵家常事，不能因为一次失败就否定之前所做的一切。"李斯说道。

嬴政看着王翦那满头白发、高大却佝偻的身躯，不禁动了怜悯之心。这位老将驰骋疆场几十载，南征北讨，一世英明，却毁在了这场战争中。

这是王翦的错，还是自己的错？嬴政不禁迷茫不已。秦将往往得不到善终，这是众所周知的事情。

不，他决定让王翦满誉而归。

"王老将军不必自责，将军一心求胜情有可原，回去做做检讨吧。"

王翦再次叩首："谢大王不杀之恩。"

"老将军请起。"

"大王，微臣请求率领大军攻打赵国，为我大秦一洗前耻，末将如果不能攻下邯郸，愿意以死谢罪。"

"王老将军一心为国，忠心可嘉，暂且起身。"

一旁的李斯说道："大王，赵国刚刚打了一场胜仗，举国沉浸在欢愉之中，我军如果这时候出其不意攻其不备，即可一举攻下赵都。"

嬴政摇摇头，说道："君子报仇十年不晚，李牧是一代名将，打了无数胜仗，想要战胜李牧，我们还得从长计议。"

难道扫平诸侯国、一统天下的霸业要受阻于一个李牧吗？嬴政心有不甘。

如今只有一招，那就是想方设法除掉李牧。怎样才能除掉一个将领呢？派刺客行刺？李牧身在军营，身边有成千上万的卫士，这招肯定行不通。使用离间计？

借昏庸无能的赵王迁之手来除掉他……谁能够担当此任呢?

嬴政想到了一个人,那就是擅长以商贸搞外交的上卿姚贾。

姚贾知道嬴政的想法后,说道:"臣出使赵国时,听人们说赵王迁与李牧一向不和。这次我军逼急了,赵王不得已才起用李牧。还有赵国的相国郭开,与李牧也一直有矛盾。大王这次如果停止进攻赵国,我觉得他们君臣之间又会产生间隙,之后再派人行离间之计,除李牧计划必成。"

"因为爱卿认识不少赵国权贵,这个任务寡人想让你去完成。"

姚贾听完后,有些为难地说道:"臣在各国行间多年,间谍之名早就传遍,可能一到赵国就会被杀死。臣死事小,但担心耽误大秦国事。"

嬴政听完,一筹莫展地说道:"你说得有道理。李牧在赵国名声很高,如果派名士过去,那么目的昭然若揭,赵王迁即使再昏庸无能也不会上当的。这个行间之人,必须要是一个睿智,但名声又不显著之人。"

"微臣可以为大王推荐一人。"

"谁?"

"臣刚来秦国的时候,遇到一个名叫顿弱的人。他祖辈几代都是秦国人,他曾经到各国游学,学成后归秦,但性情高傲,没有人引荐,又没有立下军功,所以一直在咸阳城外隐居。"

"姚贾,你代寡人去请他。"

几日后,姚贾回来对嬴政说:"大王,顿弱说这辈子只跪天跪父母,不会再跪拜他人。只有大王免去他的跪拜之礼,他方来见大王。臣想跪拜大王是一件理所当然的事情,怎能随随便便说不跪就不跪?因此就没有带他来见大王。"

嬴政听后,面带微笑地说道:"此人真是够古怪的。你回去告诉他,寡人允许他不行跪拜之礼。"

嬴政见到顿弱后,觉得此人是一个农夫,他的皮肤被太阳晒得很黑,身材粗壮而结实,四十岁上下,但满脸皱纹,一副饱经风霜的模样。唯一引人注意的是那双深邃的眸子,让人觉得此人不同凡响。

顿弱得知嬴政的目的后说道:"只要大王给臣一万镒金,臣就愿意去赵国当间谍,除掉李牧!"

嬴政听完狂喜,说道:"先生能去当然是最好的。如果此事成功了,寡人就拜先生为上卿。"

没过多长时间,顿弱就带着一万镒金和二十个勇士出了函谷关。他们先去了魏国和齐国,一路上,顿弱如同一个大商贾般买进卖出,身边的随从也从最开始的二十人发展到一百多人，成为往来于各国的大商队。顿弱一直在为自己造势，等时机成熟时，他就带领自己的商队进入赵国，赵国的权贵们争相和他结交。

嬴政得知顿弱的情况后万分欣喜，他得意地对赵高说："寡人没有看错人，顿弱的确有出众的才能。不仅足智多谋，还擅长经商，谁会想到这个闻名于诸侯国的大商贾，竟然是我大秦的间谍呢？"

"大王高瞻远瞩，自然非常人所能及。但是顿弱周游列国都大半年了，臣担心他只是谋财而已。"

嬴政摇头道："这你就有所不知了，顿弱祖宗几代都是秦国人，他的家人现在也在秦国，他背叛寡人，难道不怕被灭门吗？再说，我大秦不如哪个国家？需要他为得罪大秦而去其他国家吗？"

"但是我们现在都没有得到一丝关于赵王和李牧不和的消息，金银倒是花了很多。"

嬴政听完赵高的这句话，斜眼看了他一下，问："你不会又在嫉妒寡人重用他吧？"

"臣不敢！"

嬴政一想起韩非的死，心中就一阵痛楚，他嘲讽道："你有不敢的？你不会再次联合李斯，像对待韩非那样将其请入牢狱中，然后再想办法除掉他吧？"

此话如同一把刀子刺进了赵高的心脏，他听完全身发抖，"扑通"一声跪在地上，叩首道："大王饶命，臣是看韩非心中只有韩国，才出此下策，都怪臣愚蠢！"

"好了，不要把自己说得那样无辜，寡人还不知道你心中的那些小九九吗？寡人如果真心想惩罚你，也不会等到这个时候。但是，你要懂得收敛，否则一旦引起公愤，即使寡人有心救你，怕也无力。"

"臣遵命！"赵高这才发现自己低估了嬴政的能力，他一直自认为是嬴政唯一的心腹，现在才知道嬴政同样在自己身边安插了耳目。现在哪怕查出谁是嬴政派来监视自己的人，自己也不能光明正大地对付他们。

嬴政威慑赵高的目的达到了，便对此事闭口不谈了。他现在做很多事情都要用到赵高，虽然赵高经常阳奉阴违，背着自己干了不少坏事，但他聪明，心狠手辣，一些棘手的事情，嬴政只要一个眼神，赵高便能心领神会，并且在最短时间内办好，这是其他人办不到的。但是他同样不想养虎为患，所以时不时地对赵高进行约束。

嬴政见赵高在一旁垂着脑袋，偶尔偷偷看自己一下，心中窃喜，并安抚赵高说："你的提醒也有一定的道理，那二十个勇士当中不是有你的人吗？顿弱一路上为自己造势，不断地充实自己的商队，二十个勇士的身份得以掩饰，可见其是一个有勇有谋之人。寡人听说他已经与郭开结交了，相信很快就会有好消息传来。但是，你也不能松懈，一有消息，赶紧禀告。"

"臣遵命！"

赵国虽然在肥下大败秦军，但赵国国力衰败到了极点，不少人都担心，如果秦国再次对赵国用兵，即使有李牧在，估计也无力抵抗了。

赵王迁极其昏庸，导致以相国郭开为首的臣子大肆敛财，朝政腐败是一日胜过一日，军队中粮草极其匮乏。这两年，赵国遭遇了蝗灾和干旱，百姓收成不好，官府不但不体恤民情，反而征收比往年更重的赋税，使不少百姓出逃。由于没有什么收成，商贾无生意可做，来赵国经商的人也越来越少。所以，顿弱的到来让他们欣喜万分。他们积聚的钱财多，刚好可以在这个名震于各个诸侯国的大商贾手中购买自己需要的东西。很快，在邯郸，顿弱成了一个无人不知、无人不晓的人物。

在赵国权贵眼中，顿弱不仅为人豪爽，而且神通广大，他们需要的东西，顿弱都能提供，并且物美价廉。如果手头没钱，暂时赊账也可以。这样一来，他就成了邯郸城官员们竞相结交的对象。郭开和韩仓更是和顿弱来往密切，顿弱也因为与权贵们交往，生意越做越好。

某日，韩仓匆匆忙忙来到顿弱府上，来拿自己几日前预订的陶瓷茶壶。顿弱一见到韩仓，就连声抱怨道："大人，我的那批货物昨天夜里被李牧扣押了，说是要充作军用。"

韩仓一听脸色都变了，不由得着急道："你不是说很安全吗？"

"以往都十分安全，但不知什么原因，李牧突然扣留了我的货物，要不韩大夫您去通融通融，看能否帮在下拿下这批货物，在下可以在原来的基础上，再送给您几匹上等的丝绸，这些丝绸也在这批货里面。"

"在赵国，除了他李牧，谁不让我三分？这人仗着给赵国打赢了几仗便耀武扬威的，郭开相国也很是头疼他。"

"这次是在下不谨慎，让韩大夫您遭受了损失，您放心，损失我来赔。不过因为李牧，我的生意也是越来越难做，我正寻思着离开赵国。"

顿弱现在是他们的财神爷，怎么能轻易放走呢？韩仓立马说道："先生千万不要有这样的想法，这点损失算不上什么，那李牧也太让人讨厌了！看他那副清高的模样，好像赵国就他一人清廉。他怎么做与我无关，但断我的财路，我可不同意。"

"现在连郭相父都拿他没有办法，在下还是离开这里为好。"

"先生别着急，我和郭相国商量一下，想办法让你在赵国将生意继续做下去。"

"那太好了，一切有劳韩相国了。"顿弱一脸开心地说道。他向下人示意了一下，两个下人一人手中端着一个盘子进来了。"这一百镒金是答谢韩大夫的，这些珠宝是送给郭相国的。请向郭相国言明下人的难处。一切全仗韩大人了！"

韩仓满脸微笑地说道："先生请放心，你的难处就是我的难处，你就踏踏实实地等好消息吧！"

韩仓走远后，顿弱露出了开心的笑容，他可以向嬴政报功了。

一日，郭开步履匆匆地来到王宫。一见面，郭开便大进谗言："大王，我听到传言，说上次肥下之战，李牧不愿乘胜追击，是因为他暗中与秦国勾结，有意让敌人逃跑。"

"难道秦国与李牧有约在先？"赵王迁的脸上一片阴云。

"大王，防人之心不可无哇！"

郭开说完，将手中的帛书拿出来，说道："大王，您看，这些都是歌颂李牧的。"

赵王迁将帛书接了过去，打开一看，只见上面写着：

好个李牧大将军，抖擞神威镇边廷。
匈奴闻风俱丧胆，不敢南下放马群。
国家有难显忠诚，将军回朝抗秦军。
肥下歼敌十二万，威镇诸侯鬼神惊。
帅旗飘飘手中擎，上写李牧大将军。
保得黎民承平日，千秋万代感恩情。

赵王眯着眼睛，反复看了几遍，说道："这些都是歌颂李牧的……"

"大王，您难道没有从这些歌谣中看到巨大的危机吗？"

"寡人不知，希望相国解释解释。"赵王迁摇晃着脑袋说。

"这整首诗都是歌颂李牧的，不仅没有提到英明的您，而且堂而皇之地说国家有难，这不就是在贬低您，说您治理不好国家吗？最后两句更是过分，说什么千秋万代要感谢李牧的恩情，这不是明摆着要夺大王您的王位吗？"

"要不是抵抗秦国还用得着他，寡人早就让他滚回老家了。"赵王愤愤不平地说道。

"大王，现在的李牧手握重兵，一旦他先叛变，再加上有秦国做外应，你我的性命都保不住了。"

郭开的一席话说得赵王迁忐忑不安起来，要是成了自己手下人的刀下鬼，岂不是成了全天下人笑柄？

"寡人要是先对李牧下手，强秦来攻打我国怎么办？"

"大王，不要把他当成神，再说不是有赵葱将军吗？他一样可以带兵杀敌，他可是一心为国，对赵国忠贞不贰。"

"相国说得有道理，"昏庸无能的赵王迁已经中了郭开的阴谋诡计，"寡人这就让他解甲归田。"

"这恐怕会留下后患。"

"为何？"

"李牧统兵十多载，与他关系密切的部下遍布军中，大王如果突然将他撤职，他一定会不满。只要他振臂一挥，他的故旧肯定会群起响应，还不是能够轻轻松松将大王您的江山夺走吗？"

赵王迁立马被吓住了："相国说得有道理，这该如何是好？"

"大王，不如除掉他，只有这个办法才能一劳永逸。"郭开一脸凶狠地说道。

"这……"赵王迁愣住了，"虽然你我二人一向与李牧不和，但怎么说，他也是赵国的功臣，寡人怎么下得去手？"

"大王，臣不是从您的角度出发吗？为您考虑，要是日后他对您开刀，可不要怪微臣没有提醒您。"郭开故意怨恨地说道。

"这……"赵王迁此时还在左右摇摆，"这样的一代名将，即使寡人想杀他，也得有合适的理由吧。"

"这倒是一件容易的事情。"郭开早就想好了，于是他压低声音，在赵王迁的耳旁如此这般了一番。

"如此，李牧一定不服。"赵王迁说道。

"其实杀他根本不需要理由，这只不过是一套说辞而已，给大家一个交代。"

"那就如此吧！"在奸臣郭开的蛊惑下，愚昧的赵王终于点了点头。

早晨，一轮红日喷薄而出，微风吹过，校场上的旌旗在空中飘荡，兵士们手中的刀枪剑戟闪烁着光芒，整个队伍的动作整齐划一，同时口号震天，神采飞扬，气势如虹。此时已经是武安君的李牧站在点将台上，不时地挥舞着手中的军令旗。他正在全力训练新军，以对抗秦国对赵国的下一次进攻。

突然，一匹快马飞奔而来，到了点将台，马上的人勒住马缰，鞠了一躬，说道："大将军，在下是内侍统军，适才大王接到边报，匈奴来侵，边疆告急，大王派我来请大将军火速入宫，共商驱除匈奴的大计。"

"谨遵大王命令！"李牧说完，立马将将旗交给了副将，然后跨上战马，随内侍朝宫中奔去。此时的他惆怅极了，西有强秦，北有匈奴，两边都要兼顾，这兵力该如何分配？他丝毫没有意识到，自己距离一个巨大的陷阱越来越近。

进了王宫正殿，李牧下马步行到二殿门，正准备按照规定将腰中的佩剑摘下来时，武士上前告诉他："大王在便殿立等，有要事商量，不必摘剑。"

"大将军不必摘剑，大王急于见到将军。"内侍也催促道。

李牧来不及多想，跟随内侍来到便殿，但是里面并无赵王的踪影。李牧十分疑惑："大王不是在内殿吗？"

"一定是临时有事，待我去唤大王，让大王出来接见大将军。"内侍说完，便走进了内殿，转过角门后消失了。

李牧在便殿里等候多时，还不见赵王的踪影，心生疑虑。这时，内殿传来阵阵脚步声，赵王迁从角门走了出来，李牧这才踏实下来。他向前走了几步，鞠躬道："拜见大王。"

赵王迁大吃一惊："什么人！"

"是我，大王！"

"来人啊，有刺客！"赵王迁喊道。

两侧的武士听到赵王迁的声音后，立刻扑向李牧，死死地按住了他。

"大王，是我，我是李牧！"

"你这个时候不在操练场，却只身携带宝剑来寡人的便殿，明明是想行刺寡人！"

"大王，臣是奉旨前来会大王的。"

"寡人何时降旨意于你？"

"大王，是内侍到操练场传旨，说是匈奴再犯，大王招臣进宫，臣才来到这里。"李牧为自己辩解道。

"一派胡言，寡人既没有降旨于你，匈奴也没有入侵，你分明是想行刺寡人，还各种狡辩！"

"大王，真的是内侍去操练场宣旨，"李牧面露焦灼之色，"大王可以把自己的内侍都叫出来，臣当面指认。"

"既然你这么说，寡人就应你一回，寡人一共有二十名内侍，现在将他们悉数唤出。"赵王一声令下，二十名内侍走了出来，鞠躬道："大王呼唤，有何吩咐？"

"你们中有哪个人去李牧将军的操练场宣旨的？快快招来！"

"大王，我等一直在宫中，从未走出宫中一步，怎么敢私传圣旨？"

赵王迁转过身来，对李牧说："李将军，你听到否？他们都说没有离开宫中，你找找，那个向你传旨的人是谁？"

其实，内侍们走出来的时候，李牧就开始细致地辨认了，但就是不见那个向自己传旨之人。赵王说完后，他又细细地查看了一遍，还是一无所获。

"你找出了那个向你传旨的人了吗？"赵王迁问道。

"大王，传旨之人不在其中。"

"李牧，你不要狡辩了！你明明就是行刺，赶紧招了吧！"赵王迁咄咄逼人。

"大王，臣一心为国，怎么会行刺大王呢？！"

"你不是为行刺而来，腰上怎么系着宝剑？本朝早有明令，和大王商议事情不得携带兵器，你身为大将军，不会连这都不知道吧？"

"臣当然知道。"

"你该当何罪？"

"这……"李牧停顿了一下。

"李牧，犯下此罪，当斩！"

"大王，这实在是天大的冤枉啊！"李牧面带痛苦地说道。

"你带剑进宫中行刺，还不认罪，口口声声说冤枉，你去跟阎王申冤吧。"赵王狠心地下令道，"拉出去斩了！"

"且慢！"

"你还想怎样？"

"俗话说，君让臣死，臣不得不死。大王想让我死，这很简单。"

"这可不是寡人想让你死，是你犯下了杀头的罪行，咎由自取。"

"臣现在终于明白了，这就是一个设计好的圈套，臣在劫难逃。臣也死不足惜，唯一的遗憾是臣不能给秦国当头一棒，在秦国的蹂躏下，我赵国又会多出无数冤魂！"

"不要假惺惺的了，赵国没有你，一样能对付秦国，你安心走你的黄泉路吧！"

就在内侍上前时，李牧以迅雷不及掩耳之势拔出了腰间的剑，毅然决然地自刎了，倒在了昏君的面前。

就这样，让敌人闻风丧胆的一代良将，渴了饮刀头血，困了躺马鞍，轰轰烈烈了一生，结果没有牺牲在对秦国的战场上，而是无谓地丧生在赵王的昏庸和郭开的奸计中，实在是可惜！

里应外合，赵王迁被擒

元朝杨梓《豫让吞炭》第三折："反被韩魏同谋，里应外合，决水淹我军，甲士溃乱，死者山积。"元朝无名氏《陈州粜米》曰："则这官吏知情；外合里应；将穷民并。"《杨家将》第五回："将军暂驻于此，小将单骑杀进城去通信，做个里应外合。"鲁迅《呐喊·阿Q正传》："悬了二十千的赏，才有两个团丁冒了险，逾垣进去，里应外合，一拥而入，将阿Q抓出来。"

嬴政收到李牧死讯后欣喜若狂："太好了，总算除了寡人的一块心病！"并立马下令上朝。

在甘泉宫，嬴政环顾了御座下面的文武百官，缓缓开口道："众爱卿，赵将李牧已经被赵王所杀，想必大家已经知道了。"

国尉缭出列，说道："大王，伐赵的时机已经成熟。"

王翦情不自禁地站了出来："大王，臣愿意带兵攻打赵国，以报肥下之耻！"

"王老将军出征是板上钉钉的事情，只是这次讨伐赵国，寡人是志在必得，只求一击吞并赵国。"

"这样说，大王是要出重兵吗？"昌平君问道。

"大王，赵国幅员辽阔，人口众多，想用一次战争就吞并它，有些难度。"

"不！"嬴政面露痛苦之色说道，"寡人跟随先王在赵国当质子多年，随后随母亲滞留赵国，遭受了无数白眼，受尽了屈辱，寡人早就想出这一口恶气！如今，寡人不能再忍下去了。"

"大王是想御驾亲征，发动所有兵力一举歼灭赵国？"李斯问道，他对嬴政的意图心知肚明。

"还是李大人懂寡人的心。"

"大王亲征有些不妥。"国尉缭说道。

"何以见得？"

"大王，李牧已死，秦国在战场上少了一个劲敌。但赵国兵多将广，一旦战争不顺利，双方呈僵持状态，就会让大王下不了台面。"

"寡人已经决定了，不要再劝。不灭掉赵国，寡人誓不罢休。"

国尉缭见嬴政主意已定，便不好再说什么："请大王亲自点兵。"

　　嬴政当即下令："大将王翦带领十万精兵作为前锋，自井陉攻下番吾、肥下，然后是邯郸。大将蒙恬率领十万军马，由西自东攻打邯郸，不要急于求成，先大造声势，让赵国君臣每天都在心惊胆战中度日。大将蒙毅带领十万军马，对赵国东部发动猛烈攻击，寡人亲自率领二十万大军殿后，防止赵军切断我军的后路，同时杨端和对以上三路军马作支援。最后在邯郸城下会师，一战攻下邯郸。"

　　"遵旨！"众臣齐声回答道。

　　嬴政又补充道："尉缭公布出兵令，随寡人亲征。昌平君留在秦国，处理朝政。即日准备粮草。"

　　秦王嬴政十八年（公元前 229），秦国五十万大军压境，消息传到邯郸，举国上下全都手足无措。赵王迁紧急招来相国郭开，问道："相国，秦国五十万大军攻打我赵国，嬴政亲征，寡人该如何是好？"

　　"大王不要惊慌，有道是车到山前必有路，我们点将派兵抵抗敌人就行。"

　　"李牧已经死了，这次任命谁为统军将领呢？只能任命他的副将司马尚为将了。"赵王迁说道。

　　"大王，此时不能用他。"

　　"司马尚与李牧共事多年，颇敬重李牧，这个时候不能给他兵权，万一他与李牧的旧相识联合，我们就更危险了。"

　　"依相国所言，此时谁为将领比较合适？"

　　"臣认为赵葱、颜聚可为正副统帅。"

　　"那就依照相国所言传令下去，赶紧出兵吧。"

　　赵葱率领十万大军赶赴井陉，这十万精锐之师都是昔日李牧的手下，李牧就是率领他们击退匈奴的。为了赶在秦军前面抢占肥下和番吾之间的军都山，堵住秦军的去路，赵葱令部下连夜赶路。二更时分，大军到了两岔口。统领孙提前来见赵葱，问："元帅，将士们已经十分疲惫了，能否休息片刻？"

　　"不可，"赵葱反对道，"根据密报，秦军也冲军都山而来，我军一定要赶在秦军前面先抵达军都山，如此才能抢占先机。"

　　"元帅，砍柴之前应该先磨刀，休息片刻后，士兵的行军速度会更快。现在士兵已经疲惫不堪了，此时强行行军，恐怕会有很多怨言，激起众人的不满。"

　　听到这话，赵葱便不敢再坚持下去，因为他意识到这些士兵都是李牧的部下，大多都因为李牧的遇害而对赵国权贵心存不满。如果此时过于强硬，他担心会有变故发生，于是无奈地同意了。

孙提在得到答复后转身离开了，他的部下全在等候着，见他归来，便上前询问道："将军，如何？"

"元帅答应我休息十五分钟，这个时间应该足够。"孙提小声地说道。

"将军，我们现在分头回去部署，大家肯定会响应的。"

"将军，我们离开后能去哪里呢？"

"我想去代州，代州之前一直是李牧将军的驻扎之地，那边的百姓十分想念我们，不如我们都去代州，这样可以抵抗匈奴的入侵，这也是李牧将军在世时的志向之一。"

"那好，我们一起去代州。"部将们达成一致意见后，便回到了自己所属的营中。他们对部下说："兄弟们，我们的李牧将军一心为国，多少年来在战场上出生入死，打败秦军，抵抗匈奴，他的赫赫战功无人能及，却被昏庸的大王杀害了，我们为何要替这样的人卖命呢？兄弟们，给昏王卖命只有死路一条，不如一起去代州，抵御匈奴，完成李牧将军未竟之业！"

士兵们原本都为李牧之死而愤恨不平，所以部将们一说完，他们就纷纷响应："走，去代州，不给昏王卖命了！"

茫茫夜色之中，孙提迅速集合了一万五千多人，但是还有不少将士在后方的营地中，没有得到消息。他担心时间长了会有变故，便率领这一万多将士掉头就走。到了两岔口，赵葱听到了杂乱无章的声音，于是问道："什么原因，为何有人员调动？"

"元帅，孙提率领兵士叛变了！"

"向秦军投降了吗？"

"没有，他们吵吵闹闹，要去代州。元帅，末将这就带兵将其追回。"

"孙提带走了多少人马？"

"差不多两万。"

"不可用武力来解决这个问题。如果你带兵将其擒回，必定要与其交战，双方都是赵国士兵，这个时候动起手来，便宜的是秦军。"

"那我们就任凭孙提把两万人带走吗？"

"唉，这都是大王一手造成的，就连我当时都为李牧将军打抱不平，这是自作孽不可活啊！"

"其实元帅说得没错，李将军拼命打败了秦将，反而说他是间谍，都是大王听信了郭开的一面之词。"

"副将，现在我们要做的是马上整编好现在的队伍，然后鼓舞士气，不要让所有人都跟孙提走。否则，我们如何抵抗秦军呢？"

经过一个小时的努力，赵葱才把部队重新整编好，然后率领大军迈向军都山。等赵军赶到的时候，秦军已经到达了军都山。如此一来，赵葱便失去了地利，陷入了被动。

山顶的王翦见赵军正在安营扎寨，想起了肥下战败之耻，没有等赵军站稳脚跟，就发动了猛烈的攻势。赵军经过长途跋涉后，个个疲惫不堪，加上中途孙提的离去动摇了他们的军心，因此战斗力大幅下降。此时，赵葱的命令已经起不到任何作用，他和几个将领都是各自为战，左右突击，想突出秦军的包围圈。但是王翦位于高处，清晰地掌握了赵葱等人的动向。他军令旗一挥动，车骑精兵就冲向了赵葱。经过一天一夜的战斗，赵军折损了大半，存活下来的也全都疲惫不堪。王翦见此情况，冲杀到赵军的核心，刀锋直指赵葱。这个时候，赵军已经被分割成无数股势力，赵葱身边只剩下一百多骑。仅仅几分钟的时间，赵葱手下的士兵就死伤过半，已经奋战了一天一夜的赵葱也早已筋疲力尽，根本无法和王翦抗衡。双方激战了三十多个回合后，赵葱便被刺中，落下马去，不等王翦再补一枪，赵葱已经被马匹踩得一命呜呼。

群龙无首，失去元帅的赵军顿时慌作一团，毫无斗志可言。不到一个小时，赵军悉数被杀。王翦派人向嬴政送去捷报，然后率领大军向邯郸进发。

赵国的大将颜聚，率领十万大军在赵葱后面启程，在途中得知赵葱大军被打得落花流水和赵葱被杀后，立马调整战略，掉转方向回到了邯郸。

赵王迁见后勃然大怒，说道："大胆颜聚，寡人派你到番吾抵抗秦军，你竟然回来了！贪生怕死之徒，该当何罪？"

"大王，臣是站在大王的角度做此决定的。赵元帅大军全军覆没，我十万大军前去必定孤掌难鸣，退到邯郸驻守才是万全之策。"

"照你的意思，我们要把邯郸以外的城地拱手相让？"

"大王，秦军来势汹汹，我军战斗力远不如敌人，该放弃的还是要趁早放弃，如此方能保存实力，保住都城邯郸才是最重要的。"

"事已至此，说什么都是多余的。那你全力驻守好邯郸，如果有什么不好的事情发生，寡人拿你是问！"赵王迁无奈地说道。

这个时候，王翦、蒙恬和蒙毅已经率领三十万大军兵临邯郸城下，将邯郸城团团围住了。三人商定，要在秦王嬴政到达之前拿下这座城地。于是，三十万秦军对邯郸城发动了猛烈的进攻。战斗整整持续了两天一夜，虽然秦军骁勇善战，但赵军这一战关系到国家存亡，因此拿出了十二分的气势和战力。最终，双方各自战死了五千多人，秦军不得不暂时停止进攻。然而蒙恬将军不甘心，没有经过王翦的同意就发动了第二次进攻，赵军只用集中兵力对付蒙恬即可，因此更加得心应手。蒙恬见这么长时间都攻不下来，于是用嘴咬住腰刀，爬上云梯，带领士兵攀上城墙，并不断地鼓舞士气："大家往上冲，攻进城内，人人有赏！"

守城的将领颜聚见蒙恬带领一众士兵往上爬，于是拉开宝漆弓，搭上雕翎箭，瞄准了蒙恬。只见他手一放开，羽箭就飞了过去，射中了蒙恬的肩膀，蒙恬痛得直咧嘴，把持不住，滚下云梯。部下赶紧将蒙恬抢救过去，背回营帐。秦军的第二次进攻也以失败告终。

没过多久，嬴政率领大军来到邯郸城下，得知了战况后，他并没有责怪将领，而是宽慰他们道："胜败乃兵家常事，我军已经占领了除邯郸之外所有的赵国土地，拿下邯郸也是迟早的事情。尉缭，准备第三次进攻。"

"大王，臣认为发动第三次进攻也未必能够攻下。"

"此话怎讲？"

"邯郸毕竟是赵国的都城，城高池深，驻守的大军也有二十多万，驻守容易，想攻下实在有些难度。而对赵军来说，失去邯郸就相当于国破家亡，将士肯定会死守，一时攻不下来很正常。"尉缭分析道。

"依你所说，我军只能在此守株待兔？"

"臣并不是这个意思，臣只是说要做好长期战斗的准备，不要操之过急。"

"那你认为我军需要多长时间才能攻下邯郸？"

"大王，臣认为一个月能攻下邯郸就算万幸了。"

"寡人就不信这个邪了，明天二十万大军投入战斗，东西南北，每个方向五万人，攻城成功后吃午饭。"

"臣等遵旨！"随同的大臣们齐声回答。

邯郸城门内，颜聚宰杀了一百多只羊，用于劳军，并分别对四面守城的士兵进行战前动员："弟兄们，秦王嬴政已经率领大军来到城门外，明天他们一定会发动更大的攻势。大家都知道一件事情，那就是如果邯郸城破，不光我们得死，我们的妻儿父母也都得死在秦军的铁蹄之下！大家应该没有忘记，长平之战，秦将白起率领大军坑杀我军四十万人，这是多么残忍的一件事情！对于秦军，我们不能抱有一丝幻想，只有血战到底。去年，秦军攻破韩国郑城，竟然屠杀了全城的妇孺老幼，郑城遍地尸骸，那种情景真是让人毛骨悚然。为了不让我们的家人遭到这种厄运，大家一定要与强秦血战到底。弟兄们，先饱吃一顿，明天一定要拼命啊！"

赵军吃饱喝足，又听了颜元帅的一席话，顿时士气大涨。他们此时也充分意识到了邯郸失守意味着什么，于是都纷纷发誓与敌人抗战到底。

翌日，天蒙蒙亮的时候，秦军迫不及待地发动了第三次进攻，嬴政亲征。擂鼓声震天，呐喊声不断，一波又一波士兵冲向城头，如同永不停息的波涛，在撞到坚硬的岩石时被击得粉碎，退了回去，然后再次冲向坚硬的岩石。直到夜幕降临，秦军依然在攻城，但还是一无所获。秦王督战，大家都想立下战功，谁也不放弃。虽然城墙下遍布士兵的尸骸，但进攻仍然在继续。

这个时候，尉缭开口说道："大王，邯郸城一时半会儿是攻不下来了，此时我们应该理智一点，让士兵休息片刻。"

嬴政正愁以什么样的借口让将士们停下攻势，于是便借这个台阶下来了，说道："今天的战斗到此为止，调整一下兵马，明天再战。"

"大王，微臣还有一句话，不知该讲不该讲。"尉缭躬着身子说道。

"有话尽管说，不要多虑。"

"大王此时应该回咸阳。"

"为何？"

"依臣看，攻打邯郸是持久战，并不是一朝一夕的事情，会消耗巨大的精力。大王日理万机，国内朝政有诸多事情要处理，在这里待得越久，积压下来的事情就越多。再说，大王亲自督战，部将多有拘束，指挥时会畏首畏尾。臣斗胆进言，请大王三思。"

听完尉缭的一席话，嬴政知道这是大臣们给自己找台阶下，如果自己在这里指挥战争，而邯郸久攻不下，天下人就会看自己的笑话，还不如在一开始就转身离开。

"尉缭为大秦着想，大胆进言，实属难得。那就依国尉所言，寡人离去后，这里的五十万大军，由你全权负责。"

"微臣遵旨！"

公元前228年初夏，邯郸城如同火烤一般。此时此刻，无论是驻守城门的将士，还是城外攻城的秦国军队，每日都汗流浃背，难以忍受。五十万秦军围困邯郸城已达一年之久，但邯郸城依然在赵国人的手中，嬴政已经三番五次来催，对邯郸久攻不下表示强烈不满，尉缭等主将无不焦灼不安。与此同时，赵国已经是大势已去，城内的粮草早已告急，驻守城门的将士一天最多只能吃上一顿饭，城内百姓更是三天才能吃上一顿饭。虽然颜聚一直在城头处坚守，不敢有半点懈怠，赵军将士也在勉力支撑，但是邯郸城已经到了孤立无援的地步。面对内无粮草、外有秦军的绝境，赵王迁也对保卫邯郸之战信心全无。

正在赵王迁沮丧万分之时，相国郭开从外面匆匆地走了过来，手上提着两只鸭，看到赵王便说："大王，臣家中只剩下这两只鸭了，臣猜您还没有吃午饭，就赶紧送了过来。"

赵王迁勉强挤出了一丝笑容，说："相国，你可以提供给寡人午饭，可寡人还有晚饭，还有明天的饭呢。"说完便一个劲儿地叹气，"你身为赵国的相国，能否想出一个长久之计来？"

"大王，臣有一言，不知道该说不该说。"

"有话尽管说。"

"邯郸被围困一年多了，秦国五十万大军一直在城门外对我们虎视眈眈，我军原有二十多万，现在只剩下几万人，他们攻破城门是迟早的事情，我军撑不了多久。臣想，我们不如趁邯郸城还没攻破的时候，赶紧与秦国讲和，献出邯郸城，请求秦王封一个侯位，这样同样有享不尽的荣华富贵，总比城门被攻破，一个个被砍头的好。"

"唉，所谓的讲和不就是投降吗？寡人也这样想过，但是担心有人不服。"

"大王的决策谁会不服？"

"别人都无所谓，只是要说服两个人。"

"谁？"

"大将颜聚和大王的大哥公子嘉。"

"可以将他二人召回宫中，晓以利害，还怕他们有不服的？"

"好吧，那就招他二人进宫吧。"

邯郸城赵王宫中，公子嘉和大将颜聚一起拜见赵王迁，叩首道："大王召见我等，是有何国事要商量？"

赵王迁在心中反复琢磨了一番，然后难为情地说："秦军围困邯郸达一年之久，现在赵国已经到了内无粮草、外无救兵的困境，邯郸就是一座孤立无援的城地，与其鱼死网破，不如现在同秦军谈判，这样不至于秦军攻破城池后屠城。"

此时的颜聚已经是疲惫不堪，说道："这也许是一条出路，末将也认为再守下去，希望不大。"

"臣愿意冒着生命危险去同秦军谈判。"郭开迎合地说道。

"住口！"公子嘉听完暴跳如雷，"城下之盟能有什么好下场？所谓的谈判，分明就是投降！"

郭开立马为刚才的话辩解道："公子所言差矣，谈判就是谈判，我们可以提出自己的要求。"

"我们能提什么条件？覆巢之下无完卵，我堂堂大国，雄踞北地几百年，哪怕是战死，也没有投降的道理！"

"但现在我们要正视事实，城内已经没有粮草，城外也没有救援，不投降不就是等死吗？"赵王小声嘀咕道。

"大王，直接将赵国的城池献给敌人，九泉之下，你有脸面见列祖列宗嘛！"公子嘉愤愤不平地说道，"我虽不才，但愿意将各王公府邸的家兵全都动员起来，也有五千多人，再号召各府将粮食献出来，也有十石，大家节省着吃，再坚守半年是没有问题的。"

"就算依照你现在所说的行事，那你想过半年之后的事情吗？"郭开反问道。

"现在天下局势动荡，半年之后是什么情况还不知道呢，也许秦国内部会发生动乱，也许楚国会出兵。总而言之，我们不能投降！"

赵王迁听完，长长地叹了一口气。

几人越说越激动，突然，公子嘉抽出腰中的宝剑，说道："谁敢再说投降，我就砍掉他那颗卖国求荣的狗头！"

到了这个时候，大家就没有再说下去的必要了。

秦王嬴政带领一万人马再次兵临邯郸城。在路上，他已经想好了破城的策略。

"大秦围攻邯郸，已经有一年多的时间，这浪费了多少钱粮啊！"

"大王，臣等无能，实在有愧！"王翦先自行检讨道。

"大王，赵国本乃大国，邯郸城高池深，敌军明白此举关系着赵国的存亡，因此一个个拼死抵抗，此战延迟至今实属正常。但是，敌军已经到了山穷水尽的地步，现在连老人、妇女、孩子都上城头了，我军再坚持坚持，攻下邯郸城是迟早的事情。"

"好了，你们这些人打仗都太过一板一眼，只知道一味地苦攻，也不知道换换策略。刚才寡人来的时候，发现城北有一片树林，邯郸已经被围困了一年，我们暂且撤退城北的军队，如此一来，赵人一定会出城砍柴。"

"大王，不可，这个时候千万不能可怜赵人，不然一年多来的努力就都付诸东流了。"王翦急忙说道。

"寡人已经决定好了，不得违抗。"

深谋远虑的尉缭已经明白了嬴政的用意，说道："王老将军，不必担忧，大王自有打算。"

王翦只有听从安排，安排北面的秦军撤退。

北城的秦军一退，守城的赵军立马将这个消息告诉了颜聚，颜聚反复观察、琢磨，始终弄不明白敌人的用意。此时，邯郸城内的宗室抓住了这个"千载难逢"的机会，纷纷要求出城砍柴，颜聚不知道敌人的葫芦里卖的是什么药，拿不定主意，于是将这一情况上报给了相国郭开。

郭开府中也已经到了无柴可用的地步，他们已经把桌子、椅子砍了当柴烧了，他同样认为这个机会十分难得。

颜聚劝道："北面的秦军突然撤退，其中肯定有诈，万一因此而丢了城池，事情就大了。"

"不会的，我们只要不松懈，秦军就无计可施。"

"我是想，我赵国百姓出门砍柴，砍柴完是不是得回城？如果这个时候秦军尾随进来，不就是让敌人乘虚而入了吗？"

"如果真有这种事情发生，就把城门关上。"

"那就不顾赵人的性命了吗？"

"只有这样了。"

国相郭开已经把话说到这份上了，颜聚也不好再坚持下去。关了一年多的城门一打开，出城的不仅仅是那些宗室的下人们，还有老百姓。虽然驻守城门的将士挡下来了不少，但也有几百人出了城门。

颜聚此时紧绷着神经在城头亲自督战，生怕出一点儿差错。他命令士兵严阵以待，但是直到日落时分，人们背着一捆捆薪柴返回到城门前，都没有异常情况出现，秦军大营什么动静都没有。

此时，国相郭开也守在城头，见砍柴人都聚集在城门前，就对颜聚说道："将军，秦军那边没什么动静，我们赶紧把自己人放进来吧。"

"稍等，等人都到齐了再开城门，不要让城门打开的时间太长。"颜聚处处小心。

"将军说得有理。"

出城的砍柴人此时都挤在城门前，叫嚷着，乱哄哄的。颜聚担心动静太大惊动了敌人，便说道："相国，要不现在开门放人吧，门外这批人一进来就立马关上城门，不能再开门了。"

"好，打开城门吧，他们在外面也太闹腾了，闹得我惶恐不安的。"

　　城门"轰"的一声打开了，人们像潮水般涌了进来，等最后一个人进来，驻守城门的士兵就赶紧关上了城门，颜聚长长地吁了一口气。

　　此时此刻，得知消息的嬴政，嘴角露出了一丝笑容。

　　夜里，天空中漆黑一片，伸手不见五指。邯郸城一片寂静，巡夜的更卒敲打着梆锣，驻守城门的将士们抱着枪刀打盹儿，这个城门他们守了一年之久，此时也麻木了。而此时秦军的大营中，一场大调动正悄无声息地进行着。将士们已经跨上战马，手持兵器，精神抖擞——有大王督战，他们个个士气高涨。

　　突然，北城出现了火光，然后城内到处都是火光。很快，熊熊大火燃烧了起来，守城的赵军顿时慌作一团。颜聚看白天没什么异常情况，便踏实地睡了，等他得知消息起来时，邯郸城已经乱成了一锅粥，喊声四起："秦军攻入邯郸城了！""大家快跑哇！""秦军已破邯郸！""赵国已经灭亡了！"

　　与此同时，城外的数十万秦军发出呐喊，向邯郸城发动了猛烈的攻击。驻守城门的赵国士兵本就是在勉强支撑，此时根本无法抗衡秦军的内外夹攻。原来，秦军的敢死队乔装打扮后混入赵国砍柴的人群中，顺利进入了邯郸城内。在守城士兵打盹儿之际，他们点起了火，与城外的秦军同时向守城的士兵发动攻击。

　　眼看大势已去，颜聚对郭开埋怨道："你不听我的，非要让人出门打什么柴，让秦军乘虚而入！现在好了，城破了，赵国灭亡了！"

　　"世上没有后悔药，我们现在直接向秦军投降吧，其实早该献城的。"郭开大言不惭地说道。

　　一旁的公子嘉听到后满脸怒色："郭开，你贵为一国之相，受着赵国的厚禄，竟然一直投降心不死，你有何颜面站在这里？我宁愿站着死，也不愿跪着生！"

　　"唉！"郭开叹着气，他想起了昔日奢侈的生活，想起了府里那十几个娇艳欲滴的美妾，内心五味杂陈。

　　就在几人交谈之际，攻上城门的秦军越来越多，赵军根本无法抵抗，边战边退，一直退到了城墙脚下。混入城中的秦军已经打开了北面的城门，城外的秦军浩浩荡荡地冲杀了进来。

　　郭开见无路可退，便对身边的公子嘉说："公子，赵国灭亡了，我们还是各自保命吧。"

　　说完，郭开立马带领自己手下的士兵冲到秦将王翦面前，跪下请求道："王将军，邯郸城已破，之前我们是各为其主，现在我郭开愿意效忠秦王，还希望王将军收下我，为我在秦国多说几句好话。"

"真心归降吗？那赵王迁在哪里？"

"在下可以带王将军去寻赵王迁。"

"带路。"

此时的公子嘉对郭开恨之入骨："郭开！你这个老匹夫，禽兽不如，丢尽了赵国人的脸面！"他一边与秦军激战，一边观察形势。看到身边的将领一个接一个地倒下，地上已是尸骸遍地，血流成河，他的内心痛苦万分。副将劝说道："公子，赵国已经灭亡了，赵王很快就要被抓住，我们还是趁乱赶紧逃吧。留着青山在，不怕没柴烧。赵国有公子在，就没有真正灭亡。现在留得性命，以图东山再起。""是呀，赶紧逃吧，一会儿秦军肯定要屠城了！"在部将的连劝带推之下，公子嘉依依不舍地逃出城门，然后尽挑小路，远离了邯郸。

在寻找赵王迁的过程中，王翦下令："杀，杀他个落花流水！"

王翦这命令相当于下了屠城令，秦军便大开杀戒，不分是赵军还是赵国百姓，见人便杀，哀号声在邯郸城上空回荡，让人毛骨悚然。

王翦、蒙恬和蒙毅跟随郭开来到赵王宫，准备活捉赵王迁。可是前前后后搜寻了几遍，都不见赵王迁的踪影。蒙恬一棍过去，打得郭开龇牙咧嘴："说，赵王在哪里？"

"将军，容我替您找找。"

郭开来到赵王迁的寝宫，发现有数十个宫女全都脸对着墙，其中有一个圆滚滚的宫女正在瑟瑟发抖。郭开明白了，说道："大王，秦军已经攻了进来，我们赶紧献上国玺吧，留条性命。"

胖宫女只好转身过来，下巴上的胡子一直在抖动着，蒙恬"扑哧"一声笑了出来："说，你是赵王吗？为何要男扮女装？"

"我……"胖宫女吞吞吐吐的。

蒙毅一听怒了，拔出腰间的宝剑，抵在"宫女"的胸口："快说，再不说我就一剑了结了你！"

"别，千万别，"胖宫女叹了口气，说道，"寡人就是赵王迁。"

"国玺呢？"

赵王迁瑟瑟发抖地从衣服里面将国玺掏了出来："在这里，请将军笑纳。"

蒙毅一把夺了过来，说道："赵王和国玺都在我手中，我这次立下了头功。"

赵王迁低着脑袋，一声不吭。

秦军已经在邯郸城大开杀戒，因为攻城花了整整一年多的时间，不管是将军还是士兵，内心都憋了一口气，他们把这股愤懑之气全都撒在赵国士兵和百姓身上。

　　血腥的一夜过去了，第二天太阳升起的时候，秦军将路上的尸骸都拖到偏僻一点的地方。嬴政在文武百官的簇拥下，乘坐八匹马拉着的锦车，进入了邯郸城。

　　嬴政让人挂上车帘，城中的一切便映入眼帘。

　　当年跟随父亲在赵国当人质时四处躲藏、狼狈不堪的情景，与如今以统治者的身份进入邯郸的情景重叠在一起，让嬴政顿生万丈豪情。王翦等大将都齐刷刷地站在路旁恭迎，当然还有自认为有功的郭开。

　　嬴政对众人说："攻占邯郸，功劳盖世，寡人会论功行赏。"

　　郭开自然不会放过这个表现自己的机会，特意出列，鞠躬道："拜见大王，大王灭赵，距离您完成统一大业又近了一步。"

　　嬴政一点表情都没有，只是淡淡地说："郭大人还是为灭赵贡献了自己的一份力量的，寡人明白。"

　　"谢大王夸奖。"郭开知道嬴政说的是哪件事——他当初极力劝赵王迁杀了李牧，还有一个原因，就是顿弱后来告诉了郭开秦王的计划，并许诺事成后，秦王会重重有赏。他唯一的苦恼，是由于公子嘉的阻挠，让他没有机会主动投降。

　　"郭开，交给你一个任务，找出那些抵抗秦国最积极的文武百官。"

　　郭开毕恭毕敬地走了过去，说道："臣遵命！"

　　郭开觉得自己得到了秦王的信任，欢天喜地回到家中，家中人听到郭开的消息后也都开心不已。他还没来得及换下衣服，一员秦将就带领一队士兵来到了他的家中。

　　"郭大人，大王派我来公干。"

　　"什么公干？"

　　"郭大人真是贵人多忘事，大王刚交给你的任务就忘了？"

　　郭开说道："哦，我本想喝口水就去办这件事呢。"

　　"郭大人请吧，末将会配合你的工作。"秦将督促道。

　　"好，下官立马行动。"

　　此时的郭开如同钦差大臣般，一家一户地搜。他先到了公子嘉的府邸中，公子嘉已经不知去向，他的夫人只好去应付。

　　夫人见了郭开，如同见了亲人般，说道："郭相国，奴夫现在生死不明，秦军入邯郸，我家已经没有当家人，有事请多多关照。"

　　"你就别白日做梦了！"郭开一本正经地说道，"我现在已经不是什么郭相国，我现在已经是秦国的官员了。"

"既然你已经成为秦国的官员了，更应该关照关照我们啊。"

"想得挺美的，你的丈夫带头抵抗大秦，使秦国阵亡士兵上千万，实在是罪不可赦！现在我们已经找不到他了，那么他的家属就要替他受罪。"

"郭相国，你怎么能这样？"

"别废话，"郭开转身对身边的秦将说道，"带走。"

偏将手下的士兵立马上前，将公子嘉府中的人都绑走了。

就这样，郭开带着偏将，在几天时间内，抓走了赵国文武大臣几十人，连同家属有几百人。

几天后的一日，当太阳将金色的光辉洒向大地时，高耸的丛台上站满了雄壮的英姿。嬴政威风凛凛地站在台楼之上，用老鹰般的目光扫视着城楼下面多如蚂蚁的人群，楼台前是几百名被郭开抓来的人，被秦军催赶着前来观看的百姓无不两股战战。

尉缭看了一眼，对嬴政说道："大王，可以开始了。"

"好吧，先让郭开宣读罪犯的罪状。"

"开始了。"尉缭冲郭开示意了一下。

郭开点点头，趾高气扬地向前走了几步，清了清嗓子，一字一顿地读道："罪犯颜聚，带领士兵抵抗秦军，造成秦军死伤上千人，罪不在赦，处以斩刑……"

台上，还有一个陪绑的人物，那就是赵王迁。他全身发抖，唯恐听到自己的死刑判决。好在直到郭开宣读完毕，都没有听到对自己的处罚，他那颗悬着的心才放下了。但此时的他难受极了，自己昔日的相国，竟然成了秦国的座上宾，站在丛台上对自己人开刀。他怎么也想不到郭开竟然是这种贪生怕死、自私自利的小人，如果知道，当初哪会听信谗言杀了李牧，那赵国或许也不至于亡国，自己也不会有今天。

郭开读完，便毕恭毕敬地谄媚道："大王，微臣已经宣读完毕，可以行刑了。"

"不要急，"嬴政对尉缭说，"尉缭，宣读一下对郭开的宣判。"

"啊？"郭开一下子就傻掉了，"大王，臣不明白……"

"听完你就明白了。"

尉缭拿出一方素帛，读道："逆臣郭开，原是赵国国相，屡次向上卿顿弱索要金银珠宝，并用毒计除掉李牧将军，导致赵国灭亡。此等奸佞之臣，留下将会贻害无穷。为了替李牧将军申冤，为秦国除掉祸害，将其枭首。"

"大王，不能这样啊！微臣谋害李牧，也是听信了顿弱的一面之词。"郭开听完，吓得腿脚发软，一下子跪在了地上。

"卖国求荣的奸佞之臣，现在出卖赵国，以后也能出卖秦国，只有杀了才能平民愤。"

"杀了他，大王英明！"台下的民众嚷道。

"这样的奸佞之臣，死有余辜。"

"大王，您不能杀我！您是一国之君，说话要讲信用，要不是顿弱三番五次暗示我，我也不会谋害李牧哇！"

"我现在封你为上卿，"嬴政转身问尉缭，"上卿一年的俸禄是多少？"

"五百金。"

"虽然郭开只做了一会儿秦国的上卿，但依然按照一年算，付给他五百金。"嬴政说。

"大王，没有了命，要钱何用？您不能这样啊，这样会堵塞贤路的！"郭开想方设法地求饶。

"贤臣自然会来，不用你费心，像你这样的奸佞之臣不来也罢。"嬴政挥了挥手，"不要多说了，斩！"

郭开被拖到台下，当着所有人的面被砍去头颅，可怜他只做了一会儿秦国上卿的美梦，就一命呜呼了。

处理完这些事情，嬴政回到宫中，他想和母后一起再去一趟邯郸，让那些欺负过他们母子的人看看，他们母子再次回来了。

但此时的赵太后已身染重病，嬴政看到她白发苍苍、满脸皱纹的模样，不免黯然神伤。

嬴政说明来意后，赵太后在病榻上叹息道："你的好意娘心领了，但你是天下之君，又何必对以前的小恩小怨耿耿于怀呢？当年他们那样对我们母子，也是有原因的。现在他们是你的子民，就不要再计较了。"

嬴政没有想到母后如此宽容，但他一想起昔日所受的冤屈便内火中烧，他情不自禁地说道："正因为他们现在是寡人的子民，寡人才更不能放过他们！放过他们，寡人有何颜面？这些人寡人一个都不想放过！"

赵太后知道自己是劝不动嬴政了，也不想因为这些人让他们母子再生嫌隙，便说："既然你已经决定，娘也没有话可说了。但是如果遇到了娘的家人，你就照顾一下他们。昔日咱们母子在赵国，没少得到他们的照顾。"

"母后放心，寡人一定会好好照应他们的。您现在要好好养病，待寡人回来再向您汇报。"

赵太后点点头，母子二人再无话可说。虽然他们早就和好，但往事留下的裂痕不是那么容易抹平的。对于嬴政，她已经没有教训的权利了，很多时候，她都要看这个儿子的脸色说话。她明白什么都不能浇灭嬴政的复仇火焰，邯郸将会迎来又一场腥风血雨。

再次来到邯郸，嬴政的心情又有些不同，他去了小时候居住的地方，基本没有什么变化，只是人有些不同，不少人让他感到面生。他九岁那年带着一身的屈辱离开了这里，二十三年后他又回来了，成为这里的君主。

他下令将这里的老住户都统计出来，除非哪家绝户了，不然不管在哪里都要找出来。然后，他下令烧掉这里的房屋，毁掉一切能够唤起自己记忆的东西。

同时，他还下令在邯郸城外挖了十丈见方的大坑，四周由秦军把守，戒备森严。嬴政扫了一眼那些低垂着脑袋的人，暗想道："你们也想不到会有今天吧？"

他缓缓地从人群中走过，有些人面熟，他们中有些是权贵，有些是黎民百姓，但不管地位如何，他们现在的命运都一样。

嬴政巡视完人群，便下令道："把这些人全推下去活埋了。"

杨端和早就知道这些人的下场，但真正亲身经历时，不免有些黯然神伤，因为这些人大多都是妇孺，男丁很少。

命令一下，人群开始骚动起来，有人开始破口大骂，有人想逃跑，但嬴政早有准备，秦军严守，谁逃得出？有的人拼死抵抗，被当场诛杀。

大坑有二丈多深，掉下去就再也爬不上来了。嬴政站在坑边，看着坑里的人哭号着，一种复仇的快感油然而生，他情不自禁地对天长啸。

秦军开始填土，扬起的尘土遮天蔽日。坑中的哭喊声越来越小，很快寂然无声，大地再次恢复了原来的模样。

第四章

秦以强势终灭燕

釜底抽薪，荆轲刺秦

东汉末年，董卓在《上何进书》中曰："臣闻扬汤止沸，莫若去薪。"明嘉靖年间，戚元佐在《议处宗藩疏》中曰："谚云：扬汤止沸，不如釜底抽薪。"叶圣陶《城中》："这当然可以，可以。不过，根本的对付方法，还在釜底抽薪。"

　　燕国的国都蓟城一派繁华景象，太子丹的府邸里，庭院宽敞，树木郁郁葱葱，别致的亭台楼阁掩映其中。太子丹在花园的甬道中漫步，一副愁眉苦脸、心事重重的样子。自秦国将赵国吞并后，他整日忧愁，已经好几天晚上没有睡着了。强秦的野心昭然若揭，那就是吞并六国，统一天下。但是燕王喜却不以为意，今天早上上朝的情景又浮现在他的脑海中……

　　朝堂上，太子丹上奏道："父王，强秦的兵马已经达八十多万，兵力强盛，我国应该竭尽全力，加强防御。"

　　"你想多了，燕国是一个小国家，没有得罪过秦国，一直与秦国保持着良好的交往，嬴政不会对我们怎么样的，不要多虑。"

　　"秦国的铁蹄已经踏平了赵国，我燕国与赵国接壤，很可能下一个就是我们了。我们应该防患于未然，早做准备，这样才不致被打得措手不及。"

　　"好了，不要一个劲儿地说个不停。"燕王喜不愿再听。

　　面对强秦的威胁，自己却什么都做不了。一想到这里，太子丹的眉毛就拧成了一团。想到杀人如麻的秦军，他更是心头一紧。

　　"殿下，秦国使者蔡泽求见。"仆人通报道。

　　蔡泽已经在燕国待了三年，和太子丹关系密切。太子丹听到后，说："请他到正堂相见。"

　　蔡泽听到脚步声，一转身，看到太子丹已经走到跟前，于是躬身施礼道："殿下，在下已经来燕国三年，一直承蒙殿下照顾，在下感激不尽。如今在下奉召回国，特来向殿下辞行，以表达感激之情。"

　　太子丹十分惊讶，问道："怎么说走就走？"

　　"在下明天早上就动身。"

　　"国使已经在燕国待了三年，你我一向亲密，国使突然离开，我感到万分不舍。"

　　"在下也多有不舍，"蔡泽说道，"殿下可跟我一起去秦国，凭借殿下与秦国先王子楚的旧日交情，大王一定会善待殿下的。"

"只是，我跟秦王并无交情，不知道此时拜访秦国是否太唐突了。"

"在下回国后会立马向大王说明过去以及殿下对我的恩情，殿下对秦国国使的热情照顾，也就是对秦国的感情，在下现在就代表秦国向殿下发出邀请，殿下是燕国的太子，大王肯定会热情招待的。"

"好，"太子丹决定去秦国走一趟，看看嬴政对燕国是什么态度，"我会早点动身的。"

不久后，太子丹来到咸阳，一在馆驿落脚，就立马准备了名帖，打算先去拜见太后。在邯郸，他与子楚交往密切，同赵太后也是老熟人，有了太后这层关系，秦王嬴政就不敢小看他。没有料到的是，他乘兴而去，败兴而归。宫内总管告诉他，赵太后身患重病，无法见客。太子丹思索了一番，心想既然已经到了咸阳，就不能空手而归，于是硬着头皮求见秦王嬴政。

嬴政已经灭了赵国，不出意外，下一个目标就是燕国，他也想知道燕太子拜见自己的目的。

太子丹来到甘泉宫，见到秦王嬴政后，便作揖套近乎："当年在邯郸城，我与尊父先王同为质子，关系十分要好，经常来往，是至交。丹也经常来看望大王，不知大王曾记得否？"

"那时寡人尚年幼，对这些不甚知晓。"嬴政将太子丹套交情的话全都挡了回去。

"尊母赵太后，对我和令尊先王的交往，应该是记忆犹新的。"太子丹继续套交情。

"这件事情太后从来没有提过，现在她已重病在身，等她身体恢复了，寡人会详细问问。"嬴政还是客套地推托。

太子丹依然不甘心地说道："当年大王母子在赵国，丹也经常来照顾。"

"寡人以前在赵国，经历了很多风险，得到了很多人的照顾。只可惜寡人当时太小，很多事都想不起来了。"

"大王幼时的事情可能想不起来了，但令尊离开赵国返回秦国后，大王和太后的境况更加艰难，丹也经常去看望，尽绵薄之力相助，大王应该记起来吧？"

嬴政此时被逼得没有办法了，但依然不愿买账，说道："太子所说的或许是真的，等母后痊愈了，寡人问问，看母后是否记得。"

不管太子丹如何提及旧情，嬴政总是假意周旋，毫无感情可言。无奈之下，太子丹只好切入正题。

"燕国和秦国一向关系友好，又相距遥远，希望能够与大秦和平相处，我们会年年纳贡。"

嬴政听完，"哼"了一声，冷冷地回答道："吞并六国是我大秦已经制订下的目标，这也是大势所趋，是天意，寡人和太子都无法违背。"

话已至此，太子丹已经无话可说。这其实是再清楚不过的了，无论你太子丹和先秦王子楚、嬴政有多少恩情，都阻挡不了嬴政灭六国的脚步。太子丹很客气地告别了，但他已经怒火中烧。

看着太子丹离去的背影，嬴政对身边的赵高说："遍观整个燕国，尽是一些酒囊饭袋，唯有这个太子丹，是一个有勇有谋的人才。"

"大王，臣已经明白了您的意思。但是，暗杀他只怕有损我大秦的形象。"

"不用暗杀，留住他就行。"

"大王是说将他留在咸阳吗？"

"是的。寡人立马派使者去燕国，对燕王喜说，为了维持两国的友好关系，将太子丹留在秦国，以此来麻痹燕王喜。"

"好，这真是一个好主意。臣现在就去办。"

太子丹此时躺在馆驿的床榻上，心潮澎湃，久久无法平静下来。他已经知晓，嬴政是一个不讲情面的家伙。如果硬拼，小小的燕国哪里是强秦的对手？要想保存燕国，只剩下一条路，那就是想方设法除掉嬴政……想到这里，太子丹猛地坐了起来：除掉嬴政，那得找一个武艺高超的剑客。于是，太子丹将剑别在腰间，背上包袱，走出了馆驿的大门。

"殿下，您这是去哪里呀？"赵高冷不防地出现在太子丹面前。

"我出门走走。"

"出门逛逛，何必背上包袱呢？您贵为一国太子，怎能不打一声招呼就走呢？"

"啊，国内有不少重要的事情要处理。"太子丹立马找了一个借口。

"殿下，您现在还不能走！"

"这是为何？"

"殿下走后，大王就去找太后了，想了解当年与殿下的情谊，也好决定两国之间的关系。"

太子丹听完后，十分开心，觉得又有希望了，于是答应说："既然是大王相留，丹恭敬不如从命。"

"好，那臣回宫回话去了。"

　　赵高走后，太子丹回到房中反复思索：嬴政的态度为何变得那么快？他又想起了刚才嬴政对待自己的态度，认为强秦吞并燕国是早晚的事情，现在不应对他人心存幻想，保存自己的最好办法就是主动出击，趁早回国，遍访剑客。如此一想，他再次背起行囊，可刚出馆驿大门，一个小太监就横在了他的面前："殿下，您这是要去哪里？"

　　"我，这不刚来咸阳吗？想出门逛逛。"

　　"别骗臣了，出门逛逛，用得着背上行囊吗？"小太监鞠了一躬，说道，"殿下，还是请回吧。过几天大王就要召见您了，您如果不辞而别，小人就没法向赵总管交代了，赵总管也没法向大王交代啊。"

　　太子丹一听，暗想道："不好，我这是被软禁了，不知是否性命堪忧。"

　　没有办法，太子丹只好返回馆驿。他如同囚笼中的狮子，越发焦灼不安，他预感到秦国马上就要出兵燕国。但他此时只能希望父王看他久久不归，向秦国要人，只要父王出面，他就能够回到燕国了。

　　几天后的某日，赵高一脸开心地来到馆驿，一见到太子丹就说："殿下，收到燕王的喜信了。"

　　太子丹起身问道："什么喜信？"

　　"燕王的信。"

　　"快给我。"太子丹伸出手来。

　　赵高将书信拿了出来，说道："这不是燕王给您的信，而是给秦王的信，信中让您当燕国的国使，留在秦国。"

　　太子丹一听，如同晴天霹雳，说道："这不大可能，难道要让我当质子？"

　　"要是殿下不信，就看一下。"

　　太子丹接过信，果然是父王的笔迹，也确实是让他充当燕国国使留在秦国，这不禁让他黯然神伤，痛心不已。

　　此时的赵高面露得意之色，说道："太子殿下，您在秦国当国使，两国能够永保亲密关系，这是一件大喜事呀！"

　　太子丹就这样被秦王以正当的理由留在了秦国，他知道这是秦王的阴谋诡计，可是在秦国安心做国使，他做不到。强秦的铁蹄马上就要踏上燕国的土地，他要想方设法逃回燕国。

　　接下来的日子里，太子丹每日都举行宴饮，一些王公贵族和同为质子的他国公子都在邀请之列。一时间，馆驿前车水马龙，熙熙攘攘，热闹非凡。馆驿附近，赵高的眼线们丝毫不敢懈怠，万一他混在宾客中逃跑了，他们的脑袋就要搬家了。

　　这样的情况一直持续了快一个月，但是什么异常情况都没有发生，监视的人难免有些松懈。这不，太子丹又邀请了一些"狐朋狗友"前来宴饮，两个小时过去了，陆陆续续有宾客走了出来，太子丹摇摇晃晃地出门送客，仆人在一旁搀扶着。两个眼线一看就知道太子丹喝多了，不由得放下心来。

　　太子丹醉眼蒙眬、嬉皮笑脸地说道："明天……明天……大家再来，千万……不要忘记了，我……可有几个……美人……在等着……大家，不要……让她们……伤心……难过……"

　　宾客们一个个笑开了怀，他们都是咸阳城的纨绔子弟，虽然贵为公子，但手中没有实权，有的人甚至兜比脸干净，出门玩耍根本没银子。现在太子丹请客，不仅有酒喝，还有热闹可看，真是求之不得。

　　昔日，太子丹只知讲《诗》《书》、习兵法、练骑射，是大家眼中的无趣之人。因为他是燕国太子，要继承燕国的王位，身份自然与大家有别。但是现在，秦王将他留在秦国，他学那些已经毫无用处，大家对他既心生怜悯，又暗自开心，因为太子丹终于变成和他们一样的人了。

　　在两个仆人的搀扶之下，太子丹回到屋中，不一会儿就鼾声四起。可没过多长时间，太子丹就睁开眼睛，下了床，边走边发出如雷的鼾声。他来到一个木箱旁，敲了敲箱子，一个人从里面钻了出来，两人换好衣服，太子丹小声地说道："一切就有劳你了。"

　　"太子请放心，只要您能回燕国，小人死又有什么呢？"

　　两人不再说话，那人马上回到太子丹刚才躺的地方，继续发出如雷的鼾声。

　　赵高一连两天接到眼线的报告，说太子丹因饮酒过量，受了风寒，一直在休养生息，除了几个亲近的人，再不见客。赵高心生疑惑，派人包围了太子丹所住的馆驿，想要进门，却被仆人阻止道："我家太子酒后惊风，不能见客，请各位改日再来。"

　　赵高一听就知道出了问题，太子丹即使真的生病了，也应该请自己进去相见。于是，他对仆人说道："本官是奉秦王的旨意而来，谁敢阻拦，格杀勿论！"

　　赵高身边的中尉立马抽出剑来，本想威慑一下仆人，谁知仆人早就有所防备，从衣袖中抽出宝剑，与中尉厮杀起来。这些仆人其实都是太子丹收养的死士，他们明白，一旦被赵高发现太子丹逃走，他们就只有死路一条，因此个个身藏武器，随时准备拼命。

　　一时间，馆驿内打斗声四起，尽管死士们拼命搏杀，但终究是寡不敌众，没过多久就败下阵来。等赵高到了内屋，看到身着太子丹服饰的人，就明白太子丹早就逃之夭夭了。

赵高没有办法，只好硬着头皮向嬴政汇报，嬴政的脸一下子变得铁青。

此时此刻，跪在地上的赵高颤抖不已，他知道嬴政一旦发怒，就会什么都不顾，杀了自己也是有可能的。

嬴政半天没有吭声，然后让人将李斯叫过来，下令道："传寡人命令，捉到燕丹的人重重有赏，如果不能活捉，就直接杀掉，一定不能让他回到燕国！"

"是！"李斯看了一眼跪在地上打哆嗦的赵高，一阵开心。

李斯退下后，嬴政将手中的竹简砸向赵高，怒道："你个废物，交代你这点事情都办不好，寡人养你何用？"

发泄完后，嬴政再次说道："你回去好好反省！"

赵高悬着的心这才放了下来，小心翼翼地回答道："臣告退。"

回到府中后，赵高把与这件事情相关的人都杀了，这才泄了怨气。他知道自己的权力都建立在嬴政对自己的信任上，他必须保住这份信任，毕竟自己历尽千辛万苦才走到今天，怎能轻易失去？此时，他又想起了过去那段受人鄙视、痛不欲生的生活，心就像撕裂了一般："不，不，我不能回到从前！"

此时，太子丹已经出了咸阳。

在被嬴政软禁之初，他就开始积极活动，随身携带的金银珠宝帮助他结交了嬴政的宠臣、中庶子蒙嘉。每次太子丹派人将金银珠宝送到府上，蒙嘉都收入囊中，当太子丹第四次奉上价值不菲的珠宝时，蒙嘉忍不住问道："常言道，礼下之人必有所求，太子殿下三番五次送如此厚礼，如果有事相求，请尽管开口，我蒙嘉是一个讲义气的人。"太子丹就让仆人把自己的话捎带给蒙嘉："我的妻子染上重病，命在旦夕，我很想回到燕国看看，怎奈总管赵高派人严加看管，还请大人想办法救我。"于是，蒙嘉答应了。

太子丹从馆驿逃出来的时候，已经有人在外面接应，然后他立马换上了蒙嘉府家人的装扮，混在几十名随从当中，出了咸阳。

出了咸阳后，太子丹尽量选择偏僻小路，历尽千辛万苦，花了整整一个月的时间，才踏上了燕国的土地。

一回到府中，太子丹来不及沐浴更衣，就直接去宫中拜见父亲。他的狼狈模样让燕王喜十分迷惑，说道："丹儿，不是让你好好地在秦国当国使吗？怎么这副模样了？"

"父王，儿臣算是捡回了一条命……"太子丹将事情的来龙去脉讲了一遍。

燕王听完后一脸严肃，说道："原来你是私自逃回啊，这样做不是在明面上得罪了秦王了吗？"

"父王，秦王的狼子野心昭然若揭，不能对其抱有丝毫幻想。"

"有你在秦国，秦王就不会撕破两国友好的这层皮。如今你这一逃，就落下了把柄，秦王攻打燕国就有借口了。"

"父王，此言差矣！我们不能希望强秦心存怜悯，一定要有所准备啊！"

"哼！你说得太容易了，我燕国是一小国，防御能力也不强，哪里是强秦的对手？唉，你这是闯下大祸了！"

"儿臣就不信没有对付秦国的方法！"太子丹心怀救国之志，回到太子府便绞尽脑汁地想办法。

天空中洒落着如丝细雨，像剪不断的愁丝。太子丹惆怅不已，每当心烦气躁的时候，他都要去花园中漫步。太子丹深信，强秦的下一个目标就是燕国。严峻的形势让他明白，真正留给他的时间不多了。昏聩的父王是指望不上了，而自己是燕国太子，这个时候理应承担起拯救国家的重任。想到这里，他再也无心散步，步履匆匆地走出太子府，来到恩师太傅鞠武的府中。

鞠武将太子迎了进去，说道："太子殿下匆匆来到寒舍，莫非有什么急事？"

"恩师，强秦已经接连吞并了韩国、赵国，我燕国处境危险，恩师身为太傅，请帮我想想救国的策略。"

"冰冻三尺非一日之寒，多年以来，大王只知享乐，从不加强防备，现在临时抱佛脚已经晚了。"鞠武叹气道。

"但是我们也不能坐以待毙呀，希望恩师能教我一计良策来对抗秦国，保存燕国，使百姓免受生灵涂炭之苦。"

"殿下，您认为，我燕国能够与秦军抗衡吗？"

"实话实说，当然不能。"

"所以，要想使燕国不被秦国吞并，只有一条路可走。"鞠武有意停顿了一下。

"刺杀秦王。"太子丹脱口而出。

"英雄所见略同。"鞠武面带微笑地说。

"恩师，秦王身边武士颇多，戒备森严，难以靠近啊。"

"我燕国地处北域，但也不缺有勇有谋之士。据为师所知，隐士田光是一个能够为我们所用的人。此人不但足智多谋，并且武艺精湛、豪爽讲义气，是一不得可多的人才。"

"国家正是用人之际，还希望恩师劝其出山，丹以上宾之礼对待他。"

"殿下现在求贤如渴，理应亲自登门拜访，这样也许能打动田光，让他答应拼死刺杀秦王。"

"为了救燕国于水火之中，丹不会在乎自己太子的名分，希望能得恩师引荐，今天就去拜访。"

"好，殿下有此决心，臣愿意效命。"鞠武立马换上衣服，跟随太子前往田光的住所。

蓟城的南关，一条又深又窄的小巷，迂回曲折，一眼望去，深邃莫测。田光的住宅就在最里面。院子里的槐树下，田光正在闭目思考，他全神贯注，以至有人来到他的跟前，他也丝毫没有觉察到。

鞠武靠得更近了些，小声说道："田老先生，鄙人引荐太子殿下特来拜见。"

田光缓缓地睁开了眼睛，说道："太子此行没有必要。"

太子丹十分诧异，说道："先生为何这样说？"

田光依然坐在椅子上，抚摩了一下自己的胡子，说："殿下，您看田光已经老态龙钟，不能为国出力了，不会太失望吧？"

"听先生这句话，像是已经知道我此行的目的。"

"殿下不是想要刺杀秦王吗？"

"先生要小心，这是机密，千万不要让外人知道了。如果嬴政知道了，事情就成不了了。"

"事情明摆着嘛，"田光一副满不在乎的样子，"如果讲军队实力，只有楚国才能与秦国斗一斗，我燕国与秦国实力悬殊，想要保存燕国，只能刺杀秦王。"

"先生侠武之名闻名于整个燕国，如今国家危难之际，恳请先生出山，杀死秦王，这样燕国百姓才能谋生。"

田光叹了一口气，说："如果是十年前，我肯定会义不容辞，但我现在年纪大了，英气全无，体力也跟不上。我去送死没什么，但坏了殿下的谋略事大，如果刺一次未成功，再刺肯定也无济于事，因此务必要一刺成功。"

"看来先生是决定不涉险了，廉颇虽老都能健饭，先生还是具备这个能力的。"

"为了确保刺杀秦王一定能够成功，草民推荐一人，那是我的密友，如果他出马，事情一定能够成功，嬴政必死无疑。"

太子丹认为田光依然在推托，没有兴趣地问道："先生说的是谁？"

"此人殿下也许听说过，他便是燕国赫赫有名的大侠荆轲。"

"啊！"太子丹听完大吃一惊，说道，"荆大侠闻名于全燕，只是此人了无踪迹，居无定所，丹早就听说过他的大名，但至今也没能见上一面，恐怕先生也难以请动他吧。"

"太子殿下找不到他，草民却找得到他，如果我去恳请他出山，他肯定不会推辞的。"

"那我在府中等老先生的好消息。"

田光来到荆轲的住所，荆轲大吃一惊，说道："田兄突然造访，不知所为何事？"

"贤弟，为兄将你出卖了，过来请你宽恕。"

"田兄，为何要这样说？"

"我把你推荐给了太子丹。"

"啊，那我明白了，"荆轲叹了一口气，说道，"只怕我性命危矣！"

"不一定，"田光说道，"至少你还有一半成功的概率。"

"唉，人生在世，总要轰轰烈烈一场。"荆轲面带苦笑地说道。

"你不怨恨为兄吗？"

"田兄，这是哪里的话，我感谢田兄给我提供这个建功立业的机会还来不及呢。"

"话也是这么说，好男儿应当施展平生所学。以贤弟的武艺，能为燕国百姓安身立命，确是一个上佳的选择。"

"田兄，小弟这次不管成功与否，都难以回来，还希望田兄在小弟的忌日备点酒水，遥望咸阳设祭。"

"话都已经说到这份上了，你知道为兄来这里为何吗？"

"不会是为刺杀秦王之外的事情吧？"

"贤弟已经点破了，为兄也就不拐弯抹角了，"田光一本正经地说道，"太子丹将这件事情看成机密事件，为了让他放心，愚兄决定先走一步，因此请原谅为兄不能置酒拜祭了。"

荆轲大吃一惊，说道："田兄不能有这种想法。"

田光快速拔出腰间的佩剑，往颈部一抹，一股鲜血喷薄而出，顷刻之间，他已经重重地倒在了地上。

荆轲还没反应过来，田光已经没有了气息。荆轲跪在田光的面前，痛惜道："田兄，你放心地走吧，我荆轲一定不负此行，来完成你的遗愿，让燕国得以保存！"

荆轲来到太子丹的府邸，太子丹紧紧地握住了荆轲的手，很长时间都说不出话来。突然，他跪了下来，说道："荆大侠，久闻大名，今天才得以相见，老天对我们是多么的不公平。"

荆轲慌得也赶紧跪了下来："殿下，这使不得呀！"

"荆大侠，我代表全燕百姓向你跪拜，你为了燕国而不顾性命，值得我跪拜。"

"殿下请起，为了刺杀秦王，田光兄已经离我们而去，我不会让他的血白白流掉的。"荆轲情真意切地说道。

太子丹以上卿之礼待荆轲，专门在府中为他准备了一个院落，不断为其供应美酒佳肴和美女，赏赐无数的黄金珠宝，可以说是让其享尽了荣华富贵。对此，荆轲全部收入囊中，整日饮酒作乐，生活过得十分滋润。

某日，荆轲看到了太子丹的一匹骏马，说道："听说千里马的肝是上等的补药，一定美味极了。"太子丹没吭一声，立马派人杀了这匹千里马，将其肝脏取出来，做成美味，供荆轲享用。

毫无疑问，荆轲成了燕国最尊贵的客人。

如此，半年的时间过去了，太子丹有些沉不住气了。这天，他陪荆轲饮完酒后，禁不住问道："大侠，秦军吞并赵国已经多时，现在正在秣马厉兵，准备对付我们，燕国岌岌可危，现在是不是该行动了？"

荆轲听完，"哼"了一声："我知道你会心存不满，要知道我这一去必死无疑，我的性命倒无所谓，但是我要等一个人前来，以确保这次行刺成功。但是太子既然着急了，在下明天就可以动身了。"

太子丹听完后，有些过意不去，说："大侠休要责怪，实在是形势所迫，时间不等我，要是这个人迟迟不来，我可以为你挑选一人。"

"只怕是平庸之人，不能用。"

"我早就为大侠准备好了，大侠可以先看看。"太子丹一声呼喊，一名壮士从门外走了进来。

荆轲上上下下打量了一番，突然一剑刺了过去，剑尖穿过了其肩头，衣服被刺破，那壮士稳如泰山。

荆轲问："你不怕死吗？"

"我出生入死多年，死有什么害怕的？"

"你要有思想准备，这次刺杀秦王，无论成功与否，你我二人都将性命不保。

你可有牵挂之人？有父母妻儿吗？”

“小人孤身一人，全仗殿下收留，才能活到现在。”

“荆大侠，他叫秦舞阳，十三岁时父亲在街头被无赖地痞杀死，他奋起抵抗，将仇人杀死。我看他是一个既孝顺又勇敢的人，就将其收入府中。有他帮助，大侠定能成功刺杀秦王。”

“好吧。”

“谢大侠。”秦舞阳鞠了一躬。

“殿下，人已经有了，我还需要两件宝物，才能去秦国。”

“大侠需要什么宝物？我一定满足。”

“殿下知道我要什么吗？”

“匕首吗？”太子丹从匣子中取出一把短柄刀。

“难道是宝刀吗？”

“比宝刀还好，赵国有位姓徐的夫人，她家世代铸剑，秦国吞并赵国时，她便极其痛恨秦王嬴政，我花了一百金请她打造了这把宝刀，吹毛立断、削铁如泥，并且刀锋用毒蛇的汁液浸润了一年之久，有见血封喉的效果。到时候，大侠只要刺破了嬴政的皮肤，不需要刺中其致命部位，就可以让嬴政倒下，是一宝物吧？”

“这匕首确实有用，小人留下，”荆轲说道，“我说的宝物是另外两件东西。”

“大侠请直说。”

“第一件宝物是督亢地图，督亢是燕国最富饶的地方，秦王一定早就想吞并它了。有了这份地图，嬴政才能上钩。”

“地图我会派人尽快绘制出来，”太子丹说道，“还有一件宝物是什么，请大侠尽管说明。”

“这一件宝物，只怕殿下不舍。”

“只要是我燕国有的，没有不舍的道理。”

“不用燕国，太子殿下府中就有。”

“大侠快说吧。”

“我要的是樊於期的脑袋。”

“大侠，你这是在说笑吧？”

“我岂能开玩笑？”荆轲一脸严肃。

“这不行，秦王杀了樊将军全家，只有他一人孤身逃出，不远千里来投靠我，这是对我的信任，这种不义的举动，我怎么做得出来呢？”太子丹坚定地说道。

“没有樊於期的人头，我们以什么取得嬴政的信任？刺杀秦王将难以成功。”

荆轲强调道。

"我宁愿不刺杀秦王，也不愿意做这种不义之举。"太子丹依然不同意。

"那就等一等再说。"荆轲不再勉强。

太子丹惆怅万分地离开了。

荆轲立马去了樊於期的住所，见面鞠躬施礼道："将军安好。"

"荆大侠来到鄙人这里，是为了什么事情？"

"为了给将军一家报仇雪恨。"

"在下不太明白。"

"樊将军，太子殿下请我去咸阳刺杀嬴政，我已经准备了半年，如今还是不能前去。"

"在下也想问问大侠，为何不能前去？"

"还需要一件东西。"

"有什么东西是太子拿不到的？"

"将军知道，想要刺杀嬴政，就需要靠近他。怎样才能靠近他呢？先要取得他的信任。现在，只有樊将军的人头才能打动他。太子殿下不愿如此，我就亲自前来，与将军商量一下，能否借我人头一用？"

樊於期情不自禁地摸了摸脑袋，说道："头倒是可以借，但不知道有没有作用。"

"樊将军，您全家都被嬴政所杀，嬴政还悬赏两千金拿您的人头。可以说，嬴政和您有着深仇大恨。"

"这是当然了。"

"您时时刻刻都想着报仇，可惜没有机会。现在，我在太子的邀请下出山了，有您的人头，我就有了接近嬴政的机会，就有机会置其于死地。这样既满足了太子的心愿，又满足了樊将军的心愿，一举两得。"

"大侠说得没错，我终日为不能除去嬴政而烦恼不已，今日有大侠不顾性命之忧接近秦王，以保存燕国，为我全家报仇雪恨，我又怎么会可惜颗脑袋呢？"说完，他立马拔出剑来，朝颈部一抹，手一发力，头颅滚了下来，血液喷薄而出，足足有一尺多高。

荆轲跪在地上，说道："感谢樊将军成全，我一定会替您报仇雪恨的。"

樊於期的尸身好像有灵魂般，听完这句话便倒下了。

太子丹听到消息后赶了过来，对着樊於期的尸身再三叩拜，满脸泪水。

荆轲将樊於期的人头用名贵的木匣装好，然后对太子丹说："殿下，一切都准备好了，可以上路了。”

“好，我送你一程。”太子丹准备了两辆锦车，装上了十坛美酒。马车出了蓟城，每行走十里，便摆上宴席，饮下一坛酒。行百里后，来到易水边上，饮完了最后一坛酒。

荆轲转身，最后看了一眼身后的燕国土地，满眼苍凉之色。头顶，几行大雁一掠而过；眼前，易水河悄无声息地流淌着。想到这次去咸阳，就再也无法返回故里了，荆轲不禁感慨万千，他下意识地摘下长剑，抚摩着对空长歌：

风萧萧兮易水寒，黄叶飘零兮雁飞南。

风萧萧兮易水寒，壮士一去兮不复返。

风萧萧兮易水寒，离别故土兮恋关山。

风萧萧兮易水寒，魂魄有灵兮归故园。

“荆兄慢走，我来了！”身后一个熟悉的声音响了起来。

荆轲转过身来，不禁感慨不已，说道：“渐离吾弟，你为何来晚了那么几天？”

来者正是荆轲的好友高渐离，两人一见面便拥抱在一起。很久，高渐离才慢慢松开手，说道：“荆兄，只因家中老母仙逝，小弟要处理丧事，因此来迟了。”

“那说明吾弟命不该绝，太子已经找了一人与我相伴，弟可以在我的忌日置酒祭拜。”

“荆兄大可放心。如果兄长刺杀嬴政未成功，弟可继兄遗志，再奔赴咸阳，完成兄长未完成的志向。”

太子丹此时才恍然大悟，说道：“大侠，难道您一直等待的人就是眼前这位音律奇才高渐离？”

“正是，”荆轲对太子丹、高渐离深深地鞠了一躬，“就此拜别。”

“且慢，小弟既然已经前来，就定要为荆兄演奏一曲，以此送行。”高渐离说完，坐在地上，将琴瑟放在膝盖上面，缓缓抚将起来，同时悠悠地唱道：

骨兮肉兮不可分，线兮不断连着针。

手兮足兮亲兄弟，皮兮毛兮本一身。

血共流兮魂相随，心连心兮梦亦跟。

咸阳凶险弟同在，冥中相助刺暴秦。

　　一曲唱罢，荆轲和高渐离早已是泪流满面，就连太子丹也热泪盈眶。

　　荆轲和秦舞阳上了船，向对岸的太子丹、高渐离深深地鞠了一躬，之后便狠心转身离去，踏上了坎坷崎岖的不归路。

　　荆轲和秦舞阳到了咸阳以后，按照太子丹的嘱咐，直接去了中庶子蒙嘉的府中。一见面，荆轲便献上了五百金："请大人收下。"

　　蒙嘉并没有接受，而是说："荆先生，俗话说无功不受禄，在下怎么能没有任何缘由，就收下你的馈赠呢？"

　　"这是太子丹送给您的，为的是答谢大人帮助他回到燕国。救命之恩无以报答，这仅仅是一点心意而已。"

　　"区区小事而已。"

　　"大人一定要收下，不然我没有办法向太子交代。"

　　"既然这样，我先收下，全当替太子保管。"蒙嘉说完，又问，"荆先生这次为何来到咸阳？"

　　"奉燕王和太子的命令，有事相求于大人。"

　　"有话尽管说。"

　　"燕国本是小国，燕王和太子都知道无法与强大的秦国相抗衡，现在看到韩国和赵国因不识时务而被吞并，我们都感觉到了危机。现在情愿向秦王称臣，心甘情愿居于郡县之位，只要得以保存宗庙就行。"

　　"向大王上奏倒是一件容易的事情，但是你们得拿出诚意，不然大王也不愿相见啊。"

　　"我这次带来了督亢的地图和樊於期的首级，这就是我们的诚意。"

　　"好的，"蒙嘉点了点头，说道，"你先去馆驿等候消息，我去向大王上奏。"

　　此时此刻，荆轲已经完成了第一步，但他不知道自己能否得到秦王的召见，因此焦灼不安地去了馆驿。

　　朝堂之上，蒙嘉出列，对嬴政说道："大王，臣有事禀报。"

　　"说。"

　　"臣带来了一个好消息。今天燕国派来了使者，想向大王称臣。"

　　"怎么了？难道是害怕寡人带兵征讨？"嬴政心中油然而生一种自豪之情。

　　"正是。燕国使者带来了燕国督亢地图，想把该地献给大王，以表诚意。"

　　嬴政脸上堆满了笑容，说道："燕国最繁华的土地可不就是督亢吗？"

"是的，有塞上江南之称。还有一个更好的消息，燕国使者还带来了樊於期的人头。"

"这是真的吗？这个叛徒终于死了？"嬴政哈哈大笑起来。

"燕国使者哪里敢撒谎？他们如此做，是为了向我大秦表忠心。"

"他燕国这样就想躲避亡国的危机吗？"

"大王，燕国使者说，燕王自知不是我大秦的对手，所以宁愿献出国家，只要求居郡县之位，保住列祖列宗的寺庙。"

"这可是一个好消息，寡人不费一兵一卒就可吞并燕国。"

"燕国使者就在馆驿，大王什么时候能够召见呢？"蒙嘉趁嬴政开心，赶紧问道。

"明天吧。"

"臣遵旨。"

使者馆驿中，荆轲正在自斟自饮。他斜躺在榻上，一动不动地注视着远方，脸上没有任何表情。他已经接到了明日觐见秦王的通告，于是拒绝了一切应酬，待在馆驿里，哪里也不愿意去。秦舞阳则一早就被人邀请去逛咸阳城，此时还没有回来。现在，整个馆驿中只有几个仆人，十分空荡，安静到一根针落到地上都能听到。来秦这两天，荆轲总会时不时一阵紧张，他不怕死，唯一担心的是还没有见到嬴政事情就败露了。明天，所有该结束的都会结束。此时，他的心平静得如同一潭秋水。

秦舞阳怎么还不回来呢？荆轲心中一阵烦躁，太子丹给他安排的这个人，他并不满意。虽然秦舞阳十三岁就杀过人，但刺杀秦王这种事情不是有勇就行的。

在这几个月的朝夕相处中，荆轲慢慢对秦舞阳有了一些了解。秦舞阳杀人之后便声名鹊起，一直跟着太子丹过着锦衣玉食的生活。荆轲四处游历，这种人他见多了，经常帮权贵干些对付异己的勾当，但是在秦国朝廷上能否沉得住气，就说不好了。他是多么想带高渐离前来，但事已至此，要不是因为死去的田光和樊於期，他真不想管这事了。

进入秦国以来，他荆轲所看到的、听到的，都让他对嬴政产生了敬仰之心，也看到了秦国吞并六国的意义。在秦国，让他印象尤为深刻的便是法治。

秦国的法律一向严苛，但是嬴政坐上王位，吞并了韩国和赵国后，秦国的疆土面积越来越大，法度不统一的矛盾越来越突出。为了解决这个问题，嬴政便督促臣子们抓紧时间编撰一部统治国家的完备法典。

荆轲来秦时，这部法典刚好编纂完成。

为了约束官吏，制定了《为吏之道》《尉杂》《内史杂》《行书律》《置吏律》；为了惩罚盗贼，制定了《盗律》《具律》《杂律》《捕律》《囚律》《贼律》；为了约束军队，在原来法律的基础上，又制定了《戍律》《屯表律》《中劳律》《军爵律》《除吏律》；除此之外，还有《金布律》《他律》《厩苑律》《田律》。这部法典涉及秦国的方方面面，这让荆轲感叹不已，仅凭这一方面，嬴政就远远超过了其他六国的君王。六国被吞并，也是一件自然而然的事情。

荆轲甚至觉得，在咸阳待的时间越长，越会动摇自己杀嬴政的决心。现在，他只希望能够早点见到嬴政，趁自己杀心重的时候除掉他。他一边喝酒，一边思考明天该怎样行事。各种细节他已经在脑海中想了几百遍，但他依然无比慎重。

外面不知何时渐渐沥沥地下起了小雨，雨声越来越大，他的思路也被打乱了。秦舞阳怎么这个时候还不回来？难道出了什么事情？荆轲让仆人拿来蓑衣，打算出门寻他，一到门口，他就看到几个人扶着秦舞阳而来。他将其接了过来，将那几个人打发走，然后将其放下。

秦舞阳身材魁梧，满脸胡须，看上去十分威猛。荆轲用脚踢了踢他，说道："不要再装了，这里没有他人。"

秦舞阳伸了伸懒腰，笑出了声，翻身坐了起来。原来，荆轲早就和他有约在先，只要有宴饮，为了不耽误事情，喝到六成就行，装醉，然后回家。

荆轲压低声音说道："明天我们就要去寝宫见嬴政，你稍作准备。"

秦舞阳听完，一下子就跳了起来，说道："这么快！"

"不然你还想拖到什么时候？"

"这咸阳真是比蓟城繁华不少，真想再多住几日。"

秦舞阳此时的想法是荆轲所没有想到的，他不禁怒气冲冲地道："不要忘了你来到这里的职责、使命，秦王马上要踏平燕国，灭了你的祖宗，你还贪恋它的繁华。如果你还是这样的想法，明天就不要跟我一起去了！"

秦舞阳怔怔地看着荆轲，他没有想到荆轲会有如此大的反应，说道："我只是说说而已，我这就去准备。"

看着秦舞阳离开的背影，不祥的预感笼罩在荆轲心头。他希望秦舞阳一听到"秦王"两个字，就杀心四起，但是看他离去的神态，荆轲知道自己失败了。

翌日清晨，荆轲和秦舞阳刚刚梳洗完毕，蒙嘉就来接他们了。

蒙嘉告诉荆轲，嬴政已经有了将他留在秦国的想法。

　　荆轲在心里苦笑：自己哪里还有机会再见到他？不管刺杀成功与否，他荆轲再也没有活下去的机会了。

　　马车向着咸阳宫飞奔而去，一路上，荆轲和蒙嘉相谈甚欢，一想到自己刺杀会连累到蒙嘉，他就有些过意不去。入秦以来，蒙嘉一直都很照顾他，荆轲想对他表达自己的感激之情，但又害怕不小心说露了，引起他的怀疑。他知道蒙嘉对秦王忠心不贰，如果知道自己要刺杀秦王，就算两人的情谊再深，他也不会原谅自己的。

　　到了咸阳宫门外，荆轲向蒙嘉深深地鞠了一躬，说道："蒙君多多保重，在下进宫了。"

　　蒙嘉不知道荆轲这话是什么意思，也只好拱手一礼。

　　荆轲和秦舞阳一人手中捧着装有樊於期头颅的匣子，一人捧着燕国督亢的地图，在内侍的带领下进入咸阳宫的大殿。沿路上，手执锃亮戈戟的虎贲军分列两旁，个个表情严肃。

　　荆轲经常到各国游历，这种仗势见多了，他跟在侍者后面，目不斜视地昂首前行。但秦舞阳是第一次见到这种场面，看着虎贲军，他有一种如芒在背的感觉，似乎他们已经看穿了自己的意图。他只得低着头，紧紧地跟在荆轲后面。

　　行到殿前，只见数十个侍郎手放在刀剑上面，纹丝不动地盯着他们，一个侍郎检查了他们的身体后才放行。

　　进入殿中，只见身着官服的秦国官吏有序地站在两旁，整个殿堂没有一丁点儿声音。大家的目光齐刷刷地投到他俩身上，秦舞阳有一种嗓子冒烟的感觉，他使劲地咽了一下唾沫，想让自己紧张的心情平静下来，但是腿却情不自禁地抖了起来。而且，他越是竭尽全力地控制自己，越是颤抖得厉害，这不，连手也跟着抖了起来。荆轲用余光扫了一眼秦舞阳，暗呼不好，因为匕首就藏在秦舞阳手捧的地图中，如果此时被抖出来，事情就会败露。

　　任何一个国家，进入王宫大殿，都是禁止携带兵器的，使者更是不行，会以谋逆之罪诛杀，这是众所周知的事情，秦国当然也不例外。秦舞阳也明白自己的神情异常，却完全控制不住，脸色不由得变得惨白。

　　殿中群臣万分诧异，内侍还关切地问了一句："副使大人为何会如此紧张，脸色苍白？"

　　荆轲笑了笑，回头看了秦舞阳一眼，说道："燕国位于北藩蛮夷之地，外臣等都是没见过世面的人，见到这种场面深感诚恐，还希望大王恕罪。"

　　这种肃穆庄严的气氛曾经威慑了不少各国使者，让嬴政颇感自豪。对于荆轲的神色自若，他颇为欣赏；对于秦舞阳的恐慌，他甚是鄙夷。

荆轲前行了几步，赵高迎了过来，接下木匣，将其规规矩矩地摆在嬴政面前的御案上。嬴政打开封印，掀开匣盖，樊於期的人头映入眼帘。由于经过药水的浸泡，头颅已经变色，但依然是横眉怒目，胡须散开。嬴政吓了一跳，急忙说："赶紧拿走，寡人不想再看了。"

赵高拿走木匣，然后问道："地图呢？"

这个时候，荆轲已经将秦舞阳手中的地图接了过来。他回答道："在小人手中。"

"呈上来。"

荆轲向前走去，距离嬴政只有几步的距离时，赵高再次迎了过来。荆轲将他推到一边，说道："这地图不比其他东西，需要小人亲自为大王指点。"

"你就站在那里，打开地图给寡人看。"嬴政发现秦舞阳一直颤抖不止，就多了一个心眼。

荆轲故意向前了一步，赵高亮着他那公鸭嗓说道："让你不要上前，为何还要上前？"

荆轲只好停了下来，此时他距离嬴政只有一步之遥，要刺中嬴政，大概有八成把握，但是只能到这里了。他将地图从头展开，说道："大王，请看。"

嬴政对督亢地图期待已久，看到地图后情不自禁地站了起来。当地图展开到最后，一把锃亮的匕首赫然出现。趁嬴政一愣之际，荆轲以迅雷不及掩耳之势将匕首抓在手中，上前一步，向嬴政刺了过去。嬴政本来就对两人起了疑心，匕首一出现时，他愣了一下后立马向后退去，这使荆轲的第一下没有得逞。荆轲立马追了上去，嬴政闪身躲过，荆轲在后面紧追不舍，形势万分危急。站在下面的大臣全都慌了神，不知如何才好。按照规定，入宫的人都不能佩带兵器，只有秦王可以。眼看荆轲马上就要追上秦王了，秦王则只能躲在一根大柱子后面气喘吁吁。

此时，有人大喊："大王身上有剑！"

嬴政恍然大悟，慌忙从身后拔剑。但因为剑太长，一着急怎么也拔不出来，嬴政的脸色一下子变得惨白。荆轲从栏杆上跳了过去，向嬴政逼近，就在这个万分危急的关头，殿上的太医夏无且将手中的药葫芦抛出，砸向荆轲。荆轲来不及躲闪，被打得两眼直冒金星，一个趔趄。这时，嬴政已经逃到几步开外的廊柱那里。

这时，殿角的一位歌姬弹起琴来，高声唱道：

　　罗袂单衫，可掣而绝。
　　三尺屏风，可超而越。
　　昆庐之剑，可负而拔。

　　一语点破迷津，躲在廊柱后面的嬴政稍稍平复了一下紧张的心情后，拔出剑向荆轲刺了过来。长剑对短匕首，自然长剑占据了优势，剑尖刺进了荆轲的左股，荆轲立马跪了下来。在摔倒前的一刹那，他依然奋力地将匕首向嬴政投去，嬴政闪过，那匕首钉在了廊柱上，兀自抖动着。嬴政马上走过来，举起宝剑刺向已经倒在地上的荆轲。

　　深受重伤的荆轲用尽最后的力气说道："暴君，我本想刺杀你向太子丹复命，奈何上天不保佑我。你不要得意，总有一天有人会将你碎尸万段……"

　　荆轲在身受数十剑后，气绝身亡。

　　事后，嬴政赏赐了当时在场的有功者，太医夏无且和那位歌姬都得到了丰厚的奖赏，歌姬伴奏所用的琴被命名为"超屏"。

　　荆轲死后，秦王嬴政大肆追杀荆轲余党，荆轲的密友高渐离逃走，改名换姓后逃到宋子（今河北赵县），在酒肆里当起了伙计。

　　高渐离唯一的爱好是听主人家堂上的客人击筑，每当有客人击筑时，他便前来徘徊，不舍得离开。偶尔他也会点评："那筑的声调既有好的地方，也有不好的地方。"身边的人听到后，便将他的话告诉了主人，说："那个伙计似乎很懂音乐，经常点评客人击筑的好坏。"

　　这家酒肆的主人听说后，便邀请高渐离击筑，满堂宾客无不说他击筑击得好，都要赏赐他。高渐离思考了很久，将自己的衣裳和筑拿了出来，不再隐姓埋名。于是大家都尊他为上宾，邀请他击筑唱歌，大家听后无不感动得泪流满面而去。

　　于是，高渐离重新走进了公众的视野，声名鹊起，宋子城里的人轮流邀请他去做客。此时的秦国已经完成了统一大业，痴迷于音乐的秦始皇听说了高渐离的高超技艺后，便召见了他。

　　高渐离入宫不久后就被人认出，但秦始皇一日不听高渐离的音乐便食不甘味。他不舍得将高渐离杀死，于是让人弄瞎了高渐离的眼睛，让其继续为自己演奏。时间一天天地过去，高渐离充分取得了秦始皇的信任。某日，秦始皇再召见他时，他企图用藏有铅的筑砸死秦始皇来为兄弟荆轲报仇。但无奈的是，他的眼睛已瞎，第一下并没有击中，秦始皇一怒之下就将高渐离杀了。当然，这些都是后话了。

合纵之计，燕胡合兵难抵强秦

《战国策·秦策三》："天下之士，合从（纵）相聚于赵，而欲攻秦。"《史记·李斯列传》："遂散六国之从（纵），使之西面事秦。"

甘泉宫的议事殿气氛凝重，牛油灯飘出一缕缕青烟，并发出噼噼的声响。文武百官各抒己见，但不管是李斯、尉缭、王翦，还是蒙恬、蒙毅，都无法劝说嬴政，他现在依然余怒未消——当着所有文武百官的面被荆轲围着廊柱追跑，如同一个跳梁小丑，那可怜兮兮的模样多么令自己厌恶！他难以自控，从王位上站了起来，一边挥动着胳膊，一边果断地下达命令。

"太子丹实在是太可恶了，这口恶气寡人必须要出！征伐魏国的大军立刻班师回朝，组成伐燕大军。王翦老将军为统帅，李信为副统帅，裨将辛胜为先锋，立刻率领二十万军向燕国出发，务必一举灭掉燕国，活捉燕王喜和燕太子丹，为寡人报这行刺之仇！"

尉缭还想劝劝嬴政，说道："大王，这二十万大军已经到了魏国边境，渡过河就可以攻打魏国，现在从前线撤回，不免舟车劳顿，吞并魏国后再攻打燕国也不迟。"

"不要再说了，寡人已经决定了，王翦呢？领命！"

"臣遵旨！"王翦立马起身回答。

嬴政这才心满意足地坐回了王位上。

此时的燕国正值多变的时节，时而一场大雨倾盆而下，时而黑云压城，时而飞沙走石，人们的心情也糟糕透顶，似乎一场大灾难即将到来。王宫的大殿上，燕王喜和大臣们争论不休，最终大家都将矛头对准了太子丹。

大将军剧完本该带兵打仗，但显而易见，此时的他不敢出兵："我燕国的军事实力完全不是强秦的对手，要不是太子丹派人去刺杀秦王，生出事端，秦王怎么会撤回讨伐魏国的大军，转而攻打我们燕国？"

"就是如此，"燕王喜同样有这样的感触，"本来秦军已经到了魏国的边境，这下倒好，恶犬已经掉转方向，这起事端，太子应该负主要责任。"

公子寅替太子丹反驳道："大王和各位大臣的话有失公允，秦要吞并六国是既定的策略，嬴政攻打燕国是迟早的事情，难道秦国吞并了魏国就会停下来吗？"

太子丹听完，叹了一口气说道："父王，儿臣大费周章请荆轲出山，就是因为我燕国实力弱。就像公子寅说的那样，秦国向燕国开战是迟早的事情，如今秦军已经抵达易水河，我们要做的是派兵做好防御，而不是在这里相互埋怨，这样会耽误大事的。"

"不能在此怨天尤人，更不能坐等秦军到来，"公子寅催着说道，"大王快决定何人为帅，怎样抵御敌人吧！"

胆小怕事的剧完开始玩心眼，说道："大王，蓟城是国都，不能没有人驻守，末将愿意担当此任。"

太子丹主动请求到前线，说道："父王，儿臣愿意领兵抵御秦军。"

剧完一听正合心意，说道："太子领兵最好不过，末将愿意镇守国都。"

燕王见此，便说道："王儿愿意去前线抵御敌人，为国、为寡人分忧是最好不过的事情，十分忠诚。不过秦军是狼虎之师，王儿一定要注意安全，只可做统帅，不能亲自上阵。"

"儿臣自会见机行事。父王，此时有二十万大军压境，我军的战斗力相对较弱，应该多征军旅。"

公子寅插话道："三十万士兵为好。"

"只怕这个暂时难以办到，我燕国大军能到二十万也就是极限了，现在情况紧急，即使急招，一时也招不上那么多人来。"

"那就将这二十万人派到前线。"公子寅建议道。

"将这二十万都派到前线，蓟城就是一座空城，万一敌人偷袭，大王和众多大臣就会有生命危险。"

"这不行，"燕王喜一听，急忙反对，"都城也要留一些兵力来驻守。"

大臣们纷纷议论开了，说道："大王的生命安全最为重要，还有都城不能落入敌人的手中，应该留下一半的人马。"

公子寅见此，生气地说："秦军势如破竹，我军如果不在军力上超过敌人，怎么能战胜敌人？我军在兵力上不能过于分散，守城最多只能留下两万人，剩下的十八万兵力应交给太子殿下带走。"

"我倒没什么，不留人在都城，我也一样能守城，就是大王的安全我无法保证。"剧完添油加醋地说道。

胆小怕事的燕王喜听到后，立马说道："留下十万兵马守城，太子同意吗？"

事已至此，太子丹也不好说什么了，无可奈何地说道："那好吧，我带十万兵力去前线抵御敌人。"

夕阳的余晖笼罩着易水河，水面平静得如同镜子一般。太子丹此时已经布好了壁垒，独自一人站在河岸边，思绪又回到了送别荆轲的那日。如今，河水依然悄无声息地向东流去，而荆轲已死。命运如此捉弄他，难道燕国真的难逃被吞并的命运吗？看父王和朝中百官的状态，没有一个人有荆轲慷慨赴死的决心，都是些贪生怕死之人，这样如何抵御来势凶猛的秦军呢？

想到此，太子丹难受极了，如果燕国被吞并了，他根本无颜面对列祖列宗。

副将悄悄地来到太子丹身旁，说道："殿下，现在寒气逼人，还是回到营帐中吧，以防着凉。"

"你看，王翦真是一位杰出的统帅，秦军是那么的井然有序，没有一丝混乱，我们的这个对手太过强大。"太子丹边说边用手指了指。

"那依殿下所言，我们该如何迎战呢？"

"我军的实力不如秦军，所以只能防御，筑建深沟高垒，不管敌人怎么叫阵，都不能出战。"

"末将知晓。"

这个时候，对岸的王翦也在观望，他骑马顺着河边来来回回巡视了几遍，若有所思地说道："看上去，太子丹是不想交战了。"

李信回答道："何以见得？"

"他将营寨修得如同城堡一样牢固，这不是要死守吗？"

"不管怎样，他也不能打败我军啊！"

"太子丹是一个聪明人，他早就意识到了这点，只想与我们对峙，以静观变，再寻找攻打我们的机会。"

"那么我军该如何应对呢？"

"本帅有自己的打算，"王翦不愿意多讲，说道，"李将军，你带领一支部队，在易水上游十里的地方搭建一座桥梁，一个月之内务必完成，如果延迟完成，依照军法处置。"

"用不了一个月，十天就可以了，大帅。"

"让一个月完成就一个月完成，如果提前完成，也是军法伺候。"王翦不容置疑地说道。

"末将遵命。"李信不敢多问，领命而去。

王翦回到元帅营帐，苦思冥想，拿起笔在白绢上写了一封信，然后把先锋辛胜叫了过来，说道："辛将军，你的任务来了。"

辛胜听完，立马精神抖擞，说道："是不是要末将对燕军发起攻击？"

"你一人出战就行。"王翦一本正经地说道。

"我一人……"辛胜摸不着头脑，"希望大帅明确地下达指示。"

"你这次行动，很可能有生命危险。"

"为大秦效忠，万死不辞！"

"好，本帅让你去蓟城走一趟，这封信是送给燕国大将军剧完的。如果发生了意外，你可能就回不来了。"

"哪怕是龙潭虎穴，我也要去走一遭。"

"难得辛将军这么勇猛，你收下这封信，今天就可以动身了。"王翦将其送出营帐，又说，"愿上天保佑你平安归来。"

虽然秦军此时还在易水河，并且太子丹已经率领十万大军在易水河做好了防御，但是国都荆城依然沉浸在诚惶诚恐的氛围中，路上的行人步履匆匆，驻守城门的士兵如临大敌，对进城的人盘查得异常严格。辛胜打扮成小商贩，十分幸运地混入城中。他一路打听，终于找到了剧完将军府，他从后面进入，左右看了看，发现没有人跟踪自己，就敲打了门环。

过了一会儿，一个仆人开了门，上下打量了他一番，问道："你是什么人，为何敲门？"

辛胜深深地鞠了一躬，说道："我是剧将军的远房亲戚，从很远的地方赶来，有要事相告，麻烦您告诉剧将军一声。"

"我凭什么相信你？要是一天有一百个你这样的人要见大将军，我岂不是要通告一百次！"仆人不屑地说道。

辛胜立马从兜里掏出一个小金锭，递给这位仆人，说道："这是孝敬您的，我的确有要事相告，麻烦您通告一声。"

仆人虽然经常通过这种方式捞点"外快"，但第一次有人出手那么大方，于是立马笑容堆满了脸，说道："好说好说，大将军正好在家，您先到花园里的椅子上坐坐，我立马去通报。"

此时的剧完正在厅堂中徘徊，一副心神不宁的模样：太子刺秦王失败，秦国大军压境，燕国注定会被强秦吞并，自己该何去何从？他不想战死疆场，他不甘心。可作为大将军，他必须上阵杀敌。他的内心矛盾极了。

剧完的儿子剧直现在朝中担任中郎将，他正在猜测父亲的想法，试探着说："父帅，两国军事实力对比太明显，我军肯定不是秦军的对手，这次较量，我军必败无疑。"

"现在我们只有挨打的份了。"剧完唉声叹气地说。

"父帅，我们不能同燕国一起灭亡，我们现在应该想想出路。"

"死路一条。"

"父帅手握重兵，如果我们现在主动把燕国的城池献给秦王，相信秦王一定会对我们有所表示的，至少能够给我们封个一官半职。"剧直一口气说完了自己的想法，然后等待着来自父亲的暴风雨。

但是，剧完听完后没有丝毫怒气，而是叹气道："你要送给秦国城池，也得有机会啊！你的想法为父也曾经有过。"

"我们可以派出一个使者，前去王翦营帐中打探消息。"

"太子丹正在易水边安营扎寨，现在过去无异于自投罗网，此事还是得慎重。"老于世故的剧完说道。

仆人此时小心翼翼地报告道："大将军，有一远房亲戚求见，说是有要事，让小人一定要通报。"

"问过他姓名吗？"

"没有，来人说事情非常重要，一定要见到您。"

剧完十分纳闷："会是谁呢？能有什么重要的事情？"

剧直在边上说道："甭想了，先见见不就知道了？万一是重要的事情，耽误了就不好了。"

"也好，先让他进来吧。"剧完吩咐道。

很快，辛胜进来了，剧完上上下下地打量了一番，一脸的疑惑："你是谁？我们好像不是亲戚吧，我怎么一点都想不起来呢？"

辛胜看着剧直，问道："这位是……"

"这是我儿子。"

"失敬，拜见大将军和少将军。"辛胜鞠躬道。

"你到底是谁？"

"实话实说，我是秦国伐燕大军的先锋辛胜。"

剧完父子听后十分震惊，二人互相看了对方一眼，剧完威吓道："大胆秦将，胆敢来到燕国大将军家中，不怕送死吗？"

辛胜听完，面带微笑地说道："我要是怕死就不来了，大将军，我是来救您全家于水火之中的。"

"这句话是什么意思？"

"燕国用不了多久就会灭亡，难道大将军想以身殉国吗？"

"你说你是秦国先锋辛胜，你有什么证据？"

"大将军，我有秦军大元帅王翦的亲笔信，您看一下。"辛胜双手献上。

剧完接过信，打开来，只见上面写着：

剧大将军台鉴，秦王此番发兵，实因太子丹而起，他丧心病狂竟派人行刺我主。君不见韩赵之前车之鉴，燕灭只是迟早之间。想大将军一世英武，为燕殉葬，岂不惜哉。倘能择贤而仕我主，献出城池和燕王喜，而使我军得减伤亡，秦王定当厚加封赏。肺腑之言直陈，道路将军自选。王翦拜上。

剧直一直在旁观看，他见父亲很长时间都没有开口，知道他在做思想斗争，在权衡利弊，但他已经等不及了，担心这机会转瞬即逝，于是将父亲的袖子拉了拉，说道："父帅，该做决定了。"

剧完对辛胜深深地鞠了一躬，说道："辛将军，老夫有礼了。"

"大将军不要多礼，还希望您不要错过这个机会。"

"俗话说得好，良禽择木而栖，贤臣择主而仕。燕王喜的确是一个昏庸无能的君王，我剧完实在对不住了，愿意跟随秦国大王完成天下统一的大业。"剧完在关键时刻做出了选择。

"既然大将军已经选择和我们站在了一起，那我们来商量一下接下来的策略吧。"

三个人的脑袋凑到一块，小声地商讨了起来。

易水河边上，秦军依然在不快不慢地修建桥梁，太子丹亲身前往察看，说道："秦军这么长时间不进军，在玩什么把戏呢？"

"他们不是没有修好渡河的桥梁吗？我军堵在河边，他们想渡河，估计是白日做梦。"副将回答道。

"说得有道理，"太子丹也想不出一个所以然来，"我军一定要警惕，千万不要在夜里睡得太沉。"

秦军的营帐中，辛胜向王翦汇报道："大帅，末将顺利完成了使命，您的信卓有成效，剧完已经答应向秦国投降。"

"好，记你头功，"王翦问道，"他打算什么时候叛变？什么时候献出城池？"

"他们父子要先串通好亲信，准备一番，三天后的三更，他们就会打开蓟城北门接应我们。"

"后天入夜时分，你先带三万人马从下游十里处偷渡，三更前要赶到荆城，天亮之前向燕国大军发动进攻。"

"末将遵命！"

燕国蓟城这些天来有些异样，部队常有调动，燕王喜却始终被蒙在鼓里，此时的他依然在宫中歌舞升平。但是公子寅注意到了这种情况，他十分纳闷，秦军还没有到达蓟城，为何有这样频繁的调动？他想来想去也不得要领，于是化装成一个乞丐，披头散发，穿得破破烂烂，挎着一个破篮子，拄着一根破拐杖，走一步停三步地来到了北门的守军营地。站岗的哨兵发现后，用枪一指："要饭的，滚开点！"

"军爷，行行好，赏点吃的吧，我已经饿得站不起来了。"

"饿死活该，死一个少一个吃饭的，滚远点！"哨兵来轰赶他。他先是走远了，但等哨兵一个不留神，就溜到了营帐后面。

公子寅在营帐后面假装晒太阳捉虱子，耳朵却竖了起来，仔细地倾听着。

"后天半夜，我们就要打开城门，向秦军献出城池了。你们说，秦军会给我们发赏钱吗？我得喝上一公斤美酒。"

"白日做梦吧，秦军才不搭理我们呢，也就大将军和他儿子能封个官。"

"也说不好，"另外一个低沉的声音说道，"谁不知道秦军是狼虎之师？长平之战时，白起坑杀了四十万赵兵，你们都忘了？"

"那是小兵小将，将军是大官，还有这献出城池的大功劳，秦王还不得封他个大官。"

"目前还不知道是福是祸，赵国的相国郭开出卖赵国，为秦国出力，最后不也一样惨死？"还是刚才那个低沉的声音。

公子寅再也听不下去了，后天入夜，蓟城就要落入敌人之手，燕国就要灭亡了。他急急忙忙赶到家中，换上仆人的装扮，快马加鞭地出城，直奔易水河。到了燕军大营，他心急如焚地对哨兵说："快去禀报太子殿下，就说公子寅有要事求见！"

太子丹正在为如何攻打秦军而发愁，听说公子寅赶到这里，十分诧异，急忙将其迎到营帐中。见他这种打扮，更是纳闷，说道："公子，你怎么这身打扮？"

"殿下，不好了，蓟城准备向秦军献出城池！"公子寅气喘吁吁地说道。

太子丹霍地从座位上站了起来，说道："真有这种事情？"

公子寅将他所听来的娓娓道来，然后说："殿下，城内十万人都由他统领，要想保住大王，只有您带兵回去平定这场叛乱。"

"这该怎么办呢？"太子丹感觉脑袋都要炸了，"带回去的兵力太少，不足以平息叛乱，带回去兵力太多，一旦易水河对面的秦军发动攻击，我军岂不是要完蛋？"

"不管怎样，您都要带兵回去救大王。我得赶回都城向大王汇报，现在大王还什么都不知道，我得部署一下！"

"好，你赶紧回去，我会想方设法回去平息叛乱的。"

送走公子寅，太子丹立刻回到营帐中，对副将说道："将军，蓟城发生了大变故，我需要带兵回去平息叛乱，这里就全权由你负责了。"

副将一听脑袋都大了，说道："殿下，末将怕会辜负您的一番苦心，如果在您回去期间，秦军发动攻击，我该如何是好？"

"我只带走五千兵力，并且是在夜里悄悄地走，秦军不一定知晓，也许能够相安无事。等平定了剧完的叛乱，我立马返回，你就放心地执掌兵权吧。"

副将此时无可奈何，垂头丧气地说道："只能希望秦军不要进攻。"

公子寅飞一般返回到蓟城，直奔王宫，这个时候，夜幕已经降临，燕王喜和两个妃子正在用餐。公子寅匆匆忙忙地闯入内宫，燕王喜不开心地说："公子寅，你太无所顾忌了，擅自闯入内宫，该当何罪？"

"父王，我也是形势所逼，请见谅！"

"难道秦军已经攻城了？"

"是剧完要叛变。"

"真的吗？"

"父王，千真万确。剧完已经和秦国商量好，明晚三更便要献出蓟城，并活捉父王献给王翦。"

燕王一听，推开了两个妃子："确有此事吗？"

"千真万确！"

"那可怎么办呢？"燕王喜这才着急起来，"太子带兵在易水河，城中的兵马都在剧完手中，我们要坐着等死吗？"

"儿臣已经向太子殿下汇报了，太子应该在准备，很快就会领军回来平定叛乱的，大王不要太着急。"

"这我就放心了，危急时刻，你还是那么从容不迫。"燕王喜称赞公子寅道。

"父王，虽然太子殿下会回来支援，但我们也要做好准备，以防万一。"

"寡人现在已经手足无措，思绪混乱，一切都听王儿部署。"燕王喜面露焦灼之色说道。

"现在要立马召集龙卫兵来保护父王，龙卫兵怎么也有一万多人，外加各府家兵，差不多有一万五千人，如果剧完提前发动叛乱，我们也能应付一时半会儿。"公子寅说。

"王儿，"一个好主意突然浮现在燕王喜的脑海中，"我们现在假装不知情，传旨让剧完父子进宫，说有要事商量，提前在宫中设好埋伏，等他父子一到，大家逮住他们父子，这岂不是绝了后患？"

"这也是一个好办法，但是万一被剧完父子识破，估计他们会狗急跳墙，那样我们的麻烦会更大。"

"寡人觉得他们肯定没有防备，成功的概率很大。"

"那我们就试试。"公子寅表示赞同。

宫中总管带着燕王喜的圣旨来到剧完的将军府，宣读完圣旨后，就催促道："请大将军即刻启程，大王已经在偏殿等候。"

剧直本来就心中有鬼，此时心里更是直打鼓，不安地问道："请问公公，这么晚了，有什么要紧的事情？"

"大将军，秦军压境，大王寝食不安，想请你们父子二人前去商议，一旦秦军兵临都城，该如何抵抗敌人。"

剧完想都没想就说："我们马上奉旨进宫。"

"稍等，"剧直拦住剧完说，"父帅，今天天色已晚，会打扰大王休息，我父子二人明天吃完早饭再进宫。"

"少将军，违抗大王的旨意可是死罪一条啊。"

剧直突然将腰间的剑拔出来，刀锋直指总管心窝："你这个狗臣，快说，大王他这么晚让我们父子二人过去，是不是有什么阴谋？"

"少将军，有话好好说，大王看重你们父子二人，有事无法排解，想找你们二人聊聊。"

"胡说八道！"剧直的剑离总管的心窝更近了，"你进门时，我就看你一副魂不守舍的样子，这大晚上召我们父子二人进宫，一定是有什么阴谋诡计！"

"直儿，是不是你想多了？"

"父帅，关键时刻千万不能粗心大意，我们宁愿多一个心眼，也千万不要上当受骗。我们的事情走漏风声也有可能。"

"你怎么一下子说了出来？"

"让这个狗臣知道了也无所谓。"剧完稍一使劲，总管身上的血就流了出来，

"快说明事情的来龙去脉，不然要了你的狗命。"

"少将军刀下留情，老奴把知道的都告诉你就行了。"无奈之下，总管将大王和公子寅的计谋和盘托出。

总管一说完，剧直便手上发力，总管就这样一命呜呼了。

剧完擦了擦额头上的汗珠，说道："儿啊，幸亏你多了一个心眼，不然你我父子都不知道是怎么死的，真是一步险棋！"

"父帅，既然风声已经走漏，你我二人只有提前举事了。"

"不等秦军来吗？"

"再等下去，来的就不是秦军，而是太子丹的军队了。现在城内没有其他军队，十分空虚，缉拿燕王喜易如反掌，如此将其献给秦军，不也是大功一件吗？"

"好，那我们现在集中兵力，攻打王宫。"

在剧完的命令下，城内的燕军很快调动了起来。

总管的一去不回让公子寅感到形势不妙，他快速地将各府家兵和原有的龙卫军集结起来，一共有一万多人。大家登上宫墙，将火把点燃，配好弓箭。刚刚准备好，剧完和剧直就领着三万多人马冲了进来，边冲边喊："杀入王宫，活捉燕王，赏金两万，封万户侯！"

公子寅下令道："大家听着，剧完背信弃义，卖国求荣，为人所不齿，我们要尽一切力量保住大王！"

此时，燕王喜也来到了宫墙下，大声地鼓舞着士气："将士们，现在是大家为国分忧的时刻了，如果杀死叛徒剧完父子，寡人一定不会亏待大家的，每人黄金一百两！"

这个时候，剧完将令旗一挥，大声高呼："兄弟们，杀呀，先攻入城中者，连升三级！"

叛乱的士兵拥向宫墙，如同浪潮一般，驻守宫墙的军士们将弓拉满，顷刻间，弓箭向大雨般砸向了叛乱的士兵，不少人纷纷倒下，哀号一片。尽管攻击的浪潮一波接着一波，但都无功而返。此时，剧完开始焦灼不安起来，他亲自骑着马来前线为将士们鼓气，驻守宫墙的公子寅抓住这个机会，弯弓搭箭，瞄准剧完的脸部一箭射去，不偏不倚，正好射中剧完的鼻梁，射穿了他的脑门。剧完惨叫了一声，就从马上栽了下去。这位一直做着升官梦的大将军，还没有来得及向秦王邀功，就命丧黄泉了。

剧直见父亲倒了下去，立马奔过去，抱着父亲的身体，哀号道："父亲啊，大事还没有成功，您怎么能先孩儿而去？您让孩儿怎么办才好？"

公子寅再次抓住这个千载难逢的机会，第二次弯弓搭箭，瞄准了剧直的喉咙，一箭飞出，剧直的喉咙中箭，刚才还在哀号的他，这下子彻底哭不出来了。只见他摇晃了两下，也倒了下去。这父子二人本打算卖国求荣，没承想还没见到秦王就双双殒命，实在是罪有应得。

这时，失去统帅的叛军如同无头苍蝇一样乱成了一锅粥，站在宫墙上的公子寅对叛军说道："兄弟们，你们都是我燕国的好士兵、好子民，这次叛变也是被剧完父子所逼。如今，秦军的铁蹄已经踏上了我国的土地，就要攻打我燕国国都，你们都是热血好男儿，加入保家卫国的战争中来吧！大王既往不咎，每人赏黄金十两！"

在公子寅的召唤下，绝大部分士兵都加入了龙卫军。公子寅对队伍进行重新编排，清点之后，发现还有三万余人。他挑出三万人作为精锐，然后鼓舞士气道："兄弟们，我们要赶紧加强防御，秦军马上要来了！"

但是，人算不如天算，还没等公子寅的队伍赶到北边的城门，北门的叛军已经将辛胜统领的三万队伍迎了进来。秦燕两军狭路相逢，半路上便厮杀了起来。秦军个个勇猛善战，而公子寅的队伍是临时组编的，战斗力自然不如秦军。半个小时后，秦军就占据了上风，公子寅率领士兵退到王宫，与留守的人马会合，大家一起保护燕王喜和部分宗室人员，从南门退出了蓟城。

辛胜此时怎么能放过燕王喜呢？他率领士兵在公子寅后面紧追不舍，由于有宗室人员，行军速度很慢，很快就被辛胜追上，公子寅断后，因为不是秦军的对手，只能边打边退。但是秦军死咬不放，时间一长，燕军就失去了斗志。

正在这个危急时刻，太子丹率领的五千援军赶到，他原本是来平定叛乱的，不承想半路遇到了溃逃的公子寅和燕王。援军赶到，两军再次厮杀起来，太子丹率领的精锐与公子寅率领的队伍共同围住了辛胜的秦军，一阵痛击后，秦军死伤无数。辛胜见此，只得放弃追打燕军，太子丹和公子寅保护着燕王向辽东方向逃去。

在将要渡过衍水时，燕王喜向太子丹下令："你带领两万士兵在这河边的土城驻扎，截住在后穷追不舍的秦军。"

太子丹无奈地回答道："遵命！"

在公子寅所率领的士兵的保护下，燕王喜一直退到辽东城，并在此处建立了王宫，仍称燕国。

天空漆黑一片，阴云密布。易水河处，王翦率领五万秦军从上游浅滩处蹚水过河，向燕军大营发动攻击，王翦下令士兵一起大喊："剧完投降了，蓟城沦陷了，燕王喜被活捉了，太子丹逃走了，燕国完蛋了！"

太子丹一走，副将就一直忐忑不安，担心秦军会发动攻击。现在突然听见秦军这么一喊，顿时手足无措起来，惶恐不安的情绪笼罩在每一个燕军将士的心头，让他们根本没有心思战斗。因此，秦军发动猛攻后，燕军只稍稍抵抗了一会儿便纷纷逃窜，王翦用攻心战轻而易举地击溃了燕军。

翌日，在太阳金色的光辉下，秦军浩浩荡荡地进入了燕国的都城。王翦骑在高头战马上，不可一世地巡视着道路两旁。只见燕国百姓尸体遍地，整座城市几乎都泡在血水当中。他下令掩埋燕国人的尸体，共计八万多人。紧接着，他进入了王宫，将宫内的金银珠宝和宫女搜刮一空，运送到咸阳来充实秦国的后宫。王翦还下令蓟城内的富户拖家带口迁到咸阳，等待秦王发落。这样一来，燕国的遗老遗少就彻底没有了复辟燕国的念头。处理好这一切后，王翦让李信守城，自己则挑选了五万精锐，让辛胜担任先锋，前往辽东捉拿燕王喜。

辛胜率领士兵就要从东门出发时，王翦将其喊住："辛将军，从南门出。"

"大帅，不是要去辽东缉拿燕王喜吗？"

"是的。"

"那就应该向东渡过衍水，直捣辽东城。"

"这么走，就要经过土城，此处太子丹正在驻守。"

"我五万军马打他个落花流水，还不是轻而易举的事情。"

"非也，太子丹是个很难摆脱的家伙，想要消灭他的两万人马，估计要费一些时日。我们不如绕道，打燕王喜一个措手不及。等我们活捉了燕王喜，太子丹肯定会斗志全无，这时候消灭太子丹岂不是易如反掌？"

"大帅英明，末将明白了！"辛胜对王翦佩服得五体投地。

九月末，辽东已是一片荒芜，北雁南飞，满眼都是飘零的落叶。燕王喜独自站在辽东的城头，心情如同这萧索的天气般凄凉。几天前，他还是一国之主，如今却在这蛮荒之地苟延残喘，这巨大的反差让他有些难以接受。昔日的金银珠宝和宫女都已经不复存在，身边只有一个嫔妃。他轻轻地抚摩着墙壁，发出了长长的叹息。

这时，公子寅走了过来，问道："父王为何叹息？"

"蓟城王宫中多少的金银珠宝哇，寡人都来不及将它们带出来，我们要是早做准备就好了，想想都痛心不已。"

"父王，我们刚死里逃生，实在不应为金钱而惆怅。事实上，我们还没有逃脱强秦的魔掌。"

"这么偏僻的辽东，强秦还会追杀到这里来吗？"

"秦王嬴政会放过父王吗？儿臣觉得秦军一定会追杀过来的。"公子寅无比担忧地说道。

"这，这，这该如何是好？"

"目前我们有几件事情要马上完成。"公子寅的头脑明显比燕王清醒不少，"首先我们要招募士兵，补充兵力。然后要去拉拢夷狄人部落，与他们讲清利害关系，这样秦军攻打我们时，他们能够助我们一臂之力。最后，我们还需要拉拢原来的赵国公子，代王嘉。他与秦国有着深仇大恨，将他争取过来，等秦国攻打我们时，让他在后方偷袭。"

"王儿，你真是一个有远见的人，这几个建议太重要了，我们应该马上派人去处理这几件事情。王儿，你说这几件事情派谁去办合适？"燕王喜这次倒是十分虚心。

"招募士兵的事情就交给国尉，联合夷狄人估计我得亲自去一趟，"公子寅思考了片刻，接着说道，"去代国游说代王，让相国去吧。"

"好，就照王儿说的办。"燕王喜现在什么都听公子寅的。

话不多说，燕国的相国火速来到了代国。代国地处塞北，此时也是寒气逼人，一见到年轻的代王，他立马送上了两颗夜明珠。但代王嘉没有收下，一副爱搭不理的样子。

相国认为代王嘉虽然有复仇之心，但胸无大志，占据了屁大的地方就称王，并且思想很保守，被秦国吞并是迟早的事情。

事实也是如此。此时，代王正坐在一个临时搭建起的帐篷里，心不在焉，明明已经如此落魄，还效仿他的祖先养了几十名风情万种的女子。与燕国相国交谈时，他的双手一直在一个丰腴肥臀的宫女肩膀上搭着。

燕相国实在看不下去，一本正经地对代王说："我们燕王十分同情您的处境，秦国已经吞并了你们赵国，与您有着深仇大恨。现在，秦军已经到了易水河，企图吞并我燕国，气焰嚣张，希望您能同我们联手，这样您也能早日收复家园。"

代王听完哈哈大笑起来，并把身边那个性感的女子一把拉在自己的大腿上坐下，歪着脑袋说道："我们代国很小，兵力有限，实在是爱莫能助。请你转告燕王，当初我们赵国与秦国交战，向你们燕国求助，你们拒绝了，只在一旁观战，现在让我与你们联合，哪有这样的好事？"

相国听完，霍地站了起来，强硬地说："我们燕王说了，以前的恩怨一笔勾销，现在已经到了两国和好的时候。"

这时，一阵狂风吹了过来，这个简陋的小宫殿摇晃起来，尘土飞扬，呛得大家直咳嗽。但代王对自己的小王宫颇为满意，他说："我国正处于初建期，不想与秦国动手，这样估计秦王也不愿意来此地与我们交手。你们燕国的实力是我们的十倍、百倍，还是你们自己动手好了……"

代王嘉说完，便站了起来，示意送客。燕国相国也只好站了起来，说："看样子，代王不愿意同我们合作了，那战场上见吧。"

代王挥了挥手，不屑地回答道："我没什么好怕的，尽管放马过来吧。"

燕国相国没有再吭声，不开心地从屋内走到屋外，代王却对着他的背影说道："告诉燕王，我想买几个燕国美女……"

相国没有说话，一脚踢断了门口那碗口粗的拴马桩，纵身上马，顺着土路狂奔，身后尘土飞扬……

燕王喜听完相国的汇报后怒火中烧，他拍了一下桌子，说道："这个嘴上没毛的家伙，竟然敢在我面前耍威风，不给他一点颜色看看，都不知道自己几斤几两了！"

一些大臣开始怂恿燕王喜对代国出兵，他们认为不除掉这个代国，日后定会生出祸端。但另一些大臣认为秦军马上要追来了，这时候分散精力去对付一个流亡小国，有些不合时宜。但燕王已经下定决心，出动了几万大兵朝代国出发。

燕代交界处，两国君王开始谈判，两军剑拔弩张。燕王以老前辈自居，故意在年轻的代王面前卖弄，代王说了几句好听的话后，便开始质问燕王："我代国又没有得罪过你，你为何要攻打我这么个小国家？"

燕王白了一眼，说道："我不攻打你，你就不知道我燕国的厉害。"

代王若无其事地回答道："你们燕国兵力强壮，与我这种兵力不到三千，人口不到一万的小国家开战，有什么好处？"

燕王说："我让你和我联合起来，抵抗秦国，你却不识好歹，一口回绝，太不够意思了。"

"但是我们代国实在是没有兵力呀。"

"那就别怪我不客气了。"

"请燕王息怒。"

"你到底出不出兵？"

年轻的代王没有直接回答燕王，而是一本正经地问燕王："你能先听我讲一个故事吗？"

燕王端端正正地坐在一块大石头上面，没有接话。

代王却亮出了他那独有的沙哑嗓音："今天一大早，听到燕王要攻打我代国，我十分震惊，于是匆匆忙忙地赶了过来。当我路过易水河时，看到一个又大又肥的河蚌从河中爬了出来，到沙滩上晒太阳。突然，一只鹬飞了过来，见到河蚌后十分开心，张口便要吃它的肉，河蚌立马合上贝壳，夹住了鹬的嘴。鹬说：'你夹住我的嘴巴没有关系，我就等着，今天天不下雨，明天天不下雨，后天你就会一命呜呼！'蚌听完，不屑地说：'我今天夹住你不放，明天夹住你不放，后天你就会死！'双方争论不休，谁也不肯让步。这个时候，来了一个渔翁，看到它们后欣喜万分，一把抓起了这两只动物。现在你我二人不就是这鹬蚌吗？还请大王三思而后行。如果大王一意孤行，想要攻打我们，我们也能折腾一阵子。"

燕王自然明白代王所说，也知晓了其中的利害，于是不得不站起来，下令道："所有士兵原路返回。"

"其实，燕国想要不被秦国灭亡，我还有一个主意。这次秦王攻打燕国，纯粹是因太子丹派荆轲刺杀秦王而起，秦王心中憋了一口怨气，不杀死太子丹是绝对不会罢休的。大王让太子丹以死谢罪，这事不就过去了吗？"代王嘉给昏庸的燕王出了一个馊主意。

燕王摇晃着他那颗蠢笨的脑袋，回答说："有一定的道理。"

在返回的路上，有人问燕王："来都来了，为何不向代国开战？"

燕王回答道："鹬蚌相争渔人得利，如果现在我燕国向代国开战，秦国就会从中得利，还是不打为妙。"

夷狄人洞府，公子寅将带来的礼物呈上："洞主请看，这是夜明珠十颗，黄金五百，玉环一对，美酒十坛，请洞主笑纳。"

洞主两眼闪烁着贪婪的光芒，说道："如此厚礼，我如何才能报答呢？"

"不用报答，我们就是想交洞主这个朋友而已。"

"你这个朋友我交定了。"

"我们现在义结金兰，怎么样？"

"好，我们来拜把子！"

二人于是在洞府中结为了兄弟，公子寅称洞主为兄长。

"大哥，我父子二人被秦王追击至此，整天都在担心秦王会把我们赶尽杀绝。我燕国兵力不如强秦，还希望兄长到时候出手救我们一把。"

"兄弟大可放心，你的事情现在就是我这个当大哥的事情。秦王不出兵就相安无事，如果出兵，就让他们尝尝我们的厉害，保准打得他们满地找牙！"

"多谢大哥！"

公子寅心满意足地返回了燕国，同燕王说明了情况，燕王听完哈哈大笑，不住地夸奖公子寅："我的好儿，我们又多了一个帮手，你又立下一大功，比太子强太多，他就知道给寡人添麻烦！"

公子寅便问起了出使代国的情况，一听到代王给父王出的馊主意，便勃然大怒。

"简直是一派胡言，我堂堂一国太子，将来是要继承燕国王位的，怎么能向强秦献头？"

"王儿不要生气，此事可以慢慢商议。"

"太子刺杀秦王，完全是被秦王所逼，怎么能将秦王向我国出兵归咎于太子一人身上？太子刺杀秦王也好，不刺杀秦王也罢，秦王都会向我们燕国出兵，狼子野心，昭然若揭！"

"没有他，我们现在还待在燕国好好的。"年老昏聩的燕王依然执迷不悟。

"就是这样的。"相国也在一旁添油加醋。

"父王，您不能有这样的想法，太子也是一片忠心。"

"他要是有这份忠心，或者有这份孝心，就更应该学学樊於期，将人头献给秦王，这样方能解决燕国的危机。"

"父王，您怎么能说出这样的话？太子是您的孩子，不要说让他向秦王献头，即使是您向秦王献头，秦王也一样会踏平燕国，只不过是时间问题。"

"事情因他而起，他理应承担这个责任。"一向优柔寡断的燕王此刻却十分坚定，"相国，你明日就动身，带着寡人的旨意去见太子，要他以死谢罪，然后将他的首级献给秦王，这样燕国才能得以保存。"

"父王，千万不要这样做！虎毒不食子，您怎么能对自己的亲生骨肉下手呢？"公子寅急急地劝阻道，"现在太子殿下是抗秦主力，没有了他，谁来替您抵抗秦军呢？"

正在说话之际，一大臣送来了紧急军情：秦将李信率领五万军马绕过衍水，现在已经逼近辽东城，和这里仅相距五十里。

听到这一军情，燕王喜急得如同热锅上的蚂蚁，更加坚定了献出太子丹的人头的决心："相国，趁秦军还没来到都城，你赶紧前往土城，让太子丹自刎谢罪。拿到他的人头后，不要再回辽东了，很可能那时候辽东已经被秦军围困了。你要作为燕国的使者前往咸阳，向秦王嬴政献出太子丹的人头，请他撤兵。"

相国领旨后匆匆离开了。

公子寅见到这种情况后，也打算离开。

燕王喜喊了一声："王儿，站住！"

"父王还有什么事情吗？"

燕王喜"嘿嘿"地冷笑了一声，说道："想溜走给太子报信，你那点小聪明，还瞒得住我？"

公子寅见父王已经知晓了自己的心思，无可奈何地说道："父王，关键时刻，千万不要做这种蠢事呀！"

"王儿啊，父王也不想杀死自己的孩子呀！你也要体谅父王，"燕王喜诱惑公子寅道，"太子丹死后，他的太子之位就由你来继承。"

"父王，儿臣的才能远远不如太子丹，这样做，儿臣会受到良心的谴责的。"说完，公子寅拂袖而去。

辽东城西门，公子寅驱马而来，但是一到城门口，驻守城门的偏将便将其拦住了："殿下，请留步！"

"大胆！"

"殿下不要生气，不是末将无礼，而是大王已经颁发圣旨，不许殿下出城，小人也是不得已而为之。"

公子寅已经焦灼不安了，他担心去晚了，太子会做出傻事，大怒道："你给我让开！"

"殿下请息怒，如果末将放走了殿下，末将的脑袋就要搬家了。"

公子寅转了四个门，发现都有守卫拦截，不免对天长叹，心里默默祈祷，希望太子不要听从父王的旨意，以国家为重。

土城处，相国突然来到，太子丹十分诧异，将他迎入营帐中，焦灼地问道："父王身体可好？"

"大王身体健康。"

"那么，相国来此有什么事情？"

相国也没有多费口舌，将王旨取了出来，说道："太子听旨。"

太子丹见他表情严肃，连忙跪下："父王千岁千千岁。"

相国清了一下嗓子，念道：

丹身为太子，理当为国分忧，然其率意刺秦，致使秦兵犯境，国家几近沦亡。孤王迁徙辽东，皆丹所致。今强秦亡燕之心不死，燕亦无力抗衡，为保国存，为保寡人之位，丹应当自裁，以谢天下。献头与秦王，以息其怒气，寡人王位可安，丹亦忠孝两全。旨到之日，即当刎剑。

太子丹听完，脸上没有任何表情，而是毕恭毕敬地将王旨接了过去，说道："相国，请稍等一下，你马上就可以带着丹的首级离开。"

副将听完极为震惊，"扑通"一声跪下请求道："殿下，万万不可呀！这是极其愚昧的行为，现在大敌当前，即使献上殿下的首级，秦国一样会攻打燕国啊！"

"俗话说，君要臣死臣不能不死，父让子亡子不得不亡啊。于忠于孝，我都得割下自己的首级。"

"报告！"一名军探冲了进来。

太子丹问道："有什么军情？"

"秦国大将李信率领五万大军从衍水绕过，现在已经包围了辽东，形势万分危急，请太子拿主意。"

副将一听，更加着急地说："殿下，新都城危在旦夕，您应该率领大军前去支援，而不是自裁啊！"

相国也焦灼万分，催促道："殿下，临行前，大王已经千叮咛万嘱咐，要我直接携带太子的首级前往咸阳，让秦王撤兵。形势危急，请殿下赶紧做决定！"

太子丹一脸痛苦："想想隐士田光为了激励荆轲，慷慨赴死；秦将樊於期为了荆轲刺秦而献出首级；荆轲壮士在易水河惜别，为国赴死……这些侠肝义胆之士，什么时候惧怕过死亡？他们都先丹而去，丹岂能苟且偷生，贪生怕死？"说完，他便朝辽东方向跪了下来，拜了三次，再没有其他话，横剑自刎。

副将伏在太子丹的尸体上，痛哭流涕："殿下，您不该这样愚忠愚孝啊！"

相国下令道："副将，将太子丹的首级割下，我好奔赴咸阳！"

"要割你自己割吧，我是不会割的！"副将流着眼泪拂袖而去。

无可奈何之下，相国只好自己动手了。

咸阳的甘泉宫，秦王嬴政照例上朝，李斯出列上奏道："大王，燕国的相国远道而来，请求觐见。"

"他为何而来？"

"听说是献上太子丹的首级而来。"

"这倒是件新鲜事，就是不知真伪，传他上殿吧。"

燕相国一上殿，就"扑通"一声跪了下来，拜了拜，说道："大王，燕国太子丹竟然派荆轲行刺大王，这都是他的个人主张，燕王喜事前一点都不知情，他知道后勃然大怒，让太子丹自裁，然后派本使携带太子丹的首级来见大王，恳请大王息怒！"

"有道是虎毒不食子，燕王真的对自己的儿子下手了？寡人不信，一定是拿相貌相似的人来欺骗寡人。"

"大王，我们怎么敢那么做呢？大王见过太子丹，是真是假，大王看一看就知道了。"相国有些着急地说道。

赵高将锦匣接了过去，放在嬴政面前，为其打了开来，里面的人头栩栩如生，那容貌一看就是太子丹。但嬴政偏偏不走寻常路，他大怒道："果然用假人头来欺骗寡人，燕王胆子太大了！"

"大王，这真是太子丹的首级呀！他是当着本使的面自刎的，燕王现在真的没有这个胆量来糊弄大王啊！"

"燕王怎么会让自己的儿子自刎？你们那套骗人的把戏，骗得了别人，可骗不了寡人！"

"大王，燕王是真心想成为秦国的附庸，我们愿意称臣，愿意年年进贡，请大王将前线的秦军撤回。"

"做梦去吧！"嬴政一口拒绝了燕相国的请求。

"传旨李信，用最快的速度攻下辽东，活捉欺骗寡人的燕王喜！"

燕国相国自讨了个没趣，夹着尾巴灰溜溜地回到了辽东。

太子丹死后，副将率领两万人马来到辽东，在秦国后方安营扎寨，牵制秦军。夷狄人果然信守承诺，发兵一万，同样在秦军背后安营扎寨。

相国急匆匆地进入王宫，一见燕王便大呼道："大王啊，太子白死了！"

"不要着急，慢慢说来。"

"那秦王有意刁难臣，非说那是假的太子丹首级，说他不相信大王会杀了自己的儿子。"

"怎么会这样？太子丹，寡人的儿子呀！父王真是愚蠢至极！竟然逼你自杀！"燕王喜显然是后悔了。

公子寅在一旁愤愤不平地说："果然如此！我早就说过，强秦的野心昭然若揭，吞并天下是他的目标，不会因为看到太子的首级而收回铁蹄的。"

"大错已经酿成，太子不能死而复生了。"燕王喜后悔不迭地说道。

"现在不是后悔的时候，目前，整个燕国要同仇敌忾。我们的目标是保住辽东，和秦军一决雌雄。"公子寅点明要害地说道。

"王儿啊，父王已经老了，这抗秦的大旗就由你来举吧，你来指挥一切军事行动，父王不再干预。"

"父王请放心，儿臣会与辽东城共存亡的！"公子寅发誓道。

一个月过去了，公子寅粉碎了李信的一次次进攻，燕国已经没有退路，所有百姓都加入了这次抗秦的战争。城外有原来太子丹的部下两万人，还有一万夷狄人，他们内外响应，让秦军疲于应付。

天气一天天转凉，攻打辽东的秦军已经经历了两场小雪，外加长期在外作战，此时已经筋疲力尽。眼看长时间不能取胜，嬴政权衡一番后，将辽东地区的军马撤回，公子寅终于取得了辽东保卫战的胜利，破败不堪的燕国得以残喘。

但秦王嬴政没有就此罢休，公元前222年，王翦之子王贲率领大军抵达燕国的新都城辽东，苟延残喘的燕国再也无力抵抗，燕王被俘，燕国灭亡。

王贲率领军马返回咸阳，经过代国时捉拿了代王嘉。至此，赵国的残余势力也被扫除，赵国也彻底灭亡了。

第五章

强势围剿下魏国请降

反间之计，信陵君被疑

《孙子兵法·用间篇》说："故三军之事，莫亲于间，赏莫厚于间，事莫密于间。"
《孙子兵法·用间篇》说："用间有五：有因间，有内间，有反间，有死间，有生间。
五间俱起，莫知其道，是谓神纪，人君之宝也。"

　　冬天过去了，春天已经到来，这是草长莺飞的美好季节。甘泉宫中，长满绿芽的柳树在微风中飘荡，枝头的小鸟叽叽喳喳地叫个不停。

　　眼前的一切让嬴政心情大好，他再次雄心勃勃，将大臣们召到了偏殿。

　　嬴政看了一眼在座的文武大臣，说道："众位爱卿，春天已经到来，天气暖和了，我们该迈上统一天下的新步伐了。"

　　"大王这回想攻打哪个国家呢？"尉缭问道。

　　"韩、赵、魏处于三点一线的地理位置，我们理应尽快向魏国出兵，让国土连成一片。"

　　这个时候，嬴政的思想也日趋成熟。在伐魏之前，他想起先王子楚临终前对自己的一番告诫："魏国信陵君不除，难以完成先祖们统一天下的遗愿。"

　　当时，魏国的太子增正在秦国做人质，嬴政下令李斯善待太子增，并时常与其往来。很快，两人成了无话不说的密友。

　　这个时候，嬴政派人在太子增面前散布谣言，说信陵君在外面拉帮结派，结交各国诸侯，树立个人威信，不少诸侯都把他当魏王看待，就连秦王也畏惧信陵君的威名。太子增听到这个谣言后也不细品，而是立马忐忑不安起来："如果信陵君为王，我这个太子就会被废掉，很可能小命都保不住了，这该如何是好？"

　　太子增此时如同热锅上的蚂蚁，他立马给父亲魏王写了一封信。昏庸的魏王听到这些流言后，本就对信陵君有所猜忌，担心自己王位不保。现在突然收到在秦国当人质的太子的书信，信中说秦王要拥立信陵君，不免更加怒火中烧。

　　正在这个时候，秦国又派来使者，说要与魏国保持良好的交往，言语之中充满了对信陵君敬仰之情。这招火上浇油，让魏王更加气愤。

　　最后，秦国使者还交给了魏王一封信，说道："我王还有一封信和礼物是给信陵君的，麻烦大王引荐一下。"

　　魏王强忍着怒火接过，心中却恨不得把信陵君杀个千百遍。

　　睿智的信陵君听说秦国使者要求单独见自己，立马心生疑惑，他召来自己的门客，说道，"秦国突然派使者前来拜见我，其中必定有诈！"

正在门客们议论纷纷的时候，魏王和秦国使者进来了。使者双手呈上书信，鞠躬道："我王有书信和礼物让小人交给您。"

信陵君是什么人？他见多识广，此时已经有了警惕之心，连忙回礼道："我是魏国的臣子，不敢与秦国大王私下相交。秦王的书信和礼物，我也不能接受。"

能言善辩的使者便再三强调，秦王一向敬仰信陵君的威名，诚心想结交这个朋友。信陵君明白其中的阴谋，一直推辞不肯接受。

魏王一直强忍着怒火冷眼旁观，此时终于忍不住插话道："既然秦王那么赏识你，你就接受了吧。"

信陵君急忙说道："我是魏国子民，不敢与秦王有私底下的交往，还请大王为我做主。"

魏王想了想，说道："秦王已经给你写了这封信，你如果不打开看看，有失礼仪。你把信给寡人，寡人替你当着众人的面读出来，一是尊重秦王，二是证明你是清白的。"

公子威名，如雷贯耳，天下侯王，莫不倾心于公子。指日当正位南面，为诸侯领袖；但不知魏王让位当在何日？往领望之！不腆之赋，预布贺忱，唯公子勿罪。

魏王读完后脸色苍白，更加确信信陵君想替代自己称霸诸侯，他不再吭声。信陵君则早已脸色大变，跪在地上说："大王，这是秦王的离间之计，您千万不要相信！"

魏王此时根本听不进信陵君的解释，再说他怀疑信陵君也不是一天两天了，只是苦于没有证据。现在他已经人赃俱获，岂能轻易放过？只见他皮笑肉不笑地说："我也愿意相信公子没有背叛寡人的意图，但是这封书信已经摆在寡人眼前了，公子也懂得人言可畏这个道理。你现在需要做的是，当着大家的面写一封书信，拒绝秦王的示好。"说完，魏王便面带怒气背对着信陵君。

信陵君明白魏王已经中计，却无法为自己辩驳，无可奈何之下，他写了一封回信：

无忌受寡君不世之恩，糜首莫酬，南面之语，非所以训人臣也。蒙君辱贶，昧死以辞！

信陵君想用这封信表明自己对魏王的忠心，但是魏王看到信陵君的信后，只是面无表情地看了信陵君一眼，然后转过身去，对秦国使者说道："请你回去转告秦王，就说寡人岁数已高，请送太子增回国吧。"

使者回到秦国，把魏国的详细情况向嬴政汇报了。嬴政立马发布诏书，送魏国太子增回国，两国修好。

太子增回到魏国后，立马去拜见了魏王，向魏王详细讲述了秦国对自己的好，以及诸侯们对信陵君的议论，等等。他努力劝说魏王："父王，信陵君多年前为了救赵，私自偷走兵符，杀了大将晋鄙，然后逃亡赵国多年，背叛魏国的心早就有了。现在，他在各诸侯国都拥有很高的名望，肯定不想居于父王您之下，父王一定要早做准备。"

魏王一想起这段恩怨就怒火中烧，他想来想去，决定不再姑息信陵君，于是下了一道旨："信陵君功劳卓著，理应负责宫廷事宜，与寡人朝夕相处。"

紧接着，魏王便免去了信陵君的大将军一职。

信陵君知道魏王对自己心存芥蒂，为此苦恼不已。于是，他时常称病不去上朝，与门客们整日饮酒作乐，荒度时日，身边美女成群，夜夜笙歌，慢慢地染上了重病，最后竟然卧倒在床，一病不起。三年后，信陵君去世，离开了这个曾经让他威名远扬的世界。

水淹之策，大将王贲引黄河水淹魏

放水淹城是被称为"以水代兵"的攻城术，利用水的能量达到攻城的目的，是我国古代常用的战术。曹操平定北方，用了三次水淹之计，其中一次水淹下邳，消灭了吕布。

嬴政得知威震诸侯的信陵君去世后，开心得像个小孩，立马召见群臣，说道："魏国唯一的人才已经被我们除掉，剩下的就是一些酒囊饭袋了，吞并魏国是顷刻之间的事情。"

"老臣认为，我军自征战以来，并非全胜，只是胜利的时候多，失败的时候少。现在攻打魏国，还是小心为妙。"王翦说道。

嬴政不以为然地回答道："老将军用兵谨慎，这是大家都知道的事情，但还是要相信自己，抱着必胜的信念。我们这次攻打魏国，要有不寻常的作战思维。"

众人听了，知道嬴政话里有话。

嬴政环顾众人，然后对王翦的儿子王贲说道："你率领五万精兵南下攻打楚国。"

众人一脸惊愕，刚才还在说攻打魏国，怎么又去攻打楚国了？

王贲更是迷惑不已："还请大王明示，再说这点兵力是吞并不了强大的楚国的。"

嬴政得意地说："寡人让你带兵去攻打楚国，而不是吞并楚国，并且只许胜不许败。这场战争的主要目的是威吓楚王，如此一来，我军攻打魏国时，楚国就不敢出兵支援了。"

王贲回答："大王，一场战役估计能吓住楚国一会儿，等楚王明白魏国被吞并后，下一个是他自己时，肯定会在背后偷袭我军的。"

"王将军说得有道理，所以这次攻打魏国，务必做到速战速决。在楚国清醒过来之前，我们就要吞并魏国。"

李斯想了想，说道："大王，这个想法是好的，但万一我们在短期内攻不下魏国怎么办？我觉得还是要有两手准备。"

嬴政点点头，说："李斯说得有理，众爱卿，你们有什么想法？"

李信说道："李廷尉小看我秦国了，我觉得半年就可以吞并魏国。"

嬴政面带微笑地说："我们先威慑楚国，让它在我们攻打魏国的时候不敢出手相救。而对于齐国，我们就大造势，就说，秦国吞并这么多国家，就是想制造'西秦东齐'的天下格局，并且给他们送些金银珠宝和美女。"

众人听完，回答道："大王英明。"

嬴政对王贲说："寡人这次交给你的五万人可是秦国的精锐，王爱卿说说，你能在一个月内攻下楚国多少座城池？"

王贲在心里估算了一下，说道："臣能攻下五座城池。"

嬴政听完，摇头说："不行，楚国的城池太多，五座是威慑不了他们的，差不多要十座。"

王贲大吃一惊，看了看父亲王翦。王翦却眯着眼睛，好像没有听到嬴政的话。王贲觉得这个任务实在有一定的难度，就面露为难之色。

嬴政看到后，说道："寡人给你支一着，攻破一座城池后，立马去攻下一座。你只需要破城，而不需要占地，不需要搜刮金银珠宝。"

王贲更加迷惑了：不占地，不敛财，那大张旗鼓地破城目的何在？

嬴政似乎看穿了他的心思，说道："占地敛财是你们军事家的打法，刚才寡人说的，是政治家的打法。"

王贲依然没有明白过来，他又看了看父亲，王翦依然眯着眼睛。

从朝堂上退下来后，茫然不知所措的王贲去找父亲王翦，但王翦的侍卫告诉王贲："大帅说了，您就按照大王所说的去做就是了。"

就这样，王贲率领着浩浩荡荡的五万秦军向楚国出发了。按照嬴政的指示，他攻破一座城池后，就留下一支队伍看守，然后马不停蹄地去攻打下一座城池。王贲的效率很高，攻破了上蔡、项城后，楚王才得到消息，立马召集人马去抵抗王贲。

但是，楚王的主力还未到，王贲又接二连三地攻下了苦县、阳夏等十座城池，然后掉转方向，回到秦国。

楚国君臣都十分迷惑，不知道王贲的葫芦里卖的是什么药。很快，嬴政交给了王贲一封信，让他交给楚王。嬴政在信中警告楚国：秦国这次出兵，兵力不到五万，却能在那么短的时间内攻破你十多座城池。而且，你是主场作战，如果去客场魏国作战，后果是什么样，你心里应该明白。

嬴政的快速破城策略果真把楚王镇住了，他当然知道秦军的厉害，但没想到如此厉害。他同时自我安慰：只要我不阻挡秦国吞并魏国，楚国就应该没事。正是因为楚国的袖手旁观，嬴政才轻松地迈出了攻打魏国的步伐。

王翦本想带兵出征，但嬴政对年轻人有一种特殊的情感，他对王翦说："王老将军可以先歇歇，让王贲去战场上历练历练。"嬴政有意培养王贲，王翦自然非常高兴。

王贲再次上了战场。因为魏国的兵力几乎都集中在大梁，所以一路上，王贲所率领的军马势如破竹，并没有遇到什么像样的抵抗。很快，他们就来到了大梁城。王贲在距离大梁城十里的地方安营扎寨，看着高高的城墙，他在心中赞叹了一声：果然壮观，名不虚传！

魏王假听到秦军压境，立马慌慌张张地召开朝廷会议。君臣都手足无措，商量了半天，也没有拿出个主意来。其实，他们现在只有一条路可以走，那就是加强防御。最后，魏王假令大将军晋升率领十二万士兵迎战，都尉魏天娇为副帅，同时向各郡县求救。

魏国大军出城十里，与秦军对峙，双方并没有交战。

王贲巡视了一番，发现魏国军队井然有序，布局严谨，没有一丝混乱，一时不知道从哪里下手为好。很快，三天过去了，王贲依然没有出战。这让魏国统帅晋升颇为迷惑，他不知道秦军的葫芦里究竟卖的是什么药。

这时，秦将李信有些沉不住气了，他来到帅帐，对王贲说："大帅，现在已经过去了三天，为什么还不进攻？"

"本帅准备今天出战。"

"是打它的左营还是右营？"

"本帅要生擒魏国主将。"

"这……头阵关系到我军士气，只能胜不能败，还请大帅谨慎行事。"

"你就等着好了，看本帅如何瓦解魏军。"说完，王贲便纵身上马。

李信看王贲没有携带兵器，急忙提醒道："大帅，上阵为什么不带兵器？"

"本帅就是要空手捉拿敌人！"

李信听完，摇了摇头。

王贲驱马出营，来到两军阵前，扯着嗓子喊道："魏军听着，我是秦军大帅王贲，请你们主帅出阵答话！"

魏国军士飞一般地冲进营帐，说道："元帅，秦营大帅要您出营答话。"

晋升听到后便来到辕门，在门旗下观看了一眼，只见王贲只身一人，没带任何兵器。本来秦营三天毫无动静就让他生疑，于是他决定亲自出阵会会，看秦帅究竟有什么话要讲。他驱马出营，同样没有带任何兵器。

副帅魏天娇看到后，马上上前提醒道："大帅，小心其中有诈。"

"有什么好怕的？对方只是个嘴上无毛的家伙，再说我们是赤手对赤手。"

说完，晋升催马来到阵前，在距离王贲半箭地的地方站住，双手抱拳，说道："大帅，有话请讲！"

"尊驾是……"

"魏军元帅晋升。"

"啊，失敬失敬。"王贲一边说话，一边驱马向前。

晋升有些警惕，说道："大帅，有话直说，不要再上前了。"

王贲装作没听懂似的，依然向前挪动着："晋元帅，我们离得近点，方便听清，我有点耳背。"

眼看两人的距离越来越小，最后只剩两丈远，晋升已经觉得情况不妙，呵斥道："王贲，你不要再上前了，不然我不客气了！"

王贲冷笑了一声："本帅已经无须向前了，还是你给我过来吧！"说完，只见他右手一扬，手心的绳套飞出，晋升还没有反应过来，就被绳套套住了脖子。王贲一用力，晋升就离开了马鞍，被王贲凌空提了过来。等魏营将士反应过来，王贲已经夹着晋升回到了秦军营帐。

魏天娇见到这种情况，急忙率领几百士兵出来，想抢回主帅。但是，秦营的无数支弓箭射了过来，顷刻间，已经有几十个士兵倒下了。无可奈何之下，魏天娇只好收兵回营。

进入营帐，王贲将晋升放了下来，先深深地鞠了一躬，说道："晋元帅，本帅得罪了。"

"哼！小人。"晋升送给了他一个白眼。

王贲亲自为他搬来了一把椅子，恭敬地说道："晋元帅请坐。"

晋升还是气鼓鼓的，说道："你这手段也太无耻了！"

"元帅，俗话说兵不厌诈，我也是迫不得已，请元帅见谅。"接着，王贲开始晓以利害，"以秦国的兵力，魏国注定被吞并，元帅今天是我的客人，我让你来，是为了给你荣华富贵。"

"别说得那么好听，不就是让我投降吗？"晋升冷冷地回答道。

"元帅何必那么较真？其实，我觉得用归顺这个词比较合适。你不仅能保住自己的性命，还能减少魏国士兵的牺牲。"

"你难道还要我去招降？"

"这不是一件坏事呀，两国士兵刀锋相见，损失大的是魏国。你要是按照我说的去做，等事成了，我让大王好好赏赐你，绝不食言。如果你不答应，秦军就会攻破大梁，整个大梁城就会泡在血水当中，你自己选择吧。"

"唉！"晋升长长地叹了一口气。

王贲发现晋升的态度不再那么强硬了，于是再次用自己的三寸不烂之舌瓦解晋升的意志："元帅是一个深明大义的人，令本帅万分佩服，等本帅一起陪你去阵前。"说完，王贲毕恭毕敬地扶着晋升起身。

此时的魏营已经乱成一团，副帅魏天娇也没有了主意，有人提议让魏天娇担任主帅，有人提议退回城中，有人提议向秦军投降。

正当大家没有主意的时候，有人报说主帅晋升已经来到了阵前。魏天娇率领数名将士出营，但见晋升一马在前，后面是秦将王贲，他不禁心里直打鼓：看样子是投降了。

"魏副帅，你我都是带兵之人，早就明白魏国不是秦国的对手，抵抗也不过是尽尽职责而已，失败是板上钉钉的事情。将士们都是魏国的热血男儿，为何要让他们白白送死呢？听我一句劝，赶紧归降吧！"晋升看上去十分诚恳地说道。

"一派胡言！"魏天娇勃然大怒，"你作为魏国主帅，只知道投降，你对得起大王给你的俸禄吗？你还是自刎谢罪吧！"

"将士们，别替魏王送死了，明知要被打败，何必苦苦挣扎？"晋升依然在瓦解魏国将士的意志。

这个时候，魏营开始出现骚动。晋升毕竟是主帅，主帅都投降了，想必魏国气数已尽。其实每个人都明白，两军实力是一个天上，一个地下。于是，有人扔下兵器离开了，一人带头，后面就纷纷有人开始效仿。没过多长时间，就已经有几千军士离开了。

魏天娇急得大喊："谁要是离开，死罪一条！"

但此时的魏国士兵根本听不进去，大家纷纷弃械逃走，魏营一片混乱。

王贲抓住这个机会向秦军下令："冲啊！"秦军立马向魏军发动攻击，边冲边喊："不抵抗者不杀！不抵抗者不杀！"

这时的魏军哪里还有心恋战？唯有纷纷逃散而已。魏天娇也无能为力，只好在败兵的保护下匆忙逃走。

进城后，魏天娇开始清点人数，清点完毕，心就凉了——战争还未开始，十二万士兵就只剩下了三万多人。他强打起精神，重新编排残兵，固守城门。

此时，秦军已经赶到，团团围住了大梁城，对大梁城发起了猛烈的攻击。驻守城门的大将西门光武和魏天娇相互配合，一次又一次地击退了秦军的进攻，大梁城屹立不倒。

王贲为了早日向秦王报功，让秦军稍作休整，便接着发动了第二轮攻势。这一次，他投入了更大的兵力，眼看着秦军通过云梯登上城头，大梁城即将唾手可得，谁知半路杀出了程咬金——三股魏国外郡县的援军赶到，击退了秦军。如此一来，秦军腹背受敌，再次攻城失败。这两次进攻，秦军损失了不少兵力。

很快，一个多月过去了，秦军不仅没有攻下大梁城，还面临着粮草将尽的困境。

咸阳宫中，王翦听到战报急了："这个不成事的，士兵损伤如此之多，让老夫去接替他吧！"

嬴政没有吭声，而是把王贲叫到宫中，问："你损失了那么多士兵，有什么发现没有？"

王贲无言以对。

嬴政问道："你平时读书吗？"

王贲回答道："终日训练，没有时间读，不过也读了一些。"

嬴政又问："你读了什么书？"

王贲没有回答。

嬴政说完，将龙案上的竹简递给王贲："这是苏代写的一篇政论，他提到过，攻打大梁城可以用水攻。被我们除掉的信陵君也提醒过魏王，说要警惕他国对大梁城实施水攻。"

王贲听完，眼里闪烁着光芒。嬴政见他脸上露出得意之色，说道："现在你知道该怎么做了吧？"

王贲点了点头，兴高采烈地走了。他一回到前线，就下令八万大军，每人扛起锹镐，在大梁城下开挖沟壕，并阻断沟壕的下游。

在王贲的部署下，滔滔大水朝大梁城奔腾而来，魏王却不以为然。因为在他看来，大梁城被水浸泡了那么多年，城墙一直安然无恙，这次一定也没事。只要城墙不倒，秦军就进不来。魏王的想法没有错，但他不知道王贲志不在城墙。

洪水一进城，立马淹没了城墙的下半段，大梁城储存的粮食全部被泡在水中。一个月后，大梁城的子民个个饥肠辘辘。

到了第三个月，被饿得奄奄一息的魏王坚持不下去了。这时，王贲给他送来了嬴政的招降信。嬴政在信中告诉魏王：如果马上投降，可以饶你不死；但是如果现在不投降，恐怕以后就没有机会了。

魏王看着大梁城哀鸿遍野，民不聊生，不禁泪水涟涟。他抬头看了看苍天，叹息了三天三夜，最后实在熬不住了，只好打开城门，向秦国投降。魏国大梁城一沦陷，魏国各郡县也纷纷投降。至此，魏国正式灭亡。

不过，魏国还有一小块魏地没有被秦国吞并，那就是位于魏国西北部的安陵。这是一个分封的小国，在魏国卷入战争中时，它"独善其身"，保持中立，因此得以幸存。

当然，嬴政是容不下这粒"沙子"的。吞并了魏国以后，他就把目光转向了安陵。但他认为派秦国大军前去讨伐，未免有点小题大做。他想：自己现在是威震四方的君主，秦国已经吞并了韩、赵、燕、魏诸国，只要自己说出来，安陵一定会毕恭毕敬地归顺臣服。

但国尉缭有不一样的看法，他说："安陵虽然只是巴掌大的分封小国，但安陵君却不能小看。他励精图治、严于律己，深受百姓爱戴。在过去，魏公子信陵君曾经仗着自己是魏王的弟弟欺负过安陵君，而安陵君并没有屈服，他据理力争，最后信陵君承认了错误，向他道歉。"

嬴政一听，便对此人心生敬佩："那爱卿有什么好的建议？"

国尉缭说："如果大王想索要安陵君的国家，不要以大欺小，而是要以虚掩实。"

嬴政点点头，派使者前往安陵国。

使者见到安陵君后，说道："我大王想用秦国五百里的土地，换取安陵国。"

安陵君心想："嬴政贪得无厌，为了吞并魏国，竟然丧心病狂地用水攻，现在用十倍的土地来换取我的安陵国，不过是黄鼠狼给鸡拜年而已，其中必定有诈。"

于是他回复使者："大王想用五百里土地换取我的安陵国，按道理说，我赚大发了，但这块小小的领地是我的祖先留给我的，我想永远守住它，请原谅我不能和大王交换。"

嬴政得到消息后勃然大怒，想出兵征伐。安陵君此时也是惶惶不可终日，立马派了使臣唐雎去咸阳游说嬴政。

唐雎原来是魏国的二世老臣，此人胆色非凡，沉稳机智，声名远扬，颇得安陵君敬重。

嬴政见到他后，友好地问道："寡人已经吞并了魏国，之所以没有派大军讨伐安陵国，是因为安陵君是一位德高望重的长者，颇得寡人敬重。现在寡人出高价要买他的地，他居然不同意，这不是不把寡人放在眼里吗？"

唐雎听完，面带微笑地说道："大王，您肯定是误会了，安陵君只不过是想守住祖宗留给他的地而已，并没有其他意思。"

嬴政见唐雎如此云淡风轻的态度，更觉得他们不把自己放在眼里，便威胁道："先生听说过天子发怒吗？"

唐雎回答道："没有听说过。"

嬴政气鼓鼓地说道："天子发怒，百万尸体倒地，鲜血流淌千里。"

唐雎听完，依然云淡风轻的样子，反问道："大王，您听说过布衣发怒吗？"

嬴政不以为然："平民发怒，不过是用脚跺跺地，用头撞撞墙，还能怎样？"

唐雎回答道："大王，您还是太年轻了，您说的是庸人发怒。专诸是平民，当年他刺杀吴王僚的时候，有彗星朝月亮奔袭而去；聂政刺杀奸臣韩傀时，天空中的白虹贯穿了太阳；要离同样是平民，当年他刺杀庆忌时，一对苍鹰飞到殿上搏斗。相信大王也都知晓这些平民，他们发怒时，上天已经有了预兆。"

嬴政听完一想，这不是明摆着威胁寡人吗？他没有吭声。

唐雎接着说："我没有其他意思，只是想说，加上前面三个，我就是第四个平民。平民一发怒，虽然只倒下两具尸体，血也只流淌五步远，但全天下人都要为他们披麻戴孝。就这样，大王要不试试？"

　　说完，唐雎手执宝剑，做出一副拔剑的气势。嬴政大吃一惊，连忙道歉说："哎，先生您先请坐，有话好好说，何必动手呢？"

　　经过这么一回，嬴政心中更加敬重唐雎，认为唐雎的胆识和智慧远在荆轲之上，于是作罢，没有强买安陵国。

　　唐雎回到安陵国，把情况向安陵君汇报了。安陵君无不感激地说道："爱卿是安陵的大恩人，寡人和臣民将一辈子没齿不忘。"说完便跪拜唐雎。

　　唐雎连忙也跪了下来，将安陵君扶起，感慨万千地说道："这是列祖列宗留下的土地，大王您德高望重，所以秦王才没有用武力攻打。至于我，对国家忠诚，用正义来抵抗暴力，只是我的职责而已。"

　　安陵君感慨道："魏王有几十万兵力都阻止不了国家灭亡，而寡人只用一布衣之士，就让安陵得以保存。"

　　唐雎提醒安陵君说："从面相上看，秦王嬴政是一个有野心的人，他有吞并天下的志向，我们得有防备之心。"

　　安陵君听完，忧愁地说道："唉，如此说来，安陵国也难以长久保存下去呀！"

　　唐雎同样不无伤感地回答道："我看天下的君主，只有嬴政胸怀大志，恐怕是六国气数已尽。只希望大王能够励精图治，使百姓免受生灵涂炭之苦，至于以后的事情，就顺其自然吧。"

　　聪明贤德的安陵君立马领会了唐雎的意思，从此更加勤于政事，对待百姓像对待自己的孩子一样，获得了很高的赞誉。嬴政也让其保持自治，并没有用武力掠夺。

　　若干年后，安陵君去世了。唐雎想到这个时候如果归顺秦王，也许能够有所作为。但转念一想，嬴政身边奸臣不少，连韩非都含冤而死，他又何必成为任人宰割的鱼肉呢？可是，嬴政既爱才也忌才，如果自己不归顺，恐怕会遭遇不测。

　　此时，唐雎的内心矛盾极了。与其蒙冤而死，不如保住名节。于是他沐浴焚香，盛装打扮，哭祭完魏国、安陵的祖庙和自家祖宗牌位后，拔剑自杀。

　　安陵国子民知道后无不痛哭流涕，予以国葬。秦王听说了唐雎从容自刎的高风亮节后，感叹道："三军可以夺帅，匹夫不可夺志，信矣哉！"然后没有用任何武力就接管了老安陵国。

　　魏国的灭亡，标志着秦王已经吞并了天下三分之一的土地。到了公元前225年，天下已经进入了"三国鼎立"的时代，那就是西边、中原的秦国，南边的楚国和东边的齐国。

第六章

秦国与楚国的战争

疲惫敌军，王翦坚壁固守制敌

《史记·高祖本纪》："项羽闻汉王在宛，果引兵南。汉王坚壁不与战。"

草长莺飞，油菜花开，正是美好的时节。

嬴政召众多臣子来到偏殿，商讨征伐楚国和齐国的事宜。他认为齐国现在由齐王建执政，此人年岁已高，昏庸无能，任用奸臣后胜为国相。秦国攻打其他国家时，他始终睁一只眼闭一只眼，从不出手相救。如果秦军攻打楚国，估计他一样会选择旁观。再说王贲闪电般攻下楚国十座城池后，楚王立马将青阳之地献给秦国求和。如此一来，嬴政就决定先攻打楚国。此时，他想征询大家的意见。

"寡人要征伐楚国，众爱卿有什么意见？"

王翦站了出来，说道："楚国是大国，国力强盛，不是一时半会儿就能攻下的。"

嬴政冷笑了一声，说道："我大秦大军一向攻无不克战无不胜，即使会损失一些人马，但吞并楚国是板上钉钉的事情。"

"大王，楚国幅员辽阔，兵多将广，不可轻敌。"王翦继续说道。

"王老将军，寡人本想这次讨伐楚国，继续由你带兵。但你为何长敌人志气，灭自己威风？难道是因为年事已高？"

"大王看重老臣，这是老臣的荣幸，如果大王不嫌弃，老臣愿意披挂出征。"

"吞并楚国估计需要多少人马？"嬴政问道。

年轻气盛的李信决定争取这次单独领兵的机会，说道："臣认为二十万人即可。"

李斯与李信持相同的观点，说道："臣认为李将军所言极是，我大秦大军锐不可当，士气正盛，二十万人攻打楚国，不成问题。"

国尉缭却不同意："楚国是大国，兵力充足，如果想一举拿下，应该再增加十万兵力，三十万应该差不多了。"

"大王，我军之前攻打燕国辽东，几个月都没有攻下，我们应该引以为戒，不可大意。"王翦坚持自己的主张。

"那么，老将军认为征伐楚国派多少兵力为好？"嬴政问道。

"楚国地大人多，我军一发动战争，楚国上下必将全部出动，并且战场形势瞬息万变。如果想要一举拿下楚国，臣认为需要六十万兵力。"

王翦的回答让嬴政大吃一惊："王老将军也太高估楚国了，楚国自李园乱楚以来，已经分崩离析，国力日渐衰退，周边的小国纷纷独立，寡人也认为二十万大军足够了。"

王翦还是不松口："只有六十万才能取胜。"

嬴政不满地说道："老将军真是老了！"

这边的李信则是豪情万丈："大王，楚王不善于用将用兵，将士离心，臣愿意率领二十万大军攻打楚国。"

"好！寡人任命你为征伐楚国的大将军，蒙恬为副将，王贲为先锋，三天后发兵。"

"臣遵旨！"

备受冷落的王翦站出来说道："大王，臣有一个请求。"

"王老将军请讲。"

"老臣已经在战场上冲杀了五十多年，如今已经感到体力不行。现在大秦名将辈出，后生可畏，请大王允许老臣告老还乡。"

"老将军不必难过，这次不能挂帅，日后大战颇多，老将军还有机会施展才华，请不要急着隐退。"

"老臣是肺腑之言，请大王见谅。"

嬴政看眼前的王翦已经白发苍苍，满脸皱纹，而秦军猛将如云，此时将王翦放走，估计影响也不大，于是说道："老将军既然迫切想要隐退，寡人也就不勉强了。但有一点，如果大秦有用人的地方，老将军还是要听从分配。"聪明的嬴政给自己留了一条后路。

就这样，戎马一生，为秦国立下无数战功的一代名将，就这样略带几分凄凉地离开了秦国的政治舞台。

秦王政二十二年，初春时节，李信率领二十万大军浩浩荡荡地朝楚国出发，越过黄河，来到了楚国边境。

大军行进到一个岔路口时，李信突然下令全军停止前进。

蒙恬问道："元帅，我们这是要休息吗？"

"不，"李信回答道，"我大军横扫魏国，大获全胜，大王十分开心，奖赏了我们。我们应该再接再厉，来报答大王的恩宠。我是想，楚国辽阔，二十万大军集中攻打一个地方，那得什么时候才能攻下楚国？不如我们分头行事，这样攻下楚国岂不更快？"

蒙恬听完，立马同意："这样再好不过了。"

蒙恬之弟蒙毅更是没把楚国放在眼里，说道："元帅实在是英明，末将也赞同。"

王贲有了上次攻打魏国的经验，这时小心不少，说道："元帅，楚王刚上位，年轻气盛，楚国的统帅项燕智勇双全，有着多年的征战经验。而且，楚国有军马五十多万，我军才二十多万，如果分散兵力，只怕对战事不利。"

此时踌躇满志的李信根本听不进去，说道："王将军考虑得太多了，打仗在于兵精与否，而不在于兵多兵少。我军刚刚吞并魏国，士气正盛，刚好一鼓作气吞并楚国。这个楚王刚上台，军心民心不稳，对我们十分有利，分兵可以速战速决。"

蒙恬、蒙毅兄弟俩都急于立功，不假思索地说道："元帅英明！"

李信立马决定，自己带领十万士兵攻打平舆，蒙毅为副将；蒙恬率领剩下的十万士兵攻打寝城，王贲为副将；最后两军在城父（今安徽亳州东南）会合，会合后攻打楚国国都寿春。

秦军按照李信的命令开始了闪电战，李信很快就攻下了驻马店、鄢陵、江陵。

消息传到了都城寿春，楚王负刍极为震惊，他立马召开了朝廷会议。商讨后，赫赫有名的大将项燕出马。

"大王，臣今天就奔赴前线，给他们一点颜色看看！"

"但是，根据情报，秦军这次是兵分两路而来，真担心项大人顾不过来。"

"臣先攻打一路，打得差不多了，再攻打另外一路。"

"还是担心大人顾不过来，我楚国同样兵多将广，这样吧，我们同样兵分两路去迎战，这样他们才没有便宜可占。"

"为臣统领一路，那另外一路，大王有合适的人选吗？"

"本王。"

"这如何使得呀？"项燕表示反对，"大王是九五之尊，战场上刀枪无眼，千万不能冒此风险。"

"寡人亲征更能鼓舞士气，如果这次能够痛击秦国，嬴政就会老实了。"

"大王还是不去为好。"

"寡人已经决定，不要再劝了，你打好你的仗就行了。"

项燕见劝不住楚王，于是嘱咐裨将景骐："你这次和大王同行，如果不能取胜，不要硬拼，你的主要任务是保证大王的安全。"

"末将记住了。"

楚国这次出动了四十万大军，同样兵分两路，奔赴前线迎敌。这个时候，两路秦军进展神速，李信已经攻下了平舆，蒙恬则攻下了寝城。两军齐头并进，李信向鄂城出发，蒙恬则来到了城父。这时候，蒙恬带领的秦军和楚王带领的楚军狭路相逢，双方立马做好了攻击的准备。

年轻的蒙恬见对手是楚王，不禁豪情万丈。他也不多跟楚营废话，挥动令旗立马冲了过去，口中呐喊：“活捉楚王！兄弟们，立功的机会到了，谁抓住了楚王，赏黄金万两，封万户侯，连升十级！”

入楚以来，秦军势如破竹，士气正盛，蒙恬一声令下，全都不顾一切地冲了过来，蒙恬更是在箭雨中直冲楚王而来。楚王吓傻了，全身哆嗦，景骓见后准备将敌人引开。这时，楚王死死拉住景骓：“景将军千万不要离开寡人，你一走，寡人更不知道该怎么办了。”景骓想起了项燕的嘱咐，也不敢离开楚王半步。

主将景骓不上前接战，下面的部将更不出面了。没过多长时间，楚营便被打得落花流水。蒙恬一箭射了过来，从楚王耳边飞过，吓得楚王魂飞魄散。

“景将军，这儿实在是太危险了，还是后退一箭之地吧。”楚王可怜兮兮地说道。

景骓无奈，只得保护楚王向后撤退。如此一来，士兵们更无心迎战，楚军纷纷溃败。蒙恬岂能放过这个大好时机，率领秦军穷追不舍，死死咬住楚王。

楚军的一味后退，导致其后卫队暴露在蒙恬的眼皮底下，于是蒙恬停了下来，下令向楚军的粮草车队发射火箭。顿时，楚军的粮草车队一片火海。楚军大乱，楚王的坐骑受惊，将其颠下马来。景骓抢了过去，将楚王架上一辆战车，快马加鞭，落荒而逃。

这次战役，楚军损失了十三万人，景骓带领七万残兵败将逃回了寿春。

李信率领的秦军进展更为顺利，沿途攻破了六座城池，楚军无不闻风丧胆。李信每攻破一座城池，便留下五千士兵守城，自己则带着剩下七万士兵继续前行。

终于，在淮南南岸，李信与项燕大军狭路相逢，副将蒙毅迎战项燕部将，二十多个回合过后，蒙毅占了上风，只见他令旗一挥，杀死了几百楚军，然后便停了下来，不再追赶，而是自作主张地返回了。

李信看到后一脸的不悦，说道：“蒙将军，本帅没有鸣兵收金，你为何自作主张？”

“元帅，我担心这是敌人的诈降之计。”

“楚军现在哪有心思诈降？他们已经闻风丧胆，你本应乘胜追击，将战果进一步扩大，却将这大好战机亲手断送！”

"末将知错了。"蒙毅垂下脑袋说道。

这时，一骑快马飞奔而来，是蒙恬的信使。信使一从马上下来，便跪拜李信道："元帅，蒙将军的战报。"

"讲。"

"蒙恬将军率领十万士兵与楚王率领的二十万大军相遇，蒙将军奋勇杀敌，斩杀了楚军十三万人，楚王仓皇逃走，丢掉了所有的兵器和粮草，逃回了寿春，我军损失了一万。"

"太好了！"李信说道，"下去，再报。"

信使前脚一走，李信就得意地对蒙毅说道："看吧，楚军就是这么不堪一击，你大哥蒙恬已经获得了那么大的胜利，你却还什么收获都没有。"

"末将知错了。"蒙毅此时十分后悔。

说话之间，楚军开始向后撤退，并且乱哄哄的。李信听到后，得意忘形地说："看来他们已经知道楚王战败的消息了，项燕现在军心不稳，蒙将军，我们可以趁乱攻打他们。"

"末将遵命！"

说完，蒙毅率领五万军马追杀了过去。李信带领着两万军马殿后，随时对蒙毅的部队进行补充。

此时的楚军只是一味逃跑，不仅有掉队的士兵成了秦军的俘虏，而且一路上尽是兵器粮草，让人一看就能联想到楚军仓皇逃跑的狼狈模样。

蒙毅率领士兵追了约十里，之前一直在逃跑的楚军突然掉转方向，井然有序地对蒙毅发动了猛烈的攻击。李信听说后立马前来增援，但是后面突然响起了响彻云霄的喊杀声。原来，约五万楚军对李信发起了攻击，李信万万没有想到自己的屁股后面还有楚军，一下子就慌了。这五万楚军像暴风雨般席卷而来，着急迎战的秦军立马被冲击得零零落落。

另一边，蒙毅率领的五万秦军被溃逃楚军的回马枪杀了个措手不及，并且此时的楚军有十万人，具有压倒性的优势。蒙毅原本指望李信的援助，哪里知道李信也自身难保。秦军在楚军的前后夹击之下被打得落花流水，斗志全无。

蒙毅和李信率领部分士兵拼死杀出一条血路，冲出重围。他们清点了一下人数，只剩下了四万人。

蒙毅对李信说："元帅，现在我们只有一条路，那就是杀入城父，凭险据守。"

被楚军打晕了头的李信说："现在也只能这样了，在城父，我们可以凭借城墙来驻守。"

于是，李信和蒙毅率领残余士兵向城父出发。

等秦军逼近都城时，李信发现城父城内一片静寂，一点声响都没有，也没有兵马。

蒙毅提醒道："大帅，这里恐怕有埋伏。"

李信犹豫了一会儿，然后做出了让自己后悔一生的决定："事情已经这样了，我们已经没有退路，哪怕有埋伏也要往里冲。"

主帅没有了主意，蒙毅更是六神无主，只好率领秦军杀入城中。但是让人没有想到的是，城父竟然真的是一座空城。李信率领士兵进来后下令道："蒙将军，马上在城内寻找粮食，让将士们稍作休整，然后严阵以待，防止楚军来袭。"

李信的话还没有说完，城外就响起了震耳欲聋的喊杀声，楚军从四面八方包围过来，有十万人之多，这让秦军的四万多人顾此失彼，疲于应付。

蒙毅连连叫苦，也不敢抱怨李信，谁让李信是元帅呢？他只好抱怨起自己的大哥蒙恬来："我们在这里苦战，蒙恬却一路旗开得胜，也不来支援一下。"

"说得没错，我现在还是全军统帅，蒙恬将军怎么也该护下将领。"李信根本没有意识到，这都是自己一手造成的。

两人刚说完，城北处的楚军突然阵脚大乱，原来正是蒙恬率领士兵冲杀了进来。楚军竭尽全力去阻挡，但蒙恬不要命地往里冲杀。慢慢地，秦军来到了城脚处。

蒙恬在高头大马上高呼："元帅，末将前来救援，你快随我杀出重围！"

李信和蒙毅明白这是他们的一线生机，于是立马打开城门，率领秦军冲出了楚军的包围圈。

李信放不下自己统帅的架子，埋怨道："将军，你怎么才来救援？"

"元帅不知，我是和楚军拼了命才勉强杀到这里的。"蒙恬说，"那项燕知道我要来支援你们，就在途中设下陷阱，我不顾一切杀出了重围，军力却损失了一大半，十万士兵现在只剩下三万人。还好，终于把元帅接出来了！"

此时，两路秦军合成一路，又损失了一半兵马，这才逃出楚国的包围圈。李信忐忑不安地清点了一下人数，秦王交给自己的二十万大军，现在还剩下不到五万人。他不禁对天长啸："天哪，我该如何向大王交代呢？大王知道了不得杀了我？"

年轻的蒙毅也不服输，说道："元帅，这次攻打楚国，我们是做下必胜的保证的，我和蒙恬现在也没有脸去见大王。"

"是呀！"李信叹气道。

这时，蒙毅眼珠一转，说："末将有一主意，可以转败为胜。"

"那你说说看。"李信欣喜地说。

"我军刚刚战败，楚军肯定会认为我军这下该逃回老家了。我们何不出其不意，杀个回马枪？"

蒙恬有点不相信自己的耳朵，说道："你是说再杀回楚国？"

"正是。此时楚军肯定没有任何防备，我们有很大的胜算。"蒙毅说道。

"我军现在只剩下五万了，并且经过这么长时间的作战，士兵们都已经疲惫不堪。如果楚军有所防备，我们岂不是过去送死？"蒙恬不赞同蒙毅的小聪明。

蒙毅却坚持自己的看法："哎呀，这样回去，我们怎样和大王解释呀？太没面子了！如果杀个回马枪能打个胜仗，也能挽回一点颜面。"

"蒙毅将军说得有理，楚军现在应该是最得意的时候，肯定不会想到我们会杀回去。杀个回马枪，一定能旗开得胜。"李信还是那么自信。

于是，在李信的统领下，五万秦军再次进入楚国境内。

此时正值二更，夜色深沉，星月无光，根本看不清道路。秦军向楚军的营寨悄悄进发，如果这次偷袭顺利，至少可以杀死几万敌军，甚至可以全胜。

到了三更，李信率领秦军到了楚军的营寨外面，只见巡夜的士兵像平常一样走来走去，营寨里什么动静都没有。

李信小声地对蒙毅说："如你所料，楚军没有任何防备，估计他们正在做美梦呢，我军这次偷袭一定能够成功。"

"那我们赶紧把握这大好时机吧！我这就率大军冲杀过去，让楚军成为梦中鬼。"蒙毅激动地说道。

谨慎的蒙恬说道："元帅，我们还是留两万人马，万一敌人有所防备，也有个接应，如此才不会全盘皆输。"

蒙毅不同意了，说道："我军兵力本来就有限，再分散，怎么大获全胜？"

李信也不假思索地说道："这就如同赌钱一样，押上五万军马，来个痛快。本帅认为这次有很大的胜算。"

蒙恬拗不过他们，只好听李信的，三人率领秦军向楚营发动了猛烈的攻击。但是一冲进去才发现上当了，楚营是一座空营，里面根本没有士兵。

蒙恬着急地大喊："元帅，我们中计了，赶紧撤！"

李信赶忙下令："快，赶紧撤！"

这句话刚说完，四面一片火光，楚军喊声震天。

"秦军中了埋伏，兄弟们杀呀，将他们一网打击！"

　　秦军不顾一切地向外冲杀，无奈楚军层层包围上来。蒙恬、蒙毅保护着李信，边战边往外冲，眼看着身边的士兵一个个倒下，毫无以往狼虎之师的狠劲儿。直到天蒙蒙亮，蒙恬、李信和蒙毅才杀出重围，这次他们再也不敢停留，快马加鞭地朝咸阳逃去。

　　中午时分，他们到达了上蔡，这才下马喘口气。蒙恬清点了一下人数，包括轻伤的士兵，嬴政交给他们的二十万大军，此时还不到三千。光偏将裨将，就损失了七十多名。

　　李信听完蒙恬的报告，只觉从头凉到了脚，呆立了半晌后，就要拔剑自刎。

　　蒙恬眼疾手快，一把将剑夺了下来，劝道："元帅，你不能自杀。"

　　蒙毅也在一旁劝解："元帅，胜败乃兵家常事，留得青山在不怕没柴烧，我们还是有复仇的机会的。"

　　"二位将军，我曾在大王面前做下保证，可是现在二十万大军只剩三千残兵，我怎么向大王交代啊？此时回去，百官肯定会笑话我的，我还是死了好！"

　　"元帅这话就不对了，这次讨伐楚国失败，并不是我军没用，而是战略有误。经过这次失败，大王也会清醒过来，万万不可小看楚国。看来还是王老将军说得对，伐楚非得六十万大军不可，我们理应吸取教训，这样才能吞并楚国。"

　　"我们还是回去和大王好好解释一番吧，走吧。"蒙毅将李信扶上马。

　　李信不再执着于自杀了，他一声不吭、垂头丧气地率领残兵败将回到了咸阳。

　　甘泉宫中，嬴政是又惊又怒又后悔，他这才明白自己低估了楚国，后悔没有听王翦的话。当然，李信在这场失败中难辞其咎，虽然嬴政没有杀李信，但再也不给李信独立领军作战的机会了。

　　嬴政明白，要对付项燕，只有请王翦出山。虽然当初是他嬴政亲口说王翦已经老了，但是形势所迫，他也只能硬着头皮去请。

　　正是初夏时节，道路两旁的油菜花金黄一片，麦苗儿绿油油的，如同一块绿色的毛毯。车上的嬴政欣赏着这大好的田园风光，内心的阴霾一扫而光，眉头不再紧锁。

　　不久，一处农家院落映入眼帘，篱笆院墙内，一位布衣老人正在整理院落，此人虽然胡子花白，却精神矍铄、身板硬朗，嬴政一下子就认出来了，他就是昔日统领千军万马、立下赫赫战功的王翦老将军。

　　院落中的大黄狗看见生人，立刻狂叫起来，这惊动了王翦，他转过身，就看见了一辆华贵的车乘。正在纳闷之际，嬴政从车上走了下来。王翦看到后，立刻跪倒迎接："不知大王驾临，有失远迎，实在是罪过。"

"是寡人突然来访，老将军有什么罪过？请站起来说话。"嬴政将王翦扶了起来。

"老将军，寡人是来向你赔罪来了。"嬴政接着说道。

"草民不敢当。"王翦说完，便将嬴政迎到屋内，"莫非李信他们攻打楚国不利？"

"王老将军还是心系国家啊！"嬴政微笑道。

"国家兴亡，匹夫有责。"

"老将军，被你说中了。这次李信他们攻打楚国，惨败。"

"草民有罪，不该妄加揣测。"

"唉，其实过错在寡人身上。寡人后悔没有听从老将军的劝告，所以才有了这次惨败。"

"胜败乃兵家常事，大王也不要自责。"

"寡人反省了，我大秦一定要吞并楚国，不能就此罢休。"

"大王有一统天下的决心，就应该不管遇到什么困难，都不能放弃。"

"那么下次攻打楚国的战事，就交给王老将军，怎么样？"

"大王，您已经答应草民回家养老了。"

"但寡人还说过，只要寡人需要用人，老将军就不能推辞。"

"这……但草民的确年纪大了，体力不行，不能风餐露宿，再在前线冲锋陷阵了。"

"老将军完全能够胜任统帅一职，寡人相信你。寡人想，你不会让寡人碰一鼻子灰回去吧？"

"大王，草民死事小，但真的怕耽误了国家大事呀。"

"老将军，你有这个能力，就不要再推辞了。"

嬴政见王翦一直在推辞，心想：不就是要六十万军马吗？他嬴政是谁，这点小心思他还是懂的。

于是，嬴政沉思了一下，说道："老将军，你有什么要求，直接提出来吧。"

"大王，"王翦立马换了口风，"想要攻打楚国，为臣还是之前的想法，一定要六十万人马。"

"好，寡人答应你，"吃了教训的嬴政这次立马妥协了，"还有其他新的要求吗？"

"副帅为蒙武将军。"

"这个寡人也答应你,"此刻的嬴政不再执拗,非要起用新人了,"还有什么要求,尽管提出来。"

"大王,臣还有一些私人要求,希望大王不要生气。"

"你说吧,只要寡人能办到。"

"那为臣就直接提了。臣想要五百亩良田,一座宅院,一方鱼塘,十个童仆,二十匹骡马。"

"好。"

"大王,臣年纪大了,攻下楚国后,臣不想封高官,只想告老还乡,有了这些田产,就足够衣食无忧。留给子孙,他们也能有所依靠。"

"老将军要是还有要求,就尽管提出来,寡人此时只想复仇,以雪前耻,还希望老将军早日领兵出征。"

"臣明白。"

半个月后,王翦、蒙武两位老将军率领着六十万大军,浩浩荡荡朝着楚国出发了,一路上旌旗招展,气壮山河。等秦军抵达函谷关,王翦把军中信使叫了过来,让他把自己的一封军函交给大王。

蒙武迷惑不解:"大帅,这才刚出兵,还没战斗,有什么军情可以汇报?"

"本帅是向他索要已经答应给我的良田美宅。"

蒙武关切地问:"大帅现在还没有立功,不怕大王生气吗?再说大帅也不差这点啊?"

王翦一听便笑了起来:"蒙将军,不瞒你说,我在这之前已经派出了两名信使,都是去向大王索要田产的。"

蒙武一听更蒙了,说道:"大帅,您私心很重啊!"

"蒙将军有所不知呀,我为将多年,当然不缺那点田产。我之所以索要田产,是因为大王是个疑心很重的人。我带走了六十万兵力,现在国内兵力空虚,这在秦国历史上是头一回。一旦我在前线叛变,岂不是会危及国家的生死存亡?我不断地索要田产,是想告诉大王我很贪财,不会叛变的。"

"原来是这样啊,大帅真是用心良苦。"蒙武钦佩地说道。

"只有大王对我们放心了,我们才能放心地在战场上大展拳脚,才能伐楚成功。"

"大帅不愧是统兵多年的老将,摸准了大王的心思,在下实在是佩服!"

"蒙将军,为了缩短作战时间,你我二人还是兵分两路为好。"

"遵命。"

"本帅交给你十万大军,你先攻下武关、安阳,兵临楚国的新都新郢。本帅率领剩下的五十万大军出函谷关,直奔平舆,同项燕周旋。两军齐头并进,这样楚国就顾不过来了。"

"大帅英明。"

秦军立马兵分两路,向楚国推进。

楚王听到后,立马派出项燕,让其率领五十万大军对付秦军主力,声势浩荡地冲平舆而去。同时,楚王下令严守武关。项燕大军抵达平舆后便安营扎寨,这时,王翦率领的五十万大军也到达了平舆,同样在此地安营扎寨。

老谋深算的王翦并没有主动攻击,而是一直在观望。这让项燕摸不准秦军的意图,同样一直在观望。如此一来,两军进入了僵持阶段。

差不多十天后,王翦收到了蒙武的来信,说是已经攻下了楚国七座城池,并且占领了楚国中部重镇安阳,已经兵临楚国新都新郢。

这个时候,楚王已经六神无主,他担心新都会落入敌人的手中。于是派大将军屈定为信使,带着他的旨意来到了平舆。

项燕将屈定迎入营帐中,问道:"大将军亲自来前线,有什么重要的事情吗?"

"大王有旨,蒙武率领秦军攻下了我国多座城池,吞并了安阳,现在已经兵临国都,请大帅快速支援。"

"这……"项燕犹豫了起来,"大将军回去禀告大王,我军与敌军势均力敌,双方对峙,如果我军有所调动,秦军一定会逮住这个机会,我军必然大乱,这样兵败就不可避免了。大将军是带兵之人,一定懂得这个道理。"

"元帅说得没错,但为何已经出兵十来天,还不发动攻击?"

"我还没有摸清敌人的情况,怎敢轻举妄动?万一中计,后悔就来不及了。"项燕说道。

无奈之下,屈定只好闷闷不乐地返回了新郢。

楚王见屈定空手而归,勃然大怒:"好个项燕,寡人对他的命令起不到作用了是吧?"

"俗话说,将在外君命有所不受。"屈定挑拨离间地嘟囔道。

"难道项燕有二心?"

"这个为臣就不清楚了,只是十几天过去了,项将军一直按兵不动,只是和秦军对峙,为臣也不明白他的意图。"

"我们不能在新郢坐等下去,寡人要以最快的速度战胜秦军。"

"大王还要出兵吗？"

"寡人已经征集了二十万大军，由寡人统领，直奔平舆，与项燕合力，共同攻打秦军。当然，这次出兵有另外一个目的，那就是考查项燕，看看他是否有二心，如果有，寡人就撤了他的职，由你来接替他。"

"大王英明。"屈定兴高采烈地离开了。

项燕这边，等屈定走了之后，副将就提醒他："元帅，你不听大王的旨意，这可是犯下了杀头之罪啊。如果屈定回去不说好话，这可不是火上浇油吗？"

项燕本来就对抗旨一事心有不安，听副将这么一说，心里就更加没底了，说道："屈定已经回去了，我们怎么补救呢？"

"末将认为，现在应立马拔寨回去，见到大王就一口咬定没有抗旨这回事，并且我大军已经回到都城，这样哪怕屈定添油加醋，也无济于事了。"

项燕也觉得部将说得有理，便下令全军拔寨启程。殊不知正是这一决定，让厄运就此牢牢地扼住了他的喉咙。

楚军一动，王翦马上找到了攻打敌人的机会，命令副将带领三万铁甲骑兵绕道直取楚军后方，准备发动偷袭，切断楚军的退路。王翦自己则率领二十万军马，分成左中右三股势力，向楚军发动猛攻。其中，中路的十万军马直接用火箭攻击楚军的粮草队伍。

楚军边战边退，队形不免混乱，项燕见状也没有更好的办法。此时，他对楚王充满了不满，这个昏庸的楚王，简直就是一个无能之辈。如果不是因为他宣旨撤退，他项燕也不会陷入如此被动的局面。

秦军在王翦的率领下个个勇猛，让撤退的楚军毫无招架之力。转瞬间，楚军死伤上万，粮草更是被烧得所剩无几。

且说王翦副将所率领的三万铁甲骑兵，日夜兼程，总算绕到了楚军后方。这时，他突然看到前方有大队楚军到来，也想不了那么多，立刻杀入楚军阵中。原来，这是楚王和屈定率领二十万军。秦军刚冲杀进来时，楚军完全蒙了，一下子乱了阵脚，转瞬间就死伤了上千人。但楚军的数量毕竟是秦军的好几倍，在屈定的带领下，逐渐包围了秦军。

"秦军将领听着，我军已经将你们包围了。识时务的就放下武器，赶紧投降！"屈定十分得意地说。

正当此时，楚军的侧翼出现了骚乱，原来是蒙武率领大军前来支援了，并且把目标对准了楚王。楚王眼看秦军离自己只有十丈远了，拔腿就跑。楚王一动，全军阵脚全乱。屈定此时也什么都顾不上了，只是一心护主，向后撤退。

这样一退，战场形势立马发生转变，原本处于上风的楚军很快败下阵来。王翦副将把自己的三万铁甲马军与蒙武的十万大军合成一队，死死咬住向后撤退的楚军。楚王和屈定率领的二十万大军顿时被打得落荒而逃。等楚军退守到都城，发现二十万人马已不足五万。

项燕率领的楚军在王翦率领的秦军的追赶下，也向着都城新郢撤退。但是，人算不如天算，项燕还没有到达都城，就与蒙武狭路相逢。此时，项燕率领的楚军在人数上占据了一定的优势，外加项燕善战，所以蒙武占不到任何便宜。正是由于项燕的阻挡，楚王的军队才得以顺利退守城内。

有着大局观的项燕立马下令："快，所有士兵都撤退到城中，守住都城！"

楚军如同潮水般退守城内，项燕则依然在与秦军苦战，掩护楚军退到城中。站在城头的屈定见退到城中的楚军有十多万，在城外作战的也有十万多，而亲自断后的项燕正奔城内而来，于是立马下令：

"拉起吊桥！"

偏将一看急了，说道："大将，元帅和我军都还没进来呢！"

"你懂什么？项燕对楚国有二心，大王说让他在外面待着！"

歹毒的屈定见项燕已经退到了护城河，赶紧下令道："放箭！"

城头的箭如同大雨般倾盆而来，项燕心寒了，对着屈定说道："你这个杂毛，造谣生事，不过是嫉妒我是元帅。今天我就成全你，剩下的仗你来打吧！"

说完，项燕立马掉转方向，率领十万士兵拼命厮杀，终于冲出了秦军的重重包围，奔向淮南，另找立足之地。

此时的王翦也顾不上项燕，立马下令五十万秦军向新郢发动猛攻。无能的楚王这次是搬起石头砸了自己的脚，无可奈何之下，他只好任命屈定为大元帅。屈定新官上任三把火，十分卖力，立马整顿好了城内的十万人马，打响了守城之战。

每天，秦军都试图攻城，但始终无功而返。

很快，三个月过去了。嬴政前前后后派来了四个使节，名义上是慰问秦军，实际上是在催促破城。

其实，此时的王翦也焦灼不安，蒙武也苦思冥想。突然，他心生一计。

"元帅，这样耗下去，我军也耗不起，要不我们换换战术？"

"将军有什么好主意吗？"

"楚军在城内没有多少军马，而我军有五十万，在人数上，我军占据了绝对

163

优势。这样，我军先派十万人，从四面挖城墙，但北面为主挖，其余三个方向只不过是蒙骗敌军。剩下的四十万士兵则负责保证这些挖城墙的士兵的安危。"

"是个好主意。"

"那我们要不要现在开始？用不了多久，我们就能破城了。"

"好！"

于是，十万秦军变成了挖土工，不到四五天的时间，北面城墙轰然倒下，秦国大军像潮水般涌入城中。屈定率领士兵抵抗，但他哪里是王翦的对手？在混战中，屈定被蒙武斩杀。

主帅一死，整个楚军斗志全无，一半溃逃，一半投降。在文武大臣的簇拥下，无能的楚王手捧玉玺和投降书向王翦投降。如此一来，王翦取得了吞并楚国的关键性胜利。

剩勇追穷寇，灭楚平越

毛泽东《七律·人民解放军占领南京》："钟山风雨起苍黄，百万雄师过大江。虎踞龙盘今胜昔，天翻地覆慨而慷。宜将剩勇追穷寇，不可沽名学霸王。天若有情天亦老，人间正道是沧桑。"

灿烂的阳光笼罩着新建成的咸阳宫，宫殿高大恢宏，金碧辉煌，令人炫目。殿堂中，秦王的龙座镶满了宝石翡翠，光彩夺目。嬴政端坐在龙座上，威风凛凛，心中豪情无限。

丞相王绾上奏："禀告大王，王翦老将军已经平楚成功，留下蒙武将军驻守新郢，王老将军亲自率领四十万大军杀向淮水之南，准备歼灭项燕的残余势力。"

"项燕那里还有多少楚军？"

"差不多还有二十万，不可轻视。尤其是他又拥立了一个新国君，有死灰复燃的可能。"

"传旨给王翦，一定要一鼓作气，消灭项燕和新国君。"

"臣遵旨。大王，王翦已经将楚宫的金银财宝都押送到了殿外，请大王看看。"

"呈上来吧。"

此时，项燕和其残余势力逃到了淮南一带，拥立昌平君为楚王，正在垂死挣扎。

秦王政二十四年，王翦率领四十万大军攻打淮南楚军，昌平君和项燕率领二十万楚军迎战。楚军占据淮河之南，秦军占据淮河之北，两军多次交战，都有伤亡，不分胜负。对峙了一段时间后，王翦令蒙武率领十三万精锐之师，在昌平（淮南的楚国新城）以北十里处强行渡河，佯装主攻。

与此同时，王翦率领二十万秦军趁夜偷渡石矶渡口。另一个渡口，蒙恬率领两万轻骑乘船渡过了淮河。三路人马分三面进攻，他们的目标都是楚国新都昌平。

新楚王率领小部分楚军坚守都城，项燕则率领十五万楚军在淮河两岸的狭长地带抵御秦军。

楚军原本只有秦军的一半，再加上新楚国除了项燕有领兵才能外，其余将领都不擅长指挥。所以，秦军在多个地点抢渡淮河后，项燕疲于应付，最终因兵力慢慢支撑不下去而全线溃败。

王翦和蒙武强渡成功，两人合力攻打昌平君。昌平君拼死抵抗，在混战中被杀。

项燕在援助昌平君的过程中遭到了秦军的围攻，他拼命冲杀，虽然秦军死伤不少，但包围圈一层又一层。项燕见无法突围成功，又听说昌平君已死，不禁义愤填膺，仰望苍天，泪水涟涟，叹息道：“我不该拥立负刍，一步错而步步错，耽误了国家，害了楚国百姓！现在已经回天无力，我愧对先王啊！”说完，便自刎身亡。

至此，楚国灭亡。但几十年后，项燕的孙子项羽灭掉秦国，复兴了楚国。真是世事变幻，难以预测。

话说当前，王翦胜利班师回朝，嬴政亲自到郊外迎接。在王翦的统领下，这支所向披靡的大秦军团再次创下辉煌的战绩，嬴政开心得像个孩子。

在庆功宴上，王翦再次请求告老还乡。他对嬴政说：“大王，我年数已高，这次在楚国待了一年多，经常腰酸胳膊痛，没有办法再胜任任何工作，因此我想回家养老。”

嬴政急忙说：“王老将军，大秦还没有完成统一天下的大业，还有齐国需要你带兵去消灭。”

王翦回答说：“大王，现在的秦国可是人才辈出，文有王绾、李斯，武有蒙武、李信、蒙恬。我大秦统一天下是大势所趋，而我已经老了，无法再对秦国有什么大的贡献了。”

嬴政再三挽留，王翦还是坚持请辞，无奈之下，嬴政只好答应了。

但是，在王翦走之前，嬴政问了一个问题："王老将军，现在六国只剩下了齐国，如今您要走了，那您能推荐一个灭齐的将领吗？"

王翦想都没想，直接回答道："王贲。"

嬴政笑道："王老将军，您难道不怕别人说闲话，说您自私吗？"

王翦道："王贲还是有一些军事能力的。再说了，谁让他是我的儿子呢？我马上要回家养老了，不能亲自指导了，得让他去战场上历练历练。"

就这样，嬴政定下了灭齐的大将。

第七章

齐国被灭秦统一

再使离间计，断绝"齐赵之交"

金庸《射雕英雄传》第六回："今后两家务须亲如一家,不可受人挑拨离间。"《三国演义》：关西联军后路被劫，只好割地、送子质请和。谋士贾诩认为可以假装答应他们，曹操问他有何计策，贾诩说：'离之而已。'"

战国中期，弱肉强食是七雄争霸的特点之一。当时的秦国、齐国都是强国，是旗鼓相当、能够互相抗衡的两个国家。

公元前 298 年，秦国、齐国之间爆发了战争，齐国联合韩、魏两国攻打秦国的函谷关，兵临咸阳，秦国当时只能割地求和。

公元前 288 年，秦国和齐国相约称帝。

当时的秦国国力强盛，但在外没有什么信誉，很多国家都不愿意与它合作，而是喜欢和齐国来往。秦昭王担心齐国威胁到秦国，于是有意拉拢齐国。背地里，秦国又使用离间计，使齐国和其他国家的关系一度处于僵持状态。

齐王是一个思想落后的人，不光胆小，而且贪财，经常被秦国给予的蝇头小利搞得分不清东南西北，从而落入了秦国为其布下的陷阱之中。

比如，嬴政攻打赵国时，齐国就中了他的离间计，不愿出兵救赵。

当时，嬴政派人用金钱贿赂齐国的奸臣，这些奸臣就在齐王面前说了不少赵国的坏话。秦国攻打赵国时，赵王向齐国求援，齐国不少大臣劝齐王派兵援助，但齐王就像根本没有听见似的。

齐国一个叫周子的大臣早就看穿了嬴政的计谋，于是对齐王说："齐、赵两国有很深厚的交情，还请大王认清秦王的真面目，不要中了秦国的离间计而与赵国断交。在这个紧要关头，还是要支援赵国。"

齐王若无其事地回答道："秦王说这只是秦国和赵国之间的私事，不会波及我齐国，我们不能惹祸上身。"

周子说："我劝大王救赵国于水火之中。现在秦军已经将他们围困在邯郸，急需粮草，还是借给他们比较好。"

齐王不以为然地回答道："要是我此时不借给赵国，会有什么样的后果？"

"那就中了秦王的离间计。"

"不可能的事情。"

"大王，还请三思。从地理位置上看，赵国与我齐国相邻，是我齐国的天然屏障，如果赵国被吞并，秦国攻打我们就容易多了。"

"没那么严重，你这纯粹是杞人忧天。秦王答应过我，我们会永保良好的关系。"

"这是不可能的事情，赵国和齐国是嘴唇和牙齿的关系，唇亡就会齿寒。"

齐王面无表情地坐在那里听着周子的讲述，但思绪早就飞远了。

周子继续言辞恳切地说道："今天秦国吞并了赵国，明天就轮到吞并我们齐国了，这是一件至关重要的事情。"

齐王无心再听，站起来走到窗前，仰头看看天空，一阵凉爽的风吹了过来，齐王感觉舒服极了。后院中，宫女走来走去，美丽而妖娆。

齐王已经完全被宫女美丽的身影吸引住了。

周子也站了起来，同样站在窗前，对齐王说："大王，救赵事不宜迟，还请大王早日定夺。"

正色眯眯地看着宫女的齐王不耐烦了："不要着急，给寡人一点思考的时间。"

周子说道："关于支援赵国这件事情，要以手捧已经漏水的瓦缸或者烧干的锅那样的心情来对待。详细说来，支援赵国既能彰显我们具备崇高的勇气，同时可以显示我国具备强大的军事实力。此时大王吝惜一点粮食，如此考虑就大错特错了。"

可是齐王哪里听得进去？他不满地说道："你不要管这件事了，管好自己的事就行，寡人自有主张。"

齐王最终没有对赵国伸出援助之手，他的冷眼旁观，导致昔日盟国被秦国吞并。

当然，最开心的是秦王嬴政。他抓紧时机消灭了赵国，但在接下来消灭其他国家时，依然对齐国心存戒备。为了迷惑住齐王，嬴政对他特别亲热友好。头脑不清醒的齐王依然看不透，还真以为秦王将他当兄弟呢。

离间之计，秦重金收买佞臣后胜

《孙子兵法》："破其行约，间其君臣，而后改也。"

秦王统一天下的战争打响了将近十年，在这十年里，他先后消灭了五个国家，此时只剩下齐国了。于是，嬴政决定对齐国动手，不幸的是，齐王依然没有清醒过来。

当日嬴政攻下楚国时，齐王派相国后胜前去祝贺："大秦一连吞并了韩、赵、燕、魏、楚，幅员辽阔，版图相连，我齐王替秦国开心，特意派为臣前来祝贺，相赠千头肥羊和千坛美酒，还请大王一定要收下。"

"万分感谢。"嬴政脸上堆满了笑容，令人将刚从楚国搜刮来的金银财宝呈递上来，"有道是来而不往非礼也，寡人也应该以礼相赠齐王，你看这些金银珠宝怎么样？"

"自然是价值连城。"

"这都是从楚宫得来的。为了我们两国共同的友谊，寡人就将这些战利品转赠给齐王，希望我们两国永结同好。"

"臣怎么敢收哇？"

"齐国对我们的诚意，不要说送出这些金银珠宝来报答，哪怕是送出半个楚国，也是应该的。"嬴政的表情十分诚恳。

"那为臣就替我主感谢大王。"

后胜离开后，王绾忍不住埋怨嬴政："大王，想要赏赐齐王，随便几件就可以了，为何将那么多的珠宝都送给他呢？"

嬴政微微一笑道："这些金银珠宝只不过是暂时存在他那儿而已，它们早晚还是我秦宫之物。寡人这是为了迷惑齐王，等我大军对齐国发动攻击时，就能打他个措手不及。"

王绾听完后，不住地称赞嬴政："还是大王英明！"

嬴政接着说道："把这套价值连城的十八只金编钟送到馆驿，送给后胜。"

"大王，这套编钟乃绝世之作，原来是楚国的国宝，现在是我大秦的镇国宝，怎么能随便送人呢？"

"你忘了寡人说过的话了？"

王绾恍然大悟过来："等我大秦吞并了齐国，这编钟自然还是我们的，微臣只是担心后胜会将其藏起来。"

"这个倒不用担心，还是先灭齐国要紧。"

"那大王是准备收买后胜吗？"

"吃人嘴软，拿人手短，后胜只要收下了寡人的编钟，就不怕他不帮寡人办事。"

"臣明白了。"

"你就对外造势，说秦国和齐国的关系会一直这么融洽下去，让齐国不加防范，等我大秦一举吞并它。"

"大王实在是太英明了，微臣佩服得五体投地。"

说完，王绾就带着这套精美的编钟去了馆驿，后胜十分开心地收下了。

回到齐国都城临淄后，后胜将秦王赠送的金银珠宝呈到齐王面前，得意地说道："臣这次圆满完成了大王交给的使命。"

齐王见到这些价值连城的宝贝，眉飞色舞地说："相国，秦王如此看重齐国，这个朋友是交对了。"

"今后，我们还是一心一意地和秦国友好相处吧，这样我们齐国才能生存下去。"

几日后，值事官来齐宫禀报："大王，秦国大将王贲已率领十万大军到了我国边境。"

齐王一脸茫然："这是怎么回事？"

"臣认为他应该不是为了灭齐而来。"后胜回答。

"但秦王不会没有缘由就出兵吧？"

"我也闹不明白，要不这样，臣亲自去边境质问王贲，看看这到底是怎么一回事。"

"我们还是要有所防备为好，"齐王终于清醒了一点，"寡人现在调集十五万军马以防意外，然后和你一起去边境，带上美酒羊羔，如果秦军不是攻打我国，就说是犒劳士兵。"

"这样也好。"

于是，齐王和后胜来到了齐国边境，刚好秦军已经安营扎寨下来。王贲见到齐王后，便说："参见齐王，祝齐王千千岁，圣体康健。"

"寡人听说王将军率大军前来，不辞辛苦，特来劳军。"

王贲一听，就知道齐王是一个老奸巨猾之人。于是，他直言不讳地说道："大王，明人不说暗话，劳军也不用派十五万人马吧？看来大王对我王贲很不放心哪！"

齐王有些不好意思，便直说道："齐国和秦国一直关系友好，但这次将军不会无缘无故地率领十万大军前来吧？"

"不瞒大王说，辽东那边燕王残党闹事，我这次带兵就是为了剿灭他们。这次想从贵国借道，还请大王方便一下。"王贲脸不红心不跳地说道。

齐王建心中的大石头终于落地了："秦、齐两国是友邦，不用那么客气。寡人带来了百坛美酒、千只肥羊犒劳王师，希望王将军收下。"

　　"大王亲自劳军,这份情谊实在太珍贵了,我都不好意思接受了。"王贲说,"我会将大王的心意转达给我家大王的。"

　　齐王建听完后,才踏实地返回临淄,然后将十五万军马打发回原来的地方。在他心中,嬴政是一个言而有信的人。

　　另一边,王贲的大军先抵达辽东,消灭了残党。这时,秦王下令蒙恬率领二十万大军从咸阳出发,与王贲的十五万大军合成一处,从齐国西部开始攻打这个国家。

　　齐王建收到这一军情后,立马召开了朝廷会议。他对后胜大发脾气:"相国,你不是口口声声说秦国不会攻打我们吗?"

　　"大王,这……这……臣也无法解释呀!"后胜吞吞吐吐地说道,"这样,臣现在就去质问王贲或者去咸阳问问秦王。"

　　"敌军已经到了我国边境,质问能起到什么作用?我们还是赶紧商量如何抵御敌人吧!"

　　"请大王下达出兵的命令,大王想任命谁为帅呢?"后胜问道。

　　"寡人。"齐王斩钉截铁地说道。

　　"大王,这样太危险了。"

　　"想当年,我的先祖桓公是一代霸主,而我如此没用,竟然将国家败到这种地步,实在是有愧于列祖列宗。寡人这次一定要亲征,打败秦军,这样才能洗清国耻!"

　　"如果大王亲征,微臣也要一同前往,与大王一起面对难关。"

　　齐王立马传旨,征集了二十万士兵,准备向济水之滨行进,与秦军对峙。

　　在齐王还没准备好的时候,王贲给他送来了战书:

　　齐王陛下,末将奉旨率秦军入齐,其意不言自明,今六国我王已得其五,识时务者为俊杰,陛下当自献齐于秦,使生灵免遭涂炭,何去何从,速从决断。

　　这咄咄逼人的语气让齐王勃然大怒,他对送信的秦使说:"你秦国真是小人,背信弃义,以强欺弱,并习以为常。嬴政欺骗我,这是何等的耻辱!我齐国虽然实力不如秦国,是一个弱小的国家,但也绝对不会将祖宗留下的土地白送给你们。寡人要誓死保卫自己的国家,不接受你送的通牒!"说完,齐王便将王贲下的战书踩在脚底。

秦国的信使碰了一鼻子灰，夹着尾巴回到秦营，向王贲如实汇报了情况。

王贲听完，哈哈大笑起来："本帅早就料到齐王不愿投降，江山都是打下来的，战场上见吧！"

蒙恬主动请战："大帅，末将率领士兵渡过河去，直接发动攻击吧。"

"不要急，"王贲说，"蒙将军率领五万军马从上游十里的地方渡河，直接攻打齐营左翼。"

"遵命。"蒙恬回答后，转身就走。

"且慢，"王贲叫住蒙毅，再次下令，"蒙毅听令。"

"末将在。"

"你率领五万人马从下游十里的地方渡河，直接攻打齐军的右翼。"

"那我们现在就去准备，立即发兵。"蒙恬、蒙毅齐声回答。

"不要着急，"王贲接着交代，"本帅率领十万人马从中路渡河，直接攻打敌营中部。你们左右两军要相互配合，我们兵分三路同时渡河，让齐军顾不过来。"

"大帅英明！"

第二天凌晨，王贲、蒙恬和蒙毅率领秦军按照原定计划同时渡河，但中路秦军被齐军发现，双方展开了激烈的厮杀，一时间难分上下，齐王建亲自披挂上阵。

后胜一看，着急地问道："大王，您这是要干什么？"

"秦军斗志昂扬，寡人要亲征，来鼓舞士气。"

"大王，这个不行，您是齐国的大王，战场上刀枪不长眼，万一大王有什么三长两短，我齐国不就完蛋了？"后胜拉住齐王建。

"国难当前，寡人不出征，我们齐国如何才能取胜？"齐王说完，一把推开后胜，驱马杀入阵中。一国之君上阵，大涨齐国士兵的士气，将士们个个奋勇杀敌。慢慢地，齐国逐渐占据了上风。

这个时候，应该开心的齐国相国后胜却焦灼不安起来，他眼前出现了秦王送给他的那套编钟，当初他收下编钟的时候答应过王绾，要在关键时刻为秦国效劳。重要的是，他觉得此时齐国的抗争不过是垂死挣扎而已，当秦国吞并了齐国，他后胜就无路可走了。

想到这里的后胜狠下心来，向将领下令："快，鸣金收兵！"

齐营的士兵们立马敲响了铜锣，震耳欲聋的锣鼓声让战场上的齐国士兵一个个不知所措，就连在战场上忙于指挥的齐王都愣住了。大家一边疑惑是不是战场上发生了什么变故，一边退回齐营。他们的对手王贲也蒙了，不知道发生了什么，也不敢追击。

齐王建回到大营中，一脸阴沉地质问后胜："相国，你这是干什么？我军刚刚占据了上风，你为何要鸣金收兵？"

"大王，我是看您在战场上拼杀，实在是太危险了。"后胜口是心非地说道。

"胡闹！以后再这样，寡人定要狠狠地处罚你。"齐王愤怒地说道。

话还没有说完，整座齐营就闹将起来，哨官报信："大王，秦军开始攻打我军左翼，已经杀入营中了。"

"秦军不是一直在正面吗？哪儿冒出来的左翼军？你赶紧去看看，然后向寡人汇报。"

这名哨官还没来得及动身，另一名哨官就匆匆来报："大王，紧急军情！"

"讲。"

"几万秦军铁骑从右翼攻打我军，来势汹汹，我军完全抵抗不住，请大王赶紧支援右翼。"

齐王呆住了，问道："这右翼军又是从哪里来的？难道是天降神兵？"

正在齐王疑惑时，正面的秦军喊声震动天地，朝齐王冲杀了过来，如同决堤的黄河水。齐王建一下子傻掉了，三面受敌的他，一时不知道该如何是好。

后胜也十分害怕，颤抖地对齐王说："大王，我们该怎么办呢？"

"这些不都是你一手造成的！"齐王建怒气未消。

"大王，我觉得我们还是撤退的好，退回国都，借助国都的城墙据守。只要大王您好好的，齐国就不算灭亡。"

事到如今，齐王也没有更好的办法，于是下令撤退。

齐国大军且战且退，很快就退到了都城内。原先的二十万人马，现在只剩下十二万人了。

王贲率领秦军在后面紧追不舍，将都城临淄包围住，迫不及待地对其展开了猛烈的攻击。齐国士兵奋起抵抗，因为国都墙高池深，秦军没有取得什么进展。王贲十分着急，他率领秦军又发动了猛烈的进攻，并亲自在城墙上擂鼓助威，却杀得城墙下面堆满了秦军的尸体。

蒙恬见到这种情况，立马上前请战："大帅，请允许我率领一千死士，搭上十架云梯，以此为突破点。我带头爬上云梯，如果没有爬上城头，大帅拿我是问。"

蒙恬说完，将刀衔在口中，一副临危不惧的样子。王贲看了蒙恬很久，然后摆了摆脑袋，说道："你勇气可嘉，但我们不能这样硬拼，万一你有个三长两短，我无法向大王和蒙老将军交代。"

立功心切的蒙恬回答道："那我们这么长时间攻不下临淄，我担心大王会等得不耐烦的。"

"本帅自有打算。"王贲高深莫测地说道。说完，便一动不动地盯着蒙恬，蒙恬还以为自己脸上有什么东西，用手摸了摸，但并没有摸到什么。

"大帅为何这样看着我？"蒙恬疑惑地问。

"将军怕死吗？"

"不怕，身为武将，马革裹尸是分内的事情。要是怕死，就愧对武将之名了！"

"好，那本帅交给你一件性命攸关的事情。"

"大帅尽管吩咐！"

"你打扮成偏将，代表我去找齐王谈判，想方设法夺取城门，然后接应我军入城。"

蒙恬听完糊涂了："这……我一人去和齐王谈判，该如何夺取城门，如何接应我军入城呢？"

"蒙将军，我这样说有自己的道理。你进城后，齐国相国后胜肯定会去馆驿找你的，你和他商讨就行。"

"还请大帅进一步解释。"

于是，两个人的脑袋碰到一起，一个好计谋就这样出来了。

紧接着，王贲让人将一封箭书射入城中，经过一番传递，箭书被送到了齐王建的手中。齐王建将其打开，只见信中写着：

齐王，临淄被围，城破只是在早晚，大王的身家性命堪忧，本帅不忍玉石俱焚，愿派使者进城，与大王商讨有关事宜，询问大王有何要求，皆可商议。

齐王拿着那封信，询问相国后胜："相国认为我们该怎么办？"

"臣认为可以让使者先进来，这样我们既可以摸清秦军的具体情况，又可以提出相应的条件。"

此时的齐王建也明白了，自己再怎么垂死挣扎，齐国也逃脱不了被吞并的结局。他不想秦国占领齐国后屠城，希望能给自己找一条退路。这封信刚好满足了他的这一愿想，于是他借坡下驴道："好，那我们就回复一封箭书，答应秦国使者入城。"

"千万不要这样做！"齐国廷尉说道，"大王，我们好不容易才熬到了和秦军谈判这一步，如果讲和，将士们就会无心守城。"

"一边打一边谈，这也是战争中常常会发生的事情，有什么不可以的？"

"大王，臣觉得这是秦军的阴谋诡计，如果秦国使者在城内整些幺蛾子，我军想防备都来不及，那时候只有后悔的份了。"

"寡人只让使者一人进城，他还能掀起什么浪潮？"

齐王说完，便下令回复秦军箭书。

蒙恬作为这次谈判的秦国使者，坐进箩筐中，被齐国士兵吊了上去，然后被安排进了馆驿。一进馆驿，后胜便赶到了。

"请问贵使姓什么，名什么？"

"在下孟天。"

"孟天？"

"这是在下在外人面前的称呼，"蒙恬说，"我就和相国实话实说吧，其实我是秦国大将蒙恬。"

"啊，"后胜听完跳了起来，说道，"你身为秦国大将，竟然以身试险，就不怕我杀了你？"

"相国既然收下了我国的编钟，我们就是无话不说的一家人，你怎么会出卖自家人呢？"蒙恬面带微笑地说道，"再说，上次齐军和秦军交战，双方正僵持不下，而且齐国已经稍稍占据了上风，正是相国鸣金收兵，让我秦军转危为安。"

蒙恬如此说，相当于是秦国认可了后胜的贡献，于是后胜面带微笑地说道："王贲大帅心领就好。"

"那是当然，大帅可是对相国的好念念不忘。这不，他让我送给相国一千金，作为上次的报答。"

"怎么，还有奖赏呢？"

"我大王向来赏罚分明，如果相国再立军功，大王会再次重重奖赏相国的。"

"这样说，将军这次是带着目的而来的。"

"相国聪明。"蒙恬笑道，"临淄被攻下来是迟早的事情，我大帅为了减少伤亡，因此派我进城，这也是给相国创造一个立功的机会。"

"那你就直接说吧，需要我怎么做？"

"配合我，将齐国城池献出来。"

"这……你我势单力薄，恐怕办不到吧？"

"你是齐国的相国，在军中应该有亲信吧？"

"我后胜仅仅是一个文官，和武将没有任何交往。"

"看来相国是想要同临淄共存亡了，"蒙恬威吓道，"如此一来，破城之日，相国一家一百多口人的性命我就无法保证了。"

涉及家人的身家性命，后胜有所顾忌地说道："蒙将军，我是齐国的国相，如果我背叛齐国，主动献城，有什么回报呢？"

这个老狐狸，原来是为这个！蒙恬立马回答道："我家大王已经答应封你高官。"

"唉，现在是答应了，谁知道你们过后说话算不算话呢？我也不能为了一个空头承诺而做危及生命的事情吧？"赵相国郭开卖国不得好死的结局让后胜心有余悸。

"相国，你看看这是什么东西。"蒙恬已经有所准备，他将王贲的保证书递给了后胜，"上面已经写明，如果相国献城成功，大帅将力保大王封你高官。相国，这可是双层保险啊，况且我大王已经口头答应，而这是大帅的保证书。"

"蒙将军，到时候你要当证人。"

"放心吧，有不尽的荣华富贵等着你呢。"蒙恬摆出一副打包票的姿态。

"既然蒙将军这么肯定，那我们商讨一下怎么献城吧。"后胜说道，"南边城门守城的将领是我的侄子，今天夜里三更时分，你带兵到南边城门那里，以灯笼火为号，你也以灯笼火回应，我看到回应后就立刻打开城门。"

"好，那就这样说定了。"蒙恬内心狂喜。

商议已定，后胜回到齐王宫中，满脸堆笑地对齐王说："大王英明，我已经与秦国使者见面了，我们已经对接了。"

"情况如何？"齐王急忙问道。

"总体来说，这对大王来说利大于弊。秦国使者已经答应，如果大王同意归顺，将保留大王齐国国君的封号，不拿走齐国王宫的任何财产。"后胜面不改色地胡诌道。

"要是这样，秦国为何还要吞并齐国呢？莫不是秦国使者的阴谋诡计吧？"齐王毕竟不是三岁小孩。

"我们已经写好了协议，秦国使者已经把协议书拿回去了，等王贲签了字再送回来。这样我们有文书为证，还担心他反悔不成？"

"这样也好，等寡人看过秦使送来的文书再做决定。"

入夜，整个临淄城一片寂静，伸手不见五指。后胜已经来到南面的城楼上，把自己的侄子叫到一旁，偷偷地说："侄儿，秦军马上要攻破都城了，你我只有战死的份儿了，我给你指一条生路。"

"叔父这是什么意思？"

"马上就到三更了，我已经和秦军约好，向王贲献出城池。"

"这……这……那大王怎么办？"

"现在已经顾不上他了，"后胜劝道，"临淄马上要被攻破了，我们何不在这个时候卖秦军一个人情，如此一来，秦王肯定会善待我们，有享受不尽的荣华富贵等着我们。"

"那好，侄儿就听叔父的。"

"这才是我的好侄儿，"后胜边说边把灯笼递给侄儿，"等三更到了，你就将其点亮，然后悬挂在城墙上，秦军自然会回应的。"

守将将后胜手中的灯笼接了过去，此时，三更梆声正好响了起来，他立马将灯笼点亮，然后高高举起。很快，城外也有一盏灯笼亮起，并晃了一下。后胜看到后，立马让侄儿打开城门，顷刻间，秦军像潮水般涌入城中。

后胜立马迎了上去，对蒙恬说："蒙将军，这是我的侄儿，是我让他打开城门的，他可是配合得很，立下了不小的战功，蒙将军也要酌情奖励他呀。"

蒙恬冷笑一声，拿起手中的枪，朝前一挺，直接刺进了守将的胸膛，说道："这就是对他的最高奖励。"

后胜惊呆了："这……这又是为何？"

蒙恬再挺起一枪，对后胜说道："这同样是对你的最高奖赏。"

后胜手捂胸口，却止不住鲜红的液体汩汩地往外冒，他准备交给蒙恬让王贲签字的文书也被鲜血浸透。

"相国，你就放心地走吧，你的家人我一定会让将士好好照应的。"蒙恬露出了胜利的微笑。

"唉，我这是自作自受哇！"后胜说完，便一头从马上栽了下去。

城内的齐军哪里是来势凶猛的秦军的对手？秦军很快就占领了王宫，齐王建乘坐着一辆牛车，向王贲献出了玉玺。他在投降时还对嬴政抱有一丝幻想，认为嬴政能看在他们多年的交情上，至少分给他一个小城池，让他养老。

但是嬴政显然没有这样的想法，他吞并齐国就是为了一统天下。最终，齐王建被嬴政流放到距离临淄不远的共城，由当地官员监视。到了这个时候，齐王建才明白自己的昏庸无能，惭愧之心与日俱增，没过多长时间，就绝食死于松柏环绕的茅草屋当中。

第八章

秦始皇对外的征战

明法度，称帝始皇

《史记·李斯列传》："明法度，定律令，皆以始皇起。"宋·王安石《上时政疏》："盖夫天下至大器也，非大明法度不足以维持，非众建贤才不足以保守。"

秦王政二十六年（公元前221），这是嬴政人生中最为辉煌的时刻，更是中华民族历史上的"统一元年"。

咸阳城张灯结彩，街头熙熙攘攘，人头攒动，热闹非凡。秦国一统天下后，百姓和士大夫们的脸上都洋溢着笑容。对百姓来说，现在天下统一了，他们不用再出征上战场了。对士大夫而言，现在秦国的疆土面积扩大了好多倍，如果他们被外派去做一个县令，就如同以前的一方诸侯了。

不过，最为开心的还是王室公子和受嬴政宠幸的大臣们。他们盼望着能外封为王或者为侯，为国家镇守疆土，因此每一天都向着那座富丽堂皇的王宫翘首以待。

距离渭桥不远的地方，有一座长杨宫，是嬴政的父亲秦昭襄王时建造的。宫中杨柳环绕，是一个极其清净优雅的地方。此时，这里已经是长公子扶苏的府第。在众多公子和人臣眼中，这是嬴政对扶苏的恩宠，但扶苏并不这样想。

九岁那年，父王就让他离开母亲独自居住在这里，这在众多公子当中极其少见，而起因是他和父王的一次打猎。

那年的秋冬之际，秦国王宫中举行了一次狩猎大赛。王公大臣们个个摩拳擦掌，想在上林苑一较高下。一时间，咸阳城热闹非凡。

嬴政看到这么热闹的场面，不禁嘴角上扬，神采奕奕。他特意把长子扶苏带在身边，虽然当时的扶苏只有九岁，但已经练习骑射一年多的时间了。扶苏坐在马上，看着眼前万马奔腾、呐喊声震天的情景兴奋非常，这是他第一次目睹这么恢宏的场面。他牢牢地掌控着胯下那匹不安分的战马，等待着父王下达命令。

其实，当他得知父王要带自己去狩猎时，他就早早地做好了准备，希望在父王面前好好表现一番，赢得父王的称赞。他虽然是长子，母亲却不受宠，所以他比一般的孩子成熟不少。他知道只有更努力，才能保住自己的地位。

嬴政看着在马背上坐得端端正正的他，脸上露出了赞赏之色。于是问他："扶苏，父王让你对骑射勤加练习，你练得如何呀？"

"父王，儿臣每年都在勤加练习，时刻谨记父王的教诲。"他毕恭毕敬地回答道。

嬴政听了非常开心："那父王今天就来检验检验你练习的成果。赵高，你准备好了吗？"

"大王请放心，这些人都是神射手，他们当中有很多人都是猎户，十分擅长追踪野兽。"赵高立马汇报。

母亲之前就告诉扶苏，赵高是一个阴险毒辣的人，他心中只有大王，从来不把其他人放在眼里。因此，扶苏对赵高没有一丝好感。

"寡人已经好长时间没有狩猎了，你们看那边的狩猎队已经有了不少收获，你们一定要争口气，不要被比下去了。"

众骑士立马齐声响应，不过，他们现在担心的不是收获的多少，而是大王的人身安全。如果大王出事，那可是株连九族的重罪。

嬴政却不顾及这些，说完就策马带头冲了出去，后面是紧追不舍的扶苏，再后面是迅速散开的虎贲军，他们牢牢地保护着嬴政。

嬴政一路飞奔，到了山冈上，身边只有十几个人，其他人散开捕捉猎物。扶苏此时手拿特制的弓箭，环顾四周，想要大展身手。

一只白色的兔子在草丛中跑过，扶苏一下子就看到了。他赶紧弯弓搭箭，只听"嗖"的一声，箭射向了白兔。虽然射中了，但白兔仍然向前蹦蹦跳跳的。

嬴政见状，笑道："扶苏，你臂力不行，看父王射给你看。"说完，他举起了穿云金弩，顷刻间，那只白色的兔子已经躺在地上了。

扶苏马上喊道："父王，您射得太准了！快看，那边有只鹿！"

嬴政一听，立马再次装好弩箭，瞄准了鹿。"嗖"的一声，鹿的屁股被射中。因为受惊，鹿跑得更快了。

嬴政和扶苏不甘心让鹿逃走，在后面紧追不舍。鹿在树丛中窜来窜去，很快就从他们的视线中消失了。他们到处搜索，虎贲军距离他们有一段距离，十分警惕地环顾着四周。

"父王，你看！"突然，扶苏喊道。原来，那只受伤的鹿找到了自己的家人，正躺在地上，旁边有一只鹿在为它舔伤口，边上还有一只小鹿。

嬴政再次举起金弩，对准了正在为受伤的鹿舔伤口的那只鹿，准备将三只鹿一网打尽。

扶苏却有些于心不忍，劝道："父王，将它们都放了吧，它们挺可怜的。"

嬴政看着扶苏哀求的眼神，突然找到了自己一直不立扶苏为太子的原因了——扶苏太过善良。

　　自从读了韩非子的著作，嬴政便明白了很多为君的道理，其中最重要的是：君王要狠，要比手下的大臣们更加心狠手辣，更加狡猾，更加残酷无情，不然如何能掌控他们呢？所以，将天下交给扶苏这样善良的人，他实在是放心不下。

　　于是，他冷冰冰地对扶苏说："父王很少管教你，今天就教你一条为君的原则，那就是不管在什么时候，都不能心慈手软。这三头鹿是十分可怜，但如果不杀掉它们，我们就可能输掉这场比赛，这是父王无论如何都不希望看到的。这句话你要好好记住。来，举起你的弓箭，和父王一起射死它们！"

　　嬴政用极其严厉的目光看着扶苏，这让扶苏有些害怕，他畏畏缩缩地将弓箭举了起来。只听嬴政一声令下，他的弩箭正射中舔伤口的那只鹿，扶苏却没有射中任何目标，那只小鹿仓皇地向远方逃去。

　　这样的结果让嬴政完全失去了猎狩的兴致，他将金弩递给赵高，面露不悦地坐在马背上。扶苏忐忑不安地站在一旁，看都不敢看父王的脸。

　　"扶苏，父王先给你换一位太傅。还有，你要从你母亲那里搬出来，一个人住，知道吗？"嬴政让扶苏单独出来住，是因为他觉得扶苏的善良太像他的母亲了。

　　"好的，父王。那我还能向池子华太傅请教吗？"扶苏舍不得池太傅离开，他们已经建立起了深厚的师生情。

　　嬴政听到扶苏这么问，眉头紧皱，回答道："当然可以，他博学多才，你向他请教又有什么关系呢？"

　　扶苏听到还能向池太傅请教，精神振奋地说道："儿臣谨遵父王教诲！"

　　侍候在一旁的赵高看到这种场景，心有不满。他之前曾有意巴结扶苏，可扶苏始终对他爱搭不理。他知道扶苏不喜欢自己，而嬴政如此器重扶苏，这让他有些不安。

　　总之，这次打猎之后，扶苏就单独出来住了。

　　扶苏不知道父王这样做是有心栽培自己，还是不喜欢自己。如果说父王有心栽培，但只是偶尔问问自己的学业，陪自己打打猎，很少对自己表示关心；如果说父王不喜欢自己，但又经常给自己更换太傅，让太傅督促自己学习，甚至流露过让自己当太子的想法。

　　重要的是，这么多年了，父王迟迟没有立太子之位，这让他有些担心。他是嫡亲长子，并且敦厚明智，早就贤名在外。不管从哪个方面来讲，他都是太子的不二人选。但父王就是不立太子，也没有人敢提。

　　前些天，扶苏在长乐宫见到了母后，母后一副郁郁寡欢的模样，这让他有些难受。如今他已稍懂宫中之事，知道善良的母亲这些年来一直勤勤恳恳，将后宫管理得井井有条，可就是得不到父王的宠爱。之前一直得宠的是胡亥的母亲，终于熬到胡亥的母亲去世，他以为没有人能与母亲相比了，但没想到父王变成了一个更为博爱的人——统一天下后，嬴政在渭水北岸仿造了六国宫殿，专门用来安置六国的美人，他轮流在其中安歇，快活极了。

母后是掌管后宫的人，是一国之母，但一直备受父王冷落，不难想象，她的心情是何等的糟糕。但是，扶苏只能将对父王的不满深埋心中，不敢有丝毫流露。因为父王是全天下公认的旷世明主，如果让天下人知道自己对父王心有不满，那么自己一定会受到天下人的唾弃，那些对他毕恭毕敬的大臣也定会远离他。如此，他的地位就保不住了。

扶苏喜欢儒学，是受到第一任太傅池子华的影响。后来的太傅都是嬴政指定的，多偏向法学，但扶苏始终觉得法学过于严苛，因此难以接受。

虽然扶苏喜欢儒学，但在父王面前，他不敢有丝毫表露。

一日，仆人进来禀告："公子，五大夫隗状求见。"

"快快请进。"扶苏说道。

"公子，您的午饭还没吃呢。"

"没事，等完事再说吧。"

五大夫隗状现在是扶苏的太傅，他出生于戎狄之地。按道理来说，戎狄人一向被中原人认为是没有开化的野人，是不能在朝中当官的。虽然秦国也曾经被其他国家认为是蛮夷之国，但一样轻视戎狄之人，秦国朝中来自戎狄的官员更是凤毛麟角。不过，这位来自戎狄的隗状是一个例外，他不仅当了官，还官至五大夫，是大夫中地位最高的，如今更是被任命为扶苏的太傅，这是很多秦国人朝思暮想的荣耀。

嬴政这么做的目的是什么呢？朝中的百官没有人知道，他们虽然既嫉妒又羡慕，却不敢在嬴政面前提出异议。嬴政现在已经统一六国，被认为是旷世明主，功绩可与三皇五帝媲美。他现在只需要俯首称臣的臣子，而不是在他面前指手画脚的人。

幸运的是，嬴政是一个聪明人。他如此重用隗状，是有自己的打算的——秦国虽然吞并了六国，统一了天下，但在蛮荒之地，还有匈奴没有被消灭。

嬴政经常接到北地郡守的报告，说匈奴骑兵经常入侵中原内地，袭击边境的百姓。自己的天威居然威慑不住那些匈奴，这是他嬴政所没有想到的，虽然内心十分愤怒，但他明白，现在还不是对付匈奴的时候。统一天下的战争一打就是十年，而人生能有多少个十年呢？这时候，百姓都无比渴望休养生息。

但是，嬴政明白"知己知彼，百战不殆"这个道理，想要消灭匈奴，就必须先了解匈奴。而隗状不仅十分了解戎族的习惯，还很熟悉中原的礼仪，这就是嬴政重用出生于戎狄之地的隗状的原因。至于嬴政让他担任扶苏的太傅，就是更深一层的考虑了——即使他这一代灭不了匈奴，也要让扶苏那一代去消灭匈奴。

随着一阵急促的脚步声传入耳中，一个身材魁梧、满脸胡子的大汉出现在扶苏面前。

隗状虽然是一个文官，但从长相上看，颇像一个武官，并且擅长骑射，是一个豪迈之人。

虽然扶苏性情柔和，但与隗状志趣相投，两人常常不拘礼节，相谈甚欢。

"今天早朝后大王单独召见了我，你知道是为了什么事情吗？"

"难道是为分封之事？"

隗状神秘地一笑，说道："是大王要恢复左相邦和右相邦职位，公子觉得谁能担当此职呢？"

"从权势和名望来讲，当然是王绾和李斯。"

"公子只猜对了一半。"

"好吧，那到底是怎么回事呢？"扶苏颇为好奇。

隗状长长地吁了一口气，说道："大王行事一向让人捉摸不透哇，这次实在是太为难我了！这次大王让王绾担任左相，右相竟然让我来担任。李斯知道了，肯定会认为是我抢了他的右相之职。我知道自己没有相才，并不想担任此职，但大王不允许我不接受。公子，你说我该怎么办才好？"

扶苏也没有料到隗状会带来这么一个让人震惊的消息，但聪明的他稍稍思索了一下，便知道了父王这么做的用意。

王绾和李斯都是朝中老臣，势力很大，现在天下已经统一，如果两人都担任相职，父王的大权就相当于落入了他人之手，这是父王所不愿意看到的。因此，他起用了隗状。之所以是隗状，是因为他根基不深，任命他为右相，能够平衡朝中各方势力。如此一来，权力还是牢牢掌握在父王手中。

隗状不愿意担任右相之职，并不是他没有这个能力，而是他不愿卷入朝中纷争。扶苏当然了解隗状的心情，于是劝道："太傅的才能不在王绾、李斯之下，并且太傅十分了解匈奴，匈奴经常入侵中原，这是父王所烦恼的，如果太傅能够帮助父王抵御匈奴，想必父王会感激不尽的。只要父王信任太傅就行，以后还希望得到太傅的支持。"

扶苏在朝中的地位并不稳定，如果隗状能够担任右相之职，这对他来说何尝不是一个天大的好消息呢？

隗状今天来找扶苏，同样是为找靠山而来。他知道王绾和李斯的势力都在自己之上，但自己是扶苏的太傅，而扶苏极有可能继承王位，如果自己能得到扶苏的支持，就没有什么好担心的了。

"公子言重了。既然大王和公子都那么信任我，我就不用担心了。"二人此时已经心有灵犀了。

"上次王绾向父王提起了分封之事，闹得沸沸扬扬的，现在父王有想法了吗？"扶苏接着问道。

"这分封的事情，有利也有弊，就看大王怎么去看了。周室分封，诸侯纷纷独立，战争不断。如果王权一天不如一天，管不住诸侯，反而会受其牵制，会对王室产生极大的威胁。但如果不管什么事情都听令于咸阳，一旦有突发情况，也很难随机应变。"

隗状的这番话说到了扶苏的心坎上，于是，他连忙问道："那太傅当时是怎样回答父王的？"

"不用说，我是持反对意见的。"

听到隗状的这句话，扶苏心中的大石头落地了。他们都知道嬴政是一个重视权力的人，绝对不想重蹈周室的覆辙。不过，朝中还有不少人同意分封，他们也不知道嬴政最终会如何处理这件事情。

一转眼，秦国吞并齐国已经一个多月了，这段时间以来，嬴政几乎每天都忙得四脚朝天。除了奖赏功臣、大办庆功宴外，还有一堆事情等着他去处理。对他来说，这些事情都是第一次接触，所以感到颇有些棘手。与此同时，群臣纷纷向嬴政出谋划策，各种各样的建议让他应接不暇。但是在很多事情上，他必须立马做出决定，这样也好令行天下。

此时，嬴政正端端正正地坐在甘泉宫的大殿上，俯视着群臣。众多臣子则屏息敛声，毕恭毕敬地站在两侧。所有人都心知肚明，这一天注定是秦国不平凡的一天。

嬴政清了清嗓子，用低沉的声音说道："现如今，天下已经完成了统一，百姓亟须休养生息，还希望众爱卿尽职尽责，安抚天下百姓。众爱卿所献国策，寡人都已经读过了，等以后慢慢商定。不过，寡人今天要宣布一件大事，那就是寡人要恢复左右相职，也就是丞相。寡人决定任命王绾为左丞相，隗状为右丞相。"

嬴政的决定让大家十分惊讶，谁也没有想到嬴政会任命隗状为右丞相，于是纷纷议论开来。

嬴政抬起手，示意众人安静，问道："众卿觉得有不妥的地方吗？尽管提出来。"

众官你看着我，我看着你，见王绾、李斯和冯去疾等人都一声不吭，也就没人站出来反对了。

"既然众卿都不反对，那就这样决定了。"

王绾和隗状出列听封，众人纷纷向他们投去了羡慕嫉妒恨的目光。

"御史大夫由冯劫来担任。"嬴政继续任命道。

冯劫原本担任廷尉属官，现在是一下子越了三级，也让众多朝臣羡慕不已。

李斯则是沮丧万分，原本以为自己担任右丞相是板上钉钉的事情，可现在不仅自己没有当上丞相，自己的下属还后来居上。很明显，嬴政是在分化自己的势力，看来他还是对自己和赵高陷害韩非一事耿耿于怀。

这个时候，嬴政突然站了起来，来来回回地走了几步，一副若有所思的样子。

紧接着，嬴政语气平静地说道："韩王是一个背信弃义之人，先是献出玉玺和土地，请求寡人把他当作自己的臣子，可没过多长时间就背叛了誓言，联合赵国、魏国对付我大秦。攻打我大秦没有成功，就派间谍郑国来疲秦，企图颠覆我秦国。这种国家，不能和它讲信用，只能用拳头来对付它。

"赵国是最可恨了，总是背叛盟约，还有李牧，杀了寡人多少兄弟？所以寡人消灭了它。

"魏国一开始说要以君臣相称，然后竟然联合韩国、赵国的残余势力对付我大秦，所以寡人最终水淹了大梁，让它洗心革面，这不错。

"燕王是一个昏庸无能的人，竟然派傻瓜荆轲来刺杀寡人。这种国家，寡人也只能消灭它。

"楚国本来献出了青阳，后来竟然反叛，攻打我南郡。此外，还怂恿中原各国攻打我国，所以我一样消灭了它。

"齐国用相国后胜的计谋，妄图封锁西界，所以寡人最终还是消灭了它。"

嬴政的这番话引起了百官的共鸣，但他的目的并不是缅怀过去。他扫了一眼百官，继续说道："寡人本来是一无足轻重的肉体凡胎，起兵吞并了暴戾的六国，幸好有祖宗保佑，让寡人保存了性命，让天下安定了下来。如果现在不更改名号，那就与寡人立下的这万世功勋不相符了。因此，寡人决定更改王号。"

嬴政一说完，王绾便出列说道："以前的五帝统治的地方不足千里，外夷和诸侯有服从他们的，也有不服从他们的，他们也无计可施。现在大王率领我大秦的正义之师，吞并了那些暴戾之国，统一了天下，天下人用的是同一套法律。这种功勋，即使五帝的功绩加在一起，也没有大王您的功勋大。在天皇、地皇和泰皇中，泰皇的身份最为尊贵，臣认为大王可以叫泰皇。"

赢政听完王绾的这番话，皱了皱眉头。他认为，泰皇虽然尊贵，但毕竟已经有人用过，而他开辟了万里疆土，功劳已经在三皇五帝之上了，那么他的尊号也应该与他们不同。

赢政认真地思索了一会儿后，说道："寡人认为去掉'泰'字，留下'皇'字，再用上古之帝号，称'皇帝'，寡人就为'始皇帝'。"

赢政一说完，下面的百官纷纷响应，认为只有这个称号才与赢政的功绩相称。

这时，李斯出列，说道："商周之王称呼自己为'余一人'，以示区别。臣认为大王可以称呼自己为'朕'，其余人不得用此字，如果用了，就是犯下了大逆不道的罪行，应诛三族。还有，大王出命用'制'，大王所下的命令称'诏'，臣子在上奏之前要说'昧死'。"

李斯说完，赢政心满意足地点点头，说道："那就按照李廷尉所说的去做。还有，以前的国王死了，臣子们就会给他弄个什么谥号，什么周厉王、楚庄王、齐桓公，这是儿子议论父亲，臣子议论君王，实在是太不应该了。因此，寡人决定取消谥号制度。"

谥号制度是西周王朝建立的制度，是君王贵族死后，大臣们根据君王贵族一生的行为给以确定的评价。这一制度可以约束君王贵族的行为，勉励人上进。而赢政认为，给死去的人取谥号有些过分，所以他将谥法取消，解除了君王仅受的约束力。这表明，从此以后，他赢政便可以为所欲为，而不用顾忌后人的评价了。

望着高高在上、踌躇满志的始皇帝，不少人心中嘀咕：大王虽然无比英明，但难免有失误的地方。现在如此独断专行，以后谁还敢大胆进言？

但谥法已经废除，百官也只好按照已经拟定好的程序进入下一项议程。王绾出列说道："现在我大秦已经吞并了诸侯六国，燕、齐、楚三国地处偏远，如果不在那里设置王侯，就不能镇抚当地，请陛下将那些土地分封给几位皇子。"

按照当时的情况，王绾的建议其实是经验之谈，还是比较妥当的。因为当时赢政只是在军事上吞并了六国，但并没有在政治上完全统治六国。如果此时不派人过去镇压安抚，那用不了多久还会出乱子。但是，王绾错就错在，他没有摸透赢政的性情，赢政不是一个爱走寻常路的人。

所以，王绾说完后，赢政没有直接回答，而是问李斯："李斯，你有什么不同的意见吗？"

李斯正等着嬴政提问呢，这是他表现自己、赢得嬴政好感的机会。他与王绾不同，比较了解始皇的性情，知道始皇肯定不愿意分封。

于是，李斯立刻站了出来，说道："从前周王朝创建的时候就搞过分封制，结果分封的皇子之间关系就疏远了。到了后来，各诸侯之间战争不断，周天子却无能为力。现在托英明的陛下之福，统一了六国，建立了陛下直辖的郡县，就没有搞分封制的必要了。对于诸多皇子和有功的臣子，可以极大地赏赐他们，这才是安定天下的方略。分封诸侯的建议，纯粹是没事找事。"

听了李斯的话，百官禁不住窃窃私语起来。在他们看来，李斯提出的这个建议太具有颠覆性了。而这个建议是好是坏，大家有不同的看法，一部分官员选择站在李斯一边，其中就包括刚刚被封为右丞相的隗状，另一部分官员则表示反对。嬴政呢？只见他频频点头，显而易见，李斯说到了他的心坎上，因为他本就是一个专权的人。

就这样，朝中百官分成了两派，一派以李斯、隗状、冯劫为首，反对分封制；另一派以王绾、王翦、冯去疾为首，支持分封制。

两派你一言我一语，唇枪舌剑，互不相让。

"好了，众爱卿不要再争了。之前天下之所以战争不断，就是因为分封制，因为诸侯国的存在。现在天下终于得以安定，如果再搞分封，不是又播下了战乱的种子吗？搞分封制，天下将永无宁日。所以，朕决定不再分封，而要实行中央集权的郡县制。"

王绾等人失望极了，因为他们是站在江山社稷的角度上看待这个问题的。燕、齐、楚三国地处偏远，如果事事依赖咸阳，一旦有意外情况出现，肯定会难以应付。退而言之，如果偏僻地方的县令、郡守私底下违抗朝廷的命令，也算是一方诸侯，作乱的时候就更加肆无忌惮了。但无可奈何的是，他们所说的让嬴政不中意，其提议也无法被采用。

几件大事商议结束了，就该颁布政令了。始皇下诏书，颁布天下施行——

一、改易历数，确立正朔。根据终始五德之言，按照金木水火土相生相克之理，秦代周当得水德，一年的起始之日定位农历十月初一。水在颜色上主黑，所以服色、旌旗、旌节皆以黑色为主。水在数字上主一、六，所以以兵符、节符、法冠皆六寸，车舆长六丈，六尺为一步，六马为一乘。

二、天下分为三十六郡，分别为上郡、巴郡、汉中郡、蜀郡、河东郡、上党郡、太原郡、雁门郡、代郡、陇西郡、北地郡、南郡、南阳郡、三川郡、东郡、云中郡、颍川郡、邯郸郡、钜鹿郡、上谷郡、渔阳郡、右北平郡、辽西郡、砀郡、泗水郡、桂林郡、象郡、齐郡、黔中郡、九江郡、辽东郡、会稽郡、长沙郡、广阳郡、陈郡和闽中郡，关中之地则为内史，不在三十六郡之内。每郡设有郡守，负责掌治全郡；设郡尉，负责掌佐武职兵卒；设监御史，负责监察郡守及郡的治理情况。郡下设县，县下有县令、县丞、县尉。县下设乡或亭，乡有三老（掌教化）、啬夫（司狱讼及征收赋税）、游彻（巡禁盗贼）。亭与乡相同。乡下设里，百户为一里，里有里宰管理。

三、将民间兵器收到咸阳，铸成钟锯，其余铸成十二个各重十二万斤的金人。

四、推行以秦国为准的度量衡制，统一钱币，统一文字，以《仓颉篇》作为推行天下的文字范本。

五、将散住天下的富豪十二万户迁至咸阳。

…………

这一系列政策颁布实施后，始皇心中的大石头落地了，他一手打下的江山没有人能够撼动了。

泰山封禅，始皇求仙得谶语

《史记·封禅书》张守节《正义》解释："此泰山上筑土为坛以祭天，报天之功，故曰封。此泰山下小山上除地，报地之功，故曰禅。"

天下归秦，商贾们来往各地变得自由不少，他们再也不用担心被战争阻断了交通，或者被当成间谍而莫名其妙地被处死。

帝都咸阳，自从十二万富豪迁到这里，这里便成了天下商贾心而往之的地方。

咸阳城外的灞上，一直以来是秦人送客分别的地方。进出咸阳，都需要经过灞上。有店家在这里做起生意来，他们在此搭了一个大棚，棚下铺了不少硬席。准备离开的人和送别的人经常在这里驻足，只需要付几个钱，就能围席而坐，喝喝茶水，吃点食物，作最后的话别。一些商贾在此歇脚的时候，会聊聊各地的行情，讲讲各种奇闻趣事。

一个从楚地来的商贾开口说道："这次我去南郡送货，听说了一件奇事，和我交易的一人找了一个人给他放羊，你们知道这个放羊的人是谁吗？"

围坐在一起的商贾兴致勃勃地回答道:"放羊娃呗。"

"说出来你们可能都不信,那人是楚顷襄王的儿子,曾经也是王孙贵族哇!"

一个带着齐地口音的商贾万分感慨地说道:"这还算不错的。我曾经路过共地,听说齐王被困在松林中,活活饿死了。他可是一国国君,以前的齐人到处传唱一首歌谣。"

有人便问道:"什么歌谣?"

那个带着齐地口音的商贾用凄凉的声音唱道:"松耶,柏耶,住建共者客耶!松耶,柏耶,住建共者客耶!"

这歌声让大家黯然神伤,引起了一片叹息之声。虽然天下统一对这些商贾来说益处颇多,但他们却成了亡国之人,更是有不少人的亲朋好友死在了秦灭六国的战争中。

距离他们没多远的地方,有五个人正在听着他们的谈话。从衣着来看,应该是三个主人和两个仆人。三个主人中有两个年纪相仿,三十多岁,还有一位老者,六十岁上下。

"陛下对六国诸侯太刻薄了,这使那些遗民都心生怨恨。如果不加以疏导,肯定会后患无穷的。"那个头发胡子花白的老者说道。

"父亲所言极是,但可惜陛下是听不到这些言论了。"一个看上去颇为精明的大汉说道。

另外一个看上去忠厚纯朴的人说道:"如果这些话传到陛下耳中,只怕又是一场腥风血雨。现在陛下身边尽是一些溜须拍马之人,陛下听到的都是万民咸服、天下安定的奉承话。你看看赵高,整天一副不可一世的样子,一个中车府令有什么能耐?尽干些谋害忠良的事情!哦,他最擅长拍陛下马屁,现在连左右丞相都要看他的脸色行事,听说最近陛下让他担任幼公子胡亥的太傅。"

说这番话的正是蒙武和他的两个儿子蒙恬、蒙毅。蒙恬说完,蒙毅无不担忧地说道:"胡亥的母亲得宠,陛下对这个孩子也一直宠爱有加。这个孩子的性情和陛下相似,都比较残暴,却一无是处。而赵高阴险狡诈,现在成了胡亥的太傅,对胡亥的成长更为不利。"

蒙武叹息道:"我们直言劝谏,只会让陛下不开心。你们不知道,现在王翦老将军整天带着孙子在渭水边上钓鱼,不问国事,这才是明哲保身之举。你们的母亲已经去世,父亲我也想出去散散心,顺便拜访一下故人。陛下现在任命隗状为右相,我觉得不仅是为了平衡朝中的势力,估计还有更深一层的意思,你们还是要继续多读兵书。"

　　蒙恬、蒙毅兄弟俩互相看了对方一眼，他们已经明白了父亲这句话的意思。

　　蒙毅开口说道："父亲的这些话，孩儿心中明白。只是父亲年事已高，独自出门在外，我和大哥都不大放心。"

　　"没事，有他们两个在，你们不用担心。"说完，便看了那两个身材强壮的仆人一眼，"各地的守军有些原是为父的下属，没有什么可担心的。"

　　两位壮汉也向蒙恬、蒙毅两位兄弟保证道："两位公子放心吧，有我们在，老将军肯定不会有丝毫损伤的。"

　　蒙恬点了点头，说道："我父亲就拜托给二位了。"

　　蒙武看着蒙毅，说道："你大哥还好，蒙毅，为父最担心的就是你，你常常陪伴在陛下身旁，一定要小心赵高。你们可别以为他只会溜须拍马，他也有一些过人之处，与他相处时一定要小心谨慎。这次我出游，也是先向陛下说好了，陛下叮嘱我要体察民情，所以这次出行我也是有任务在身的。好了，天色已晚，你们都回去吧，我也该启程了。"

　　那群商贾不知什么时候早已散去，整个大棚之中，只剩下他们五人。蒙恬、蒙毅兄弟二人站起来送别，望着父亲离去的背影，两人感慨万千。他们能体会到父亲对陛下有着深厚的情感，虽然对他亲近奸佞之臣颇为不满，但依然为其奔走天下，为国家操心。

　　等蒙武的身影消失在夜幕之中，蒙恬嘱咐蒙毅道："你在陛下身旁，跟大哥在外带兵不一样，你要牢牢记住父亲所说的话。"

　　"小弟明白，其实陛下也不是只顾贪图享乐、不管政事的人，朝中的每条政令都是经过陛下批阅后才施行于天下的。再说，李斯、王绾和隗状都十分能干，让陛下省心不少。"

　　"但是天下刚安定下来，安抚百姓、休养生息都是十分要紧的事情。现在虽然没有什么战事，徭役却多了不少。陛下西巡陇西、北地之后，就要开始建造信宫、修驰道，这些都是劳民伤财的事情，并非天下之福哇。"

　　蒙毅听完，苦笑道："大哥所担心的何尝不是我所担心的呢？但陛下认为这些都是必须要做的事情，听不进去呀。"

　　蒙家兄弟果然没有猜错，始皇出巡陇西、北地之后，就要修建信宫、驰道，扩建阿房宫。

　　信宫位于渭水南面，信宫建成后，始皇将其改名为极庙，用此和天极相比。天极是天帝居住的地方，而他居住的极庙是人间的中心，象征是上天让他来主宰人间。这个地方既是拜上天、拜祖宗的地方，也是他处理国家政务的地方。在此之前，祭祀、庆典都要在雍城举行，因为那里是秦国宗庙的所在地，而处理政务在甘泉宫，不太方便，也彰显不出他一统天下的气派，因此始皇出游归来后便开始修建极庙。

极庙落成以后，始皇又修建了一条大道与骊山相连，还修建了甘泉前殿。

始皇出巡时，因为各地道路状况不同，因此饱受车辆颠簸之苦，并且浩浩荡荡的仪仗队因为路面过窄而难以做到始终井然有序，如此就彰显不出他的威仪。等出巡归来，他便立即下令修建驰道。

驰道以咸阳为中心通向天下各处，向东到达偏远的燕、齐，向南到达吴楚，衔接各个郡都。驰道有五十步宽，比四周平地高，地面结实，道路两旁每隔三丈远就有一棵树。有了这些平坦的大道，嬴政调兵遣将起来更加自如。不管哪里出现了叛乱，秦国军马都能迅速到达。

完成了这些事情后，始皇突然想起自己的先祖父惠文王曾有建造阿房宫的想法，但这个梦想还没有实现，祖父便逝世了。现在他是天下之主，十分富有，理应完成先祖的遗愿，以告慰先祖的在天之灵。但是，建造信宫和修建驰道已经耗尽了民力，始皇只好缩减阿房宫的规模，召见不多的工匠在原来的基础上进行扩建。

这么多事情并没有让始皇忙不过来，因为大多数事情，只要他开口，王绾、李斯、赵高、隗状等人都会竭尽全力去办。他们每个人都多谋善断，根本不用始皇太操心。于是，他将注意力放在内宫上面。他经常在六国宫室中流连，开始关心众多皇子、公主的事情。

他得知扶苏还没有立夫人，便为其安排了一门亲事，女方是王绾之女，扶苏听到后立马傻掉了。

望着扶苏一副魂不守舍的样子，始皇问道："你怎么了？难道你对朕安排的这门亲事不满意吗？朕已经让赵高当媒人，他已经见过王绾之女，相貌和才气俱佳，你一定会喜欢的。"

扶苏胆怯地说道："父皇，儿臣……儿臣现在还不想成亲。"

始皇诧异地问道："你不想成亲？你已经二十一了，还是朕的长子，再不立夫人有点不合适。你看你的几个弟弟，都为朕添了皇孙。"

扶苏知道，父皇决定了的事情，想要更改比登天还难。所以趁父皇还不是很坚决的时候，他壮着胆子说："父皇，儿臣心中已经有人了。"

始皇听完，微笑道："原来如此。那你告诉朕，你看上的是哪家的姑娘啊？如果合适，朕也不勉为其难了。"

扶苏小声地说道："是儿臣的侍女。"

"侍女？"始皇的眉毛拧成了一团，"不行，你是朕的长子，怎么能立一个下人为夫人？这要是让天下之人知道，岂不让他们笑掉了大牙？你可以把她收为姬妾，但绝对不能立为夫人，你回去好好准备下，择吉日成婚。"

始皇不容扶苏再解释，就把他轰下去了。赵高看扶苏一副无精打采的样子，心里得到了不少安慰。他知道扶苏不喜欢自己，就不想在他身上浪费时间了。他已经掌控了胡亥，现在他唯一要做的就是培养胡亥，打击扶苏。

见扶苏已经离开，赵高说道："其实这不能全怪长公子，臣之前就听说过这件事情，长公子喜欢一个叫湘儿的仆人，这个女子一直伺候长公子，为人妖媚，经常勾引长公子。陛下，这种人待在长公子身旁，对他不利呀。"

"一个女人能成什么事！只要不被立为长夫人就行。看扶苏这副模样，估计用情已深，还是不要逼迫的好。唉，扶苏还是太软弱了，朕百年之后，这江山要是交到他手中，朕真的放心不下。"

赵高最不愿意听到的就是嬴政这句话，如果嬴政立扶苏为太子，他赵高就是死路一条。因此这个时候应该让嬴政打消这个想法，要是能换成胡亥，就最好不过了。

现在，他见始皇对扶苏不满，就顺着始皇的话说："陛下所担心的有一定的道理，这江山只有像您这样的雄霸之主才能胜任，陛下现在还年轻，何必要为以后的事情忧愁呢？也许您能够永远统治这万里江山。"

"永远统治？你这是睁眼说瞎话吧。"

赵高立马说道："陛下，臣听说成仙得道之人能够修炼不死神丹。陛下现在是全天下最富有的人，如果现在尽最大努力去寻找这种人，那陛下就能实现永远统治天下的梦想了。"

"这也只是传说而已，你怎么能轻信呢？"

"但民间传说也有一定的依据，并不是无中生有。依臣来看，陛下已经统一了天下，功绩超过了三皇五帝，是最应该得到不死神丹的人。"

听着听着，始皇有些心动了。如果能永远统治这江山，他就不用为立谁为太子而烦恼了，但不死神丹听起来是多么虚幻缥缈的东西呀。他压制住内心的渴望，说道："这件事情以后再说吧。胡亥最近如何？朕已经好多天没有见到他了。"

赵高见嬴政已经心动，便不再多说，他担心说得太多会让嬴政反感，于是立即转变话题，说道："臣差点忘了，幼公子最近打猎，猎到一稀有白狐，皮毛像雪一样白，细腻柔软，一直说要献给陛下。"

"难得他一片孝心。朕把他交给你，你可要好好教他。"始皇听到赵高的报告后，颇为开心。

"臣一定会尽最大的努力。但臣只知晓刑牢狱，担心会耽误幼公子，陛下还是请其他贤能之人来教导幼公子吧？"赵高见嬴政夸胡亥，也十分开心，但依然装出一副谦虚的模样。

"朕以法治国，以吏为师，国家现在需要的就是你这种人。儒士知识渊博，能言善辩，但治事不行，扶苏就是毁在这些儒士手上的，现在胡亥千万不能重蹈覆辙了。"

始皇的这番话让赵高看到了扳倒扶苏的希望。

一个月后，扶苏娶王绾之女。始皇趁这个好日子令天下臣民大庆，各地郡守上奏，说百姓都感谢陛下的天恩。始皇十分开心，但他依然觉得心里空落落的。

李斯抓住机会对嬴政说道："陛下上承天意，下顺民心，有平定天下的功绩。在过去，天子为了彰显其功绩，会封禅泰山，陛下现在江山万里，功劳已经超过了古时候的天子，理应行封禅之礼，使天下百姓明白陛下是在替天行事。"

始皇本来就有出巡的想法，想看看驰道修建得怎么样了，但一直找不到合适的理由。在第一次出巡之后，他就喜欢上了这种方式，既可以体察民情，又可以彰显自己的威仪。

李斯的一番话说到了嬴政的心坎上，但他对封禅泰山之礼知之甚少，除了知道这是天子才能行的大礼外，其他的一概不知。

"这封禅之礼到底怎么样？朕不太清楚。爱卿能够为朕解释一番吗？"

李斯虽然是一个博学强识之人，但要详细解释一番，还是有些为难，因为对礼仪之学研究最为透彻的是儒家，他李斯这么说，不过是投始皇之好，为其找一个出巡的理由。于是回答："封禅是自古有之，到今天已经传了七十二代。周朝规定，只有天子才可以祭拜泰山，诸侯只能祭祀境内的山。至于如何行封禅泰山之礼，为臣也不是很明白。这件事情，可以问问儒学之士。"

嬴政知道这是李斯的短板，便不再追问。其实，他想封禅泰山另有一番深意，泰山位于偏僻的齐地，这是他最后征服的地方，也是很多叛乱分子聚集的地方，他想借这次出巡的机会威慑一下他们。但是，不少大臣并不赞同始皇封禅泰山之行，他们认为如此大费周章不过是为了彰显皇威，实在不值得。

王绾就委婉地劝嬴政道："陛下封禅泰山，一定会大张旗鼓，但现在天下刚安定下来，诸侯各国的余孽还没有彻底清除掉，尤其是齐地，很多不愿归顺秦国的人都聚集在此，臣担心他们会惊扰到陛下。"

隗状也说："据微臣所知，只有周成王和其后的几位君王行过封禅之礼，周室向东迁移后就再也没有行过封禅之礼了。以前齐桓公称霸诸侯，也想行封禅之礼，但被管仲阻止了。管仲说：'天下没有出现吉祥的征兆之前不要行封禅之礼，这会惹恼上天，为自己招来祸端。'所以，臣认为还是小心行事为好。"

李斯见左右丞相都反对，便偷偷示意御史大夫冯劫向陛下进言。这下，冯劫为难了，因为他既不愿意得罪李斯，也不愿意得罪两位丞相。该怎么办呢？冯劫的头脑开始飞速运转：王绾和李斯相比，王绾官位较高，并且刚和陛下结为亲家；而隗状虽然位居右相，在朝中却没有什么势力……这样一想，冯劫就有了主意，站出来反对隗状道："齐桓公只是一方诸侯，怎么能和陛下相媲美呢？陛下统一天下，这是天意，吉祥的征兆早在孝文公时就出现过。孝文公猎黑龙，正是得了水德之瑞，如此才吞并了周室。此时正应封禅泰山来回应天帝，感谢上天的保佑。"

隗状见冯劫完全是冲着自己来的，正准备反驳，却被始皇制止了。

"两位爱卿说得都十分有道理，大家不要再争论了。"

几位重臣的关系十分微妙，这正是他嬴政一手造成的。如果这个时候嬴政不出面调停，冯劫势必会与隗状不和，这时冯劫就会投靠李斯，而隗状也一定会去找靠山，这个靠山就是王绾。一旦形成了两派完全对立、各自为政的局面，他嬴政就难以控制了。

事实上，嬴政已经决定东巡，但如果他这样做，就要对王绾和隗状进行安抚。于是他对二人说道："两位爱卿所言有理，都是为了朕和国家着想。其实，朕此行不仅是为了封禅泰山，最关键的还是想巡视齐地，体察当地民情，将那些残党清除掉。"

始皇这样说，百官纷纷表示赞同。王绾、隗状觉得陛下接受李斯的建议，只不过是顺道干的事情；李斯和冯劫则认为陛下最终接受了他们的建议，他们占据了上风。

东巡的事情就这样定了下来，剩下就是做好准备工作了。始皇决定这次带上自己所有的宠臣，日常的政事就交给扶苏处理，由蒙毅来辅佐他。为了显示皇帝的威严，始皇还在车驾上下了一番功夫。

秦始皇二十八年（公元前219），一切准备工作做好后，嬴政率领气派的车队，开始了东巡之旅。

辟恶车走在车队的最前面，上面有芦苇矢、桃木弓，能够将厉鬼射死，用来驱除不吉利的东西。前面的随从车都用虎皮罩住，最后两辆车上都挂着豹尾。

属车按照五行配五种颜色，又按照五行的方位围住始皇的金根车。

金根车由六匹健壮的纯黑河曲马拉着，车盖像一个庞大的穹隆，四面的墙壁上都画有鲜艳的夔龙凤云纹，甚至车衡两端和驾车的轭钩都被银镂花包裹着。御马车夫个个头戴切云冠，腰上配有玉饰，大家都神采奕奕，十分威武。

紧跟着金根车的是八十一辆大驾属车，随从的姬妾和宠臣就坐在里面。

几千名精干的虎贲军分布在车队前后，他们骑在战马上，有的人拿着长戈巨斧，有的人撑着象征皇帝威严的五彩旌旗。

一路上都是争相观看的老百姓，到了阿房宫工地，泗水亭长刘邦看到后，感慨万千地说道："唉，真正的英雄就应该是这样的。"

车队一路东行来到邹峄山下，到了齐郡境内。邹峄山高大险峻，刚好又是仲春时节，春光灿烂，嬴政决定带领大家上山游览一番。游览结束后，李斯在嬴政的命令下即兴赋诗一首：

> 皇帝立国，维初在昔，嗣世称王。
> 讨伐乱逆，威动四极，武义直方。
> 戎臣奉诏，经时不久，灭六暴强。
> 廿有六年，上荐高号，孝道显明。
> 既献泰成，乃降溥惠，亲巡远方。
> 登于峄山，群臣从者，咸思攸长。
> 追念乱世，分土建邦，以开争理。
> 攻战日作，流血于野，自泰古始。
> 世无万数，施及五帝，莫能禁止。
> 乃今皇帝，壹家天下，兵不复起。
> 灾害灭除，黔首康定，利泽长久。
> 群臣诵略，刻此乐石，以著经纪。
> ⋯⋯⋯⋯⋯

车队离开峄山后，直接奔向泰山，而齐郡郡守早就带领地方官和七十个当地最负盛名的儒生在那里等候了。

当始皇交给这些儒生拟定封禅的具体礼仪的任务时，他们颇为为难。按理说，这件事情并不难，但自周室东迁后，就废掉了泰山封禅大礼。孔子研究过上古时期遗留下来的文籍典册，想要恢复泰山封禅之礼，但苦于文献不足，并且天下诸侯之间的战争日益激烈，他就没有了向弟子传授泰山封禅之礼的机会，因此这些儒生最终也不知道泰山封禅之礼的具体礼仪。但这是一个向始皇表现的机会，秦国一直以来轻视儒生，如果能够凭借这件事情获得始皇的欢心，他们也可能入朝为官。

在这种情况下，这七十个儒生认认真真地研究了一遍孔子、孟子流传下来的典籍，参照种种封祭大礼，最终拟定了一套庄重的封禅仪式，然后将其献给了嬴政。嬴政看了看他们递上来的奏章，皱眉道："封禅之礼不是一向很烦琐的吗？"

众多儒生以为嬴政嫌他们拟定的泰山之礼太过简单，立马说明道："陛下，这个礼仪看上去十分简单，但真正施行起来也是十分烦琐的。"

原来，众多儒生秉着大礼崇尚简朴的原则，让始皇坐着蒲草包裹车轮的车子上山，登上山顶后，众人先扫地祭祀，并在上面铺上秸席，始皇坐在上面祈祷天帝。但是，始皇觉得这个礼仪不切实际，不住地在心里骂他们迂腐。首先，他们难以在极短的时间内找到那么多包裹车轮的蒲草。其次，让他率领众多文武百官登上那么高的泰山，他的君王威仪何在？

始皇压住火，反问道："这礼仪还真是不简单，不过按照你们所说，朕只能一步步爬上泰山顶了。如果不这样，你们教朕一个带着车队上山的办法？"

众儒生这才听出嬴政的不满，也才意识到自己犯了一个天大的错误，那就是没有意识到始皇是一个重视君王威仪的人。但事情发展到这个程度，也只能按部就班下去。如果这个时候为了迎合始皇而更改礼仪，那儒家知礼守礼的名义也将不复存在。

始皇再也不愿意听众多儒生解释，便对齐郡郡守说："让这些人从哪里来的，就滚回哪里去。"

齐郡郡守一听脸色大变，他本希望借这个机会赢得始皇的好感，没想到讨了个没趣。

儒生们见白忙活了一场，心中十分愤懑，但是迫于始皇的威严，他们只得保持沉默。齐郡郡守将他们骂得狗血淋头后轰回原籍，又下令禁止他们为官。

心心念念的荣华富贵没有得到，反而遭到了严厉的惩罚，众儒生现在已经不对荣华富贵抱有任何幻想，而是对始皇心怀仇恨，到处宣扬他是一个不讲礼仪的暴君。

虽然斥退了儒生，但封禅之礼还是要继续下去。既然没有人知道具体的礼仪，始皇索性由着自己的性子来办这件事情。

始皇调来士兵，让他们从泰山的南部开辟道路，修建了一条直接通向山顶的大道。修建好后，始皇直接率领车队来到了泰山之巅，然后由太祝来主持仪式，按照雍地祭祀天帝的礼仪来进行。始皇十分开心，让李斯即兴作赋一首，来歌颂他的功德：

> 皇帝临位，作制明法，臣下修饬。
> 廿有六年，初并天下，罔不宾服。
> 亲巡远黎，登兹泰山，周览东极。
> 从臣思迹，本原事业，祇诵功德。
> 治道运行，诸产得宜，皆有法式。
> 大义休明，垂于后世，顺承勿革。
> 皇帝躬圣，既平天下，不懈于治。
> 夙兴夜寐，建设长利，专隆教诲。
> 训经宣达，远近毕理，咸承圣志。
> 贵贱分明，男女礼顺，慎遵职事。
> 昭隔内外，靡不清净，施于后嗣。
> 化及无穷，遵奉遗诏，永承重戒。

封禅之礼结束后，始皇率领车队下泰山。车队行驶到半山腰处，突然乌云密布，一阵狂风吹了过来，士兵们想要撑住大旗变得越来越困难，不断有人被大风吹下马去，马匹因此受到惊吓，在车队中窜来窜去，几个士兵竟然被挤得掉下了悬崖。

始皇抬头望望天，看着漫天乌云有些害怕，担心是因为自己没有按照儒生的礼仪来祭祀而惹恼了上天。

"陛下，马上要下暴雨了，要不大家找一个地方躲躲雨再走？"赵高禀告道。

但是这半山腰哪里去找避雨的地方？正在始皇迟疑时，赵高再次说道："陛下，前面有一棵遮天蔽日的松树，您可以去那里躲躲雨。"

这狂风令人胆战心惊，用不了多久，暴风雨就要来了，如此他就会和众人一样狼狈不堪，岂不是有损他的君王威仪？

"好吧，朕就在那棵松树下暂时躲避一下吧。"

始皇刚走到大松树底下，磅礴的大雨便倾天而降。始皇看了看这棵松树，有两个人环抱那么粗，枝叶向四方伸展着，郁郁葱葱，浓密得一点空隙都没有。

暴雨一来，车队更加混乱不堪了。始皇见松树下面还有一大块空地，便让近侍把几个重要的大臣叫来避雨。很快，王绾、隗状、李斯等人赶来，不过全成了落汤鸡。

看到他们狼狈的样子，始皇偷偷庆幸自己早到了一步："众位爱卿都淋透了吧，赶紧来这里躲避一下。"

这几人都十分尴尬，他们平时展示给嬴政的都是一副严谨的模样，可这场大雨让他们个个都狼狈不堪。树下一直有雨滴下来，但比外面好不少。近侍还在始皇的脑袋上撑了一个冠盖，使他免受风雨之苦。

这几个人眼见赵高身上也是干的，自己却如同落汤鸡，心里就不大舒服，没有一个人愿意开口说话。

始皇却很开心地说道："这棵树为朕挡雨，使朕免受风雨之苦，如果它是一个人，朕一定会好好奖赏它一番的。"

赵高立马上前奉承道："陛下，您上承天意来统治百姓，哪怕是树，也是一样可以封赏的。"

"你说得没错，那朕如何封赏它呢？要不封它为五大夫吧？"始皇稍稍想了想便脱口而出，"只要是有功，管它是不是人，一样可以得到封赏。"

几位大臣听到后，你看着我，我看着你，他们没有料到一棵平凡的大树竟然一跃而成为大夫中最尊贵的一级。他们明白，始皇这句话是对他们这些人说的。大家谁也没有接话，依然沉默不语。

暴雨来得快去得也很快，马上就晴空万里了，始皇下达了下山的命令。车队已经没有来时那种威严的气派了，士兵们个个都湿淋淋的，旌旗不展，如同一支战败的军队。

儒生们得知了这个消息后，个个幸灾乐祸，更是到处宣扬他不守礼节，惹怒了上天，天帝降暴雨来惩罚他们。

封禅完泰山，始皇继续向东行进。他先到了临淄，在原来齐王建的宫殿中休息了几天，然后向东出发，经过黄（山东黄县）、腄（山东福地）这两个地方，到了成山（山东荣成境内）、芝罘（山东烟台北）刻石歌颂秦国的功劳，然后离去。

始皇每经过一个地方，就会将当地郡守或县令召集过来询问一番，体察民情，了解政务，更重要的是查访六国遗族是否有叛变的举动，其次是各地对秦国法律的执行情况。

秦法严苛，六国百姓一时难以适应。始皇统一天下后，秦律施行于天下，推行的力度很大，天下百姓都受到了约束，但依然不断有边境民众违反法律、聚众作乱的消息传到咸阳。这次始皇亲自询问各地官吏，发现徇私枉法的人立马严惩，这让沿途的各地郡守、县令如临大敌。

虽然这一路上，始皇耍尽了威风，但他始终不太开心，对于随行的姬妾，他已经腻了。当赵高小心谨慎地询问让哪位姬妾侍寝时，他没好气地说："换来换去的，也就那几个。"

赵高已经明显感觉到始皇不开心，所以这段时间一直小心伺候。此时此刻，始皇的语气证实了他的猜想。于是，他拿出早就准备好的"台词"，说道："陛下，您不必为此烦恼，臣有一方法，只是……"

"有话就直说，不要吞吞吐吐的，难不成你想让人将咸阳的美人送过来？"赵高的话语已经成功吸引了始皇的注意力。

"陛下，臣的意思是，我们可以到一地，在当地搜寻美女，如此既避免了宫中的姬妾遭受奔波之苦，还能够见识一下天下的美女。"赵高耳语道。

"这个办法倒不错！但是……"始皇有些拿不定主意，他担心如果此事传出去，百姓会说他出巡只不过是为了广罗天下美女，他君王的颜面、威名何在？

见始皇还在犹犹豫豫，赵高立马补充道："陛下如果觉得没有必要惊动各地郡守，臣可以为陛下打点好一切。"

赵高的这席话让始皇踏实下来，他一向放心赵高的办事能力，但不可否认的是，这又给赵高提供了一个徇私的特权。因此嬴政有些迟疑，但转念一想："只要朕严加防范，还玩不过他赵高？"最终，始皇禁不住诱惑，答应了："那好吧，这件事情交给你去处理，如果朕听到了什么不好的风声，就要拿你是问了。"

"臣明白，陛下请放心，如果出了什么岔子，您找臣就行，臣全权负责。"赵高心里明白，自己在处理政事方面不如李斯和王绾等人，所以一定要在这类私事方面为始皇出力，让始皇知道自己是有用的，对自己产生依赖感。

一路上，赵高趁搜寻美女之机，疯狂地搜刮钱财。各地官吏知道他很得始皇的宠爱，就使劲地巴结他，对他中饱私囊的行为根本不在意。

接下来的每天晚上，始皇都能见识到各地风情万种的美女，这让他感到快活极了。始皇心情大好，一路前行，直接来到了琅邪郡。

琅邪郡地处黄海边上，原来是东夷人、淮夷人居住的地方。从西周到春秋，这里一直是蛮荒之地，不为人知。直到吴越争霸，越王勾践吞并了吴国，北上统治了中原地带，才在此号令诸侯，尊奉周王为中原之主，抵御北方游牧民族。

始皇登上琅邪台，立马陶醉在美丽的海景当中，想象着当年勾践在此号令诸侯的情景，不禁有些心向往之。

但是，这座琅邪台经过两百多年的风吹雨打，已经变得破败不堪，这让始皇感到有些可惜。于是，他决定恢复琅邪台昔日的风貌，下令三万百姓迁徙到这里，并免除他们十二年的赋税，让他们在这里安居乐业。

为了显示自己君王的威仪，他还建造了一座更大的琅邪台，以及一座行宫，他每天除了在行宫中醉生梦死外，就是登上琅邪台欣赏海景。

琅邪台建在一座伸入海水中的高山上，三面是悬崖峭壁，四面都能看到海景。这天，始皇再次带领众多大臣登上琅邪台欣赏美景。突然，他听到有人喊道："大家快看，那是什么？"

始皇循声望去，只见一座金碧辉煌的楼阁出现在海中央，悬在半空中闪烁着。

海中那个位置原来什么都没有，这到底是怎么一回事呢？始皇心中除了震惊还是震惊。

这个时候，随行的人员中有人跪了下来，不断地磕头道："这是一座仙岛，这是一座仙岛，上天显灵了！"

紧接着，一大帮人都齐刷刷地跪了下来，不住地磕着头。

李斯上前，跪在始皇面前说："陛下，这是天降祥瑞，保佑我大秦啊！陛下的万里江山一定能够千秋万代地传下去，万岁万岁万万岁！"

众多大臣也跟着高呼万岁。

"朕亲眼见到仙岛了！朕亲眼见到仙岛了！如此看来，这世上真的有仙人，那朕也能够长生不老了！朕得到了上天的保佑，已经没有什么可担忧的了。"始皇想到这里，也跪了下来，感谢上天的保佑。

很快，仙岛就消失不见了，往日晴空万里、波涛翻滚的景象再次出现在眼前。

始皇在琅邪台上看到仙岛的消息马上传了开去，琅邪术士借这个机会向始皇奏书，胡诌道："海中有蓬莱、方丈、瀛洲三座神山，山上有仙人，仙人手中有不死仙丹，陛下可以派他们去取得仙丹。"

众多术士的话让始皇极为心动，他希望得到不死仙丹，那样他就能永远统治自己一手打下的万里江山了。但与此同时，他又十分疑惑：从古到今都没有听说人能够不死的，这件事情实在是太虚无缥缈了。那天所见到的仙岛也只是一瞬间的事情，过后细细想来，除了臣子们高呼"万岁"的声音清晰外，一切都是模糊的。他于是下令把这些术士的首领徐福叫过来问问，再决定要不要去寻仙丹。

徐福是琅邪赫赫有名的术士，早年拜儒生为师，后看到儒生没有受到君王们的重视，便改炼方术。他十分擅长星象占卜，再加上会察言观色、能言善辩，很快便成了齐地术士之首。

徐福三十多岁的样子，三绺长长的胡子飘荡在胸前，颇有几分仙气。

见到徐福，始皇开门见山地问道："爱卿上书说海中有三座神山，描述得很细致。不过朕十分迷惑，这仙山真的存在吗？爱卿去过那里吗？"

徐福一听，就知道始皇对仙山的事情持半信半疑的态度，他不假思索地回答道："是的，臣曾经到了方丈山，那里的飞禽走兽都是白色的，满地都是各种从来没有见过的花草，房子都是由金银建造而成的。山上的树上结有长生之果，凡人吃了后能够长生不老。但臣是一个没有福气的人，没有得到此长生之果。"

"那是什么原因呢？"始皇疑惑地问道。

"仙人告诉我，福浅之人吃了这长生之果，虽然能够长生不死，但会变成飞禽走兽，所以岛上的飞禽走兽很多。只有福厚之人，吃了长生果后才能成为仙人。"

始皇听完后，兴致勃勃地问道："那什么人才称得上是福厚之人呢？"

"福厚之人是上承天意、恩泽遍及众生的人。"

上承天意，恩泽遍及众生？说的不就是他嬴政这样的人吗？朕受命于天，统治众生，众生也因受到朕的恩泽才免受战乱之苦。想到这里，始皇急急地问道："那爱卿看看，朕是否是福厚之人呢？"

"陛下如果不是福厚之人，那天下就没有福厚之人了。"

"爱卿说的是真话吗？那朕能够见到神山吗？"始皇不禁有些心花怒放。

"臣所说的都是真话，不敢欺骗陛下，如果欺骗陛下，臣愿意承受磔刑。"

磔刑即车裂酷刑，始皇听见徐福这样说，就更加信以为真了。

"那朕什么时候能见到仙山呢？"

"臣会为陛下安排好一切，具体什么时候，臣也说不好，因为必须先得到仙人的指点才行。但臣以为，应该不会超过一个月。"

"好，那朕就静候佳音了。"

在接下来的时间里，一到晴空万里的日子，徐福就让始皇登上琅邪台，祭拜上天。眼看一个月的期限马上要到了，始皇依然没有看到神山，不禁有些按捺不住，心里琢磨：不会是自己有什么不检点的地方，惹恼了上天，因此不再显示祥瑞？

就在这个时候，海中竟然现出了群山，山上都是郁郁葱葱的树林，还能隐约看到飞禽走兽、流泉飞瀑。

"陛下，这一定是瀛洲，瀛洲上面有长生之水，那道飞泉就是，喝一口便能长生不老。"徐福抓紧这个机会向始皇说道。

眼前的情景已经让始皇震惊不已，他此时更相信徐福所说的话了。

事实上，徐福不过是在胡诌，他们所见的不过是现在人们所说的海市蜃楼。徐福曾经在琅邪台待了几年，经常见到海市蜃楼，经过一番观察，他发现这种情景经常出现在盛夏之时。尤其是在晴空万里的日子里，一个月往往能见到几次。并且他擅长星象之学，只要分析星象，就能大致推算出天气，因此才敢在始皇面前那样保证。

这个时候，始皇已经对徐福所说的话深信不疑了，于是派他带上金银珠宝去寻找长生果、长生水和长生丹。按照徐福所说，长生丹在蓬莱，长生果在方丈，长生水在瀛洲。三座神山，只要抵达其中一座，就能取得长生之物。

过了十几天，徐福回来了，但并没有带回嬴政所求的长生之物。他如此解释道："臣这次到了蓬莱山，仙人问我：'你是西皇派来的使者吗？'臣一想，自己是从西边来的，那仙人口中的西皇一定指的是陛下，于是回答'是'。仙人又问：'你为何来到这里？'臣回答说是为西皇取长生丹，仙人说臣所送的礼物太微薄了。臣问他需要什么礼物，仙人说要五百童男、五百童女、百名技师和谷物种子，如此才能换得长生丹。所以，臣才返回，向陛下汇报。"

始皇现在一心想求得长生不老药，对徐福的话深信不疑，立马命令大臣按照徐福提的要求去办。在很短的时间内，童男、童女、技师和谷物种子都凑齐了。为了防止有意外情况发生，始皇还赐给徐福数百名士卒。所有的东西装进去，满满三大船，徐福这才扬帆启程。

自徐福离开后，始皇就每天盼望着，希望徐福能为自己带来长生之物。但是一转眼，三个月过去了，徐福音信杳无，而咸阳还有不少政事等着始皇去处理。无奈，始皇只得率领文武百官离开了琅邪。

始皇不愿多作停留，途经彭城（今江苏徐州），到衡山（今安徽霍山），经过安陆（今湖北安陆），抵达南郡、武关，最后回到了咸阳。

在咸阳，始皇依然日夜期盼着徐福的消息，但还是一无所获。到了第二年春天，始皇再也按捺不住，决定再次东巡，他还要去琅邪一趟，在那里等候徐福为自己带回长生之物。

旌旗招展的庞大车队从函谷关出发，途经颍川郡（今河南），直奔临淄，一个月后便来到了芝罘。始皇在芝罘东观刻完歌颂其贤德的词后，便来到了琅邪台。

此时的琅邪比上次热闹了不少，迁徙来的三万户百姓在这里过上了男耕女织的生活。因为始皇免除了这个地方百姓十二年的赋税，所以来这里耕织、经商的人日渐增多。

琅邪台还是那个琅邪台，行宫也还是那个行宫，但始皇已经没有了往日东巡的心情。他现在一心盼望着徐福，但留守在这里的士卒告诉他，徐福没有回来过，他听后十分丧气。

难道徐福在欺骗他？不会的，毕竟他亲眼看见过神山。难道是徐福取得长生之物后独吞了？但他曾经说自己是没有福气的人，吃了长生之物会变成禽兽。如此看来，一定是他的船只在海中遭遇了不测，并没有找到神山。就这样，始皇一会儿怀疑徐福，一会儿又为其长久不归找原因来自我安慰一番，内心烦躁至极。

始皇每天都会登上琅邪台，遥望东方，希望海天相接之处，徐福的船只能够出现，但每次都毫无收获。就这样，十几天过去了。无奈之下，他率领文武百官取道临淄，途经邯郸、上党，返回咸阳。

这几年来，嬴政沉迷于酒色当中，身体发生了很大的变化。原来结实的身体变得臃肿肥胖，两颊下垂，如果不是那浓黑的双眉和那炯炯有神的目光，估计没有人能想到他就是令六国民众驯服的秦始皇。

"赵高，你说朕是不是老了？"

"陛下怎么会老呢？只要徐福为陛下取回长生不老之物，陛下就能够长生不老了。"

"你可别提徐福了，一提他，朕就生气。他是不是在欺骗朕？为何这么长时间一点消息都没有？"

"应该不会吧，那仙岛是陛下亲眼所见，不会有假。臣认为他是在海上遭遇了什么不测，所以才会到现在一点消息都没有。事实上，天下的奇人异事多的是，陛下可以让各地郡守将他们都送到咸阳来，再令他们去寻仙访药，如此一来，寻得长生不老之药的机会是不是更大？"赵高蛊惑始皇道。

赵高不希望始皇对寻仙访药一事失去兴趣，因为这是他表现自己的机会。不管天下有没有仙人和长生不老药，只要始皇相信有，那赵高就不会失宠。

有的时候，赵高真的希望徐福能够寻回长生不老之药，让始皇永远活下去，这样他就不必为以后的荣华富贵担心了。他相信，只要始皇活一天，他现在拥有的就都不会消失。但是，如果终有一天，始皇逝去，那么接替皇位很有可能就是扶苏，但偏偏扶苏一向不喜欢自己。所以扶苏一旦当上皇帝，肯定会拿自己开刀。而胡亥虽然已经十四岁了，却只喜欢美女和狩猎，始皇为他请来的太傅，不是被他气走，就是被他轰走，到现在还一点作为都没有，赵高一想到这里就脑袋痛。

始皇则没有想这么多，听完赵高的一席话后，点头道："你说得对，朕应该早就想到这一点的，你快去办这件事情。"

"是，陛下。"赵高开心地离开了。

与此同时，李斯却为难不已，因为赵高在有意拉拢他，并向他透露，始皇有立胡亥为太子的想法。

在李斯心中，扶苏刚毅、仁慈、有勇有谋，早就贤名在外，又是嫡长子，始皇百年之后，理论上说，皇位应该由他来继承，并且在朝廷中，隗状、王绾、蒙恬、蒙毅等重臣都站在扶苏这边，胡亥根本无法和扶苏相提并论，不值得自己去支持。

李斯想站在扶苏这边，但一想起自己曾经联合赵高陷害韩非，始皇一直对这件事情耿耿于怀，而赵高此人十分阴毒，什么坏事都干得出来，让他颇为忌惮。因此在这件事情上，他一直模棱两可，不敢表明态度。

不久，扶苏联合蒙毅、冯去疾联合上书，向始皇进献"自实田"的策略。始皇看了，不住地称赞扶苏，让扶苏负责督办，在全国施展。

这其实是蒙毅和冯去疾等人为了提高扶苏的声望，扬其贤名而策划的。"自实田"的具体内容有：

一、令黔首向官府呈报自己土地的数量。

二、国家承认其所占有的土地，并给予法律上的保护，以后按所占土地的亩数缴纳租税。

自商鞅变法后，秦国一直施行的是授田制度，即国家根据户口、百姓的数目来分配良田。通常情况下，是一夫百亩，并制成辕田为其恒产常制，不再更换。而对于有功劳的人，官府会赏赐其大量良田，良田的多少由其爵位决定。按律法来说，这些人死后，所赏赐的田地会收归国家所有，但实际情况是，不少赐田都由这些人的子孙继承了，因此成了恒产。

伴随着授田和赐田的增多，国家持有的公田数量在急剧减少，严重影响了国库的收入。再加上在战争的影响下，人口大规模流动，国家难以确定每户的土地，因此赋税的标准也难以确定，于是国家按照人头收税。在这种制度下，穷人因为没有钱交税就走上了逃亡之路，而富户也不用多交赋税，因此国家能够收到的赋税就越来越少了。

扶苏等人针对这一政策的弊端，提出了"自实田"政策来增加国家收入，这自然让始皇十分开心。这个法律一颁布，百姓们乐不可支，称赞始皇英明，扶苏的贤名也广为人知。

始皇见扶苏有贤能，便将自己手上的一部分政务交给了他，自己则把更多的精力花在寻仙问道和广罗天下美女这两件事情上。这么长时间，徐福依然杳无音信，这不禁让他有些灰心丧气，但赵高很快又替他找到了感兴趣的事情。

在赵高的张罗下，各地有名的术士纷纷奔咸阳而来，他们想要为自己谋得荣华富贵，想要接近始皇，前提是他们得讨好赵高。如此一来，不少人投奔到赵高门下，充当他的门客。

这个时候，赵高见扶苏名望日盛，担心照这种形势发展下去，扶苏很可能会被立为太子，这让赵高忐忑不安起来。于是，他与众多术士联合起来，想了一个阴谋诡计。没过多长时间，咸阳街头就流传起了一首歌谣：

神仙得者茅初成，
驾龙上升入泰清，
时下玄洲戏赤城，
继世而往在我盈，
帝若学之腊嘉平。

赵高立马将这件事告诉了始皇，始皇听完歌谣后不明白是什么意思，就让赵高查查。

赵高找来两个术士：一个叫侯生，一个叫卢生，都称自己师出得道仙人茅初成。始皇听完后，顿时兴致勃勃，便问他们民间所传的歌谣是什么意思。

赵高早就和他们串通好了，只见卢生镇定自若地说道："这首歌谣是在下的师父得道成仙时留下来的。在下的师父一直在华山修道，并在上个月得道成为仙人。"

"这世上真的有得道成仙之人吗？"始皇瞪大眼睛问道。成为仙人，比长生不老更具吸引力。

"师父成仙飞升而去，这是臣亲眼所见。当时天上遍布五彩祥云，一条金龙穿过云彩来到地面，师父乘坐着这条龙飞走了，走之前留下了这段谶语。"

卢生一边说一边比画着，让人产生身临其境之感。

侯生接着说："师父留臣二人在人间，就是要完成这段谶语，也就是这首歌谣上所说的事情。陛下只要将腊祭改成嘉平，就能够修道成仙。"

"陛下，这两人都是赫赫有名的术士，并且能够炼仙丹。臣已经吃过他们炼成的仙丹，一吃完，便感到精神抖擞、神采奕奕。陛下何不试一下呢？"赵高在一旁起哄道。

"那就按照你所说的，传朕旨意，将今年的腊祭改成嘉平，并每里赐两只羊和六石米。"始皇没有想到，这是赵高和术士串通好的，目的是让他沉迷于神仙之术，从而远离扶苏、王绾等人。

赵高一边让术士用神仙之术吸引始皇，一边为始皇广罗天下美女，让他沉湎其中。

在卢生和侯生两人所炼的丹药的帮助下，始皇一时精神大振，尤其是在与姬妾们享受鱼水之欢时，再也没有之前那种力不从心的感觉，因此他愈加信任卢生和侯生。

卢生和侯生同样对徐福寻仙之事早有耳闻，虽然传得很玄乎，但他们根本不相信。但他们对徐福能以那样一个虚无缥缈的借口，携带着那么多金银财宝离开，倒是很羡慕。

于是，卢生禀告说："陛下，臣的师父在成仙之前告诉过臣，燕地之海曾有仙人出现。师父传给臣的炼丹之术如果能得到仙人的指点，那么不仅能够强身健体，而且估计用不了多久，就能炼成长生不老之药。"

谁知始皇立马警惕起来，因为卢生的招数与徐福何其相似。于是说道："爱卿如果离开了，谁替朕炼丹药呢？朕在咸阳也待烦了，要不二位爱卿就随朕去燕地巡游吧？"

卢生和侯生一听，蒙了。但是他们不敢拒绝，只好硬着头皮答应下来，想着等到了燕地再见机行事。

始皇要巡游燕地，却不想让大家知道他此行的目的。李斯已经揣摩出了始皇的心思，便上奏道："北地的匈奴十分猖狂，多次入侵中原，抢劫中原百姓。陛下应该用天子的威严震慑他们，使他们不敢为非作歹。"

"那就照李爱卿那么做。"始皇立马答应了。

秦始皇三十二年（公元前215），始皇率领文武百官进行第三次巡游。但这一路上，庞大的车队经常被诸侯设下的城池边防所阻，交通不如前两次畅通无阻。

这次车队所经的地方，大多是魏、燕、韩、赵、齐等国的交界处以及河水所流经的地方。之前各国为了加强防备，都根据地势修建了边防，现在虽然各国已经被吞并，但这些城池边防还在，如此便造成了交通堵塞。

这些城池边防不仅阻断了道路，还让始皇想到了另外一个危险，那就是如果六国残余势力闹事，这些城池边防就会成为他们占据一方的屏障。为了大秦江山着想，他立马下达了拆除的命令。

"赵高，你向沿途的郡守、县令下达命令，撤除各国原有的城防，不得留存，有违抗命令的，格杀勿论。"

"是，陛下。臣也认为早该撤除这些城防，不然陛下的车队早就抵达目的地了。"始皇听完后笑了笑，因为赵高并没有猜到他的真实用意。

各地的郡守、县令接到命令后，立马派百姓前来施工，这让百姓痛苦不堪，因为此时正值播种农作物的时节，如今田地里无人耕作，收成必然会受到影响，家中没有吃的也罢，赋税该如何上缴？但是陛下的命令已经下达，谁敢反对？

自从旨意下达后，始皇觉得一路上通畅多了，心情也无比顺畅起来。

"陛下，这一路上的郡守、县令的动作倒很利索，臣发现行进速度快了不少。"赵高指着路上拆除的城墙说道。

"不仅朕所要途经的边防要拆除，天下阻碍交通的边防都要一一拆除，朕从这里经过，他们干活当然十分卖力，以后这件事情就交给冯劫去处理吧。"

听到这句话，赵高内心五味杂陈。像这类事情，始皇总不愿意交给他去处理，好像他天生就适合干各种见不得人的事情似的。

"朕还是有些担心卢生和侯生，如果他们像徐福一样一去不回，朕该如何是好？"始皇是一朝被蛇咬十年怕井绳，不放心卢生和侯生就此离去。

始皇不知道的是，为了此事，赵高已经在心里将侯生和卢生骂了千百遍。他没有想到，这两个人竟然背着自己向始皇进言，他当然知道他们纯属一派胡言，不过是想骗得一些钱财，然后溜之大吉。可是如果他们溜掉了，遭罪的便是自己，始皇该拿他是问了。不过幸运的是，始皇此时向他说了这件事情，他还有挽回局面的余地。

既然你们不仁，那就别怪我赵高对你们不客气了。想到这里，赵高回答道："陛下，卢生和侯生原本都是燕国人，如果将他们的亲人找来，让当地郡守严加看守，他们肯定不会不回来的。"

始皇听完，点了点头："那就照你所说的去做，但不要让他俩觉得，我们是在拿他们的家人性命来威胁他们，那样他们就不能踏实地寻找仙人了。"

"遵命。"赵高口是心非地回答道。

随即，赵高亲自去了一趟右北平郡，将卢生和侯生的亲人全部迁到郡治无终（今天津蓟州区），并派人严加看管。返回之时，又将侯生和卢生两人骂得狗血淋头。

卢生和侯生见自己的家人都落在赵高手中，只好任赵高摆布，再也不敢有其他想法。但是，他们之前编造的寻仙人的事情必须继续下去，不然他们都没有办法向始皇交代。

这个时候，赵高再次向始皇进言，让卢生和侯生出海寻找仙人，始皇开心地答应了。

但是，赵高依然担心两人会逃走，便派多名侍卫跟随前往，名义上是保护他们。在如此安排下，卢生和侯生只好出海游荡。

始皇十分开心，他以为这次一定能够寻得长生不老之药。一路上他威风凛凛的，直到抵达碣石（今辽宁绥中）。

在碣石的海边，有一处宫殿，是齐王之前留下的，作观赏海景之用。始皇来了之后，嫌其不够气派，于是下令重新建造。

很快，两个月的时间过去了，卢生和侯生始终没有归来。始皇每天遥望海天相接之处，希望卢生和侯生的船只能够出现在眼前。

一天，始皇一脸愁容地对赵高说："他们这一去已经两个月了，不会也像徐福一样失踪了吧？"

"陛下，不会的，臣已经向他们叮嘱过，不管是找得到仙人还是找不到仙人，两个月后一定要回来复命。陛下，您看看海中那三块巨大的石头，那是渔夫出海捕鱼返回的识标，他们返回时，一定会途经这个地方。"

在距离海岸不远的地方，三块巨石傲立在海中央，其中一块巨石高出水面十丈左右，像一面随风飘荡的风帆，这就是当地人口中的天桥柱。

始皇始终一副郁郁寡欢的模样，点头道："如果他们不返回，朕就以欺君之罪来惩罚他们的家人。"

"陛下圣明，他们怎么敢做欺骗陛下的事情？臣已经派人去监视他们了，相信他们不敢胡作非为。"

赵高十分确定，卢生和侯生一定会回来，但仙药是肯定找不到的。如此，始皇依然会不开心，说不定会迁怒于自己。到时候，不知道他们二人该如何圆谎。

"陛下，侯生和卢生的船只回来了！"一个在高处瞭望的侍卫禀告道。

"快，快带朕去看看！"始皇欢天喜地地说道。

太好了，只要他们寻得仙人，就能拿到仙药了，那么朕就能够长生不老了！始皇一边兴奋地想着，一边跟在侍卫后面奔向高处。

果不其然，水天交接之处，三片白色的帆船映入眼帘，正是卢生和侯生的船只。始皇压制住兴奋的心情，回到宫殿中继续等待。他担心听到好消息后，会在众多臣子和侍卫面前失态。

另一边的卢生和侯生却开心不起来，他们变得又瘦又黑，在心里不断地骂赵高是一个阴毒小人，不但扣押了他们的家人，还逼他们在海上过了两个月无比艰辛的生活。

两人一进宫，赵高就一脸阴笑地迎接他们："二位辛苦了，陛下已经等候很长时间了。"

两人立马赔笑还礼。

始皇一见到二人，立马迎了上来，问道："找到仙人了吗？"

侯生和卢生立马跪拜道："陛下，臣等在海上见到仙人了，但仙人只留下一段谶文，并没有告诉臣等如何炼仙丹。"

始皇听了，一脸的失望，他愣了一会儿，又急急地问道："那段谶文上写着什么？"

"臣等也看不明白，要等陛下行了祭拜之礼后，再由臣等施法三天，祈祷仙人显灵，那段谶文才能显现。"

"能否先让朕先看看那段谶文是什么样子的？"始皇大失所望地说道。

于是，一名侍卫手捧一块一尺多长的木板走上前来。木板黑亮黑亮的，已经看不出原来的颜色，上面有很多乱纹。赵高满脸狐疑地将木板接了过来，然后递给了始皇。

始皇感觉这块木板沉甸甸的，但看不出是什么木材。他认真地看了看木板上的乱纹，也是毫无头绪，只得闷闷不乐地将其放了下来。

卢生见此，立马上奏道："陛下，千万不要灰心丧气，这是仙人赠给我们的，想要显现自然得费一番工夫，只要陛下祭祀，臣等行过法事后，上面的字一定会显现出来的。"

"只能这样了。赵高，你让太祝准备一下。"始皇无奈地说道。他再次仔细看了看那块木板，一面十分光滑，如同镜子，一面乱纹遍布，除此之外，再也看不到任何奇特的地方。

第二天，始皇按照卢生和侯生所说，在碣石的一座高山顶部行过祭祀之礼。然后，那里就只剩下了卢生和侯生等人。

始皇每天都要来这里看看。第一天，只见他俩跪在木板前面，口中不断地念叨着什么，却听不懂。第二天，他看到卢生和侯生在木板前如同疯子一般狂舞。第三天，只见他俩闭着眼睛盘坐着，一动不动。一个时辰过去了，依然没有任何动静。他不禁走到两人面前，正准备开口问问，卢生突然睁开眼睛说道："陛下，仙人显现，谶文已经出现了。"

始皇将目光投向那块黝黑光亮的木板，只见上面出现了很多蚂蚁，蚂蚁排成了五个大字——

亡秦者胡也

嬴政看着眼前的情景，呆住了：蚂蚁为何会写秦人的篆书？"亡秦者胡也"又是什么意思？这难道就是仙人给自己的指示？

侯生和卢生立马跪在地上，说道："陛下，臣等死有余辜，不仅没有为陛下求得仙药，还求得如此不吉利的话，请大王降罪于臣等。"

始皇像是没有听到他俩的话一般，愣愣地看着天空，苦苦揣度着木板上的五个字。木板上的"胡"，指的是谁？难道是北方的胡人？胡人竟然大胆地要灭我大秦？卢生和侯生见此，暗暗地相视而笑。只要始皇纠结这五个字，他们的目的就达到了。

其实，这五个字是他们用蜂蜜写的，蜂蜜吸引来了蚂蚁，蚂蚁就顺着蜂蜜排成了"亡秦者胡也"。这是他俩经常拿来骗人的把戏，这种方法对始皇同样适用。

当他俩再次请罪时，始皇才回过神来。他摇摇头，做了一个让他们站起来的手势，然后说道："这不怪你们，谶文虽然不是长生不老之药，但关系到社稷，对朕来说同样无比重要，朕一样要重重地赏赐你们。你们知道这段谶文是什么意思吗？"

卢生和侯生在燕地出生，燕国被秦国吞并后，经常受到胡人的骚扰。再加上他们曾听赵高说胡人经常骚扰边关，边关的郡守多次上奏请求始皇发兵，但不知为何，始皇迟迟不肯发兵。他们认为如果借助仙人的力量，向始皇暗示胡人对国家社稷有危害，就一定能引起始皇的重视。

果不其然，始皇立马被这段谶文吸引住了，还向他俩请教这五个字是什么意思。他俩早就想好了对策，支支吾吾地说道："这是仙人授予陛下的先机，臣等不敢妄加揣测，还请陛下自己体会。"

始皇听完这句话，心想：这是仙人给朕的指示，他俩怎么能知道其中的意思？朕上承天意，也只有朕能明白其中的含义了。于是，他郑重其事地对他们说道："既然这是仙人给朕的指示，那么朕已经明白其中的意思了。赵高，赏卢生、侯生每人黄金百两。"

赵高已经看出这是侯生和卢生的把戏，但还是无比佩服他们，现在陛下什么都听这两人的，而他们又受自己的控制，如此一来，自己就相当于间接掌控了始皇。想到这里，他的内心一阵得意。

但事情的发展并没有赵高想象的那样顺利，始皇并没有任凭卢生和侯生摆布。回到现实以后，他依然是那个精明的嬴政。现在，他召见最频繁的人便是右相隗状，反而把侯生和卢生抛之脑后了。

这段时间里，他向隗状详细了解了胡人的生活习性，并取消了原本的巡游计划,转而巡视了一番胡人经常入侵的郡县,视察边防情况。他认定,"亡秦者胡也"中的"胡",就是塞外的胡人,除了这些胡人,没有人能够撼动他嬴政的江山。

胡人也称匈奴,他们最初的祖先是夏氏淳维,一直居住在北方的蛮荒之地,在草原上过着居无定所的草原游牧生活。

秦国吞并六国后,不再对外用兵,匈奴觊觎内地的财富,趁秦朝边防力量不足的时候大肆入侵。各地边境郡守向始皇上书,请始皇派大军征剿匈奴。始皇为此请教过李斯,李斯不赞成出兵,他说:"匈奴是一群蛮荒野人,他们没有固定的住所,也没有堆积的财物需要去守护。他们随着季节不断迁徙,很难捕捉到他们的主力歼灭他们。如果我们派重兵攻打,势必要随军供应大量的粮草武器,行进速度十分缓慢。而匈奴以骑兵为主,来去迅速。他们有利益可图的时候才会发动战争,没利可图的时候就后退,并不以逃跑为耻。我大秦哪怕是战胜了匈奴,也得不到什么实质性的好处。"

始皇听了,也觉得有道理,因此一直没有下定决心攻打匈奴。但是现在,仙人已经给了他指示,让他不得不重新思考这个问题,重视匈奴对社稷的危害。

事实上,嬴政刚刚吞并六国时,就想着要在以后某个恰当的时机消灭匈奴,所以他有意提拔隗状为右相,但隗状并没有起到他预想中的作用。后来,他沉迷于巡游,寻找长生不老之药,慢慢地,就不把这件事情放在心上了。

朝中百官很快就知道了嬴政得谶文一事,他们看到嬴政频繁召见隗状,个个开心不已。

长期以来,始皇一直沉迷于求仙问道、寻找长生不老之药,慢慢地就疏远了朝中重臣。大臣们没有机会接近始皇,而始皇也听不进任何谏言。可是现在,始皇又把注意力放回到了国事和战争上,这是他们接近始皇、建功立业的好机会。对于那些玄幻的神仙之术,他们知道自己不如术士们,但对于真实的征战,他们则胸有成竹。

朝廷中,对匈奴的态度无非两种:一种是维持现状,不征伐;一种是主动征伐。李斯早年就上书说不宜攻打匈奴,这个时候,他自然要主动拉拢人来支持自己,说攻打匈奴不利于江山社稷。隗状则趁这个机会游说王绾,积极进言讨伐匈奴,因为他明白,这是扩张自己势力的好时机——朝中只有他最了解匈奴,如果秦国对匈奴用兵,始皇就必然会重用他,那个时候,他的右丞相之职才名副其实。

李斯和隗状轮流向始皇进言,各说各的,一时让始皇不知该怎么办才好。自从得到仙人的指点,始皇就更倾向于隗状了,但同时又担心李斯所说的后果。最后,始皇决定先巡视一番边关,再做决定。

这个时候，有一个人不乐意了，那就是赵高。他没有想到卢生和侯生伪造的神仙谶文竟然让始皇变了个人，真是气不打一处来。

不过，李斯和隗状两人的明争暗斗，倒是让赵高开心不已。他反复思索，突然觉得让始皇的兴趣暂时从求仙问药中转移出来，也未必不是一件好事。李斯和隗状长时间围在始皇身旁，其他的文武百官一定会心生嫉妒，那么他们就成了众矢之的。现在，自己刚好可以冷眼旁观，两虎相斗必有一伤，说不定自己还能渔翁得利。

匈奴原本与中原并不接壤，中间有义渠、林胡以及楼烦相隔，但后来秦国吞并了义渠，赵国消灭了林胡和楼烦，匈奴与中原接壤了。

始皇巡察了右北平、渔阳、上谷、代郡、雁门等地，多是蛮荒之地，人烟稀少，偶尔能够看到一些破败的村落，但没看到什么人。始皇见到这种情况后万分诧异，他向隗状询问原因。隗状心情沉重地说：“陛下，这都是被匈奴洗劫一空的村落，匈奴人不仅抢走财产，还会将百姓掠走，充当他们的奴隶。遇到老弱病残，他们会直接将其杀死，毁掉不能带走的东西，所以这些村落才如此破败。”

始皇这才明白，自己轻视了匈奴对中原地区的危害。虽然以前秦国大军攻打六国时，往往也是战胜了一个地方，就洗劫一空而去。但是当被劫对象换成了他嬴政手中的土地时，他就隐隐有些难受。

李斯知道隗状此时极力劝说始皇攻打匈奴，他本想进言反驳，可是看到眼前荒凉的景象时，他也说不出话来。

这个时候，一位虎贲军都尉上前向始皇禀告道：“陛下，前面有一群骑兵，看上去应该就是匈奴。”

“有多少人？”始皇问道。

“差不多有一千人。”都尉回答。

“陛下，看上去他们是已经洗劫了村庄，准备带着战利品回去的。”隗状听了都尉的话，立马说道。

始皇立马调集士卒，两千虎贲军留下来护驾，剩余三千追击匈奴。

匈奴骑兵万万没有想到会在这里遇上秦军，但他们并没有仓皇逃窜。在他们眼中，这股秦军与边关的士兵一样不堪攻打。

抱着轻敌的心理，这群匈奴人不做任何部署，直接朝秦军扑了过来。

嬴政下令秦军痛击这股匈奴人，将被掳走的百姓解救出来。

秦军的队形井然有序，而匈奴队形散乱。但是当两军短兵相接的时候，形势的发展却出人所料。虎贲军虽然是精锐部队，但匈奴骑兵的单兵作战能力强悍无比，秦军和匈奴两边都有伤亡。

匈奴被称为"马背上的民族"，他们从小骑马，在马背上长大，个个擅长马技，外加他们个个剽悍，这都让虎贲军一时难以取胜。不过，虎贲军到底凭借严密的协作能力慢慢占据了上风，匈奴人感到势头不好，在大当户（匈奴首领）的一声令下，匈奴骑兵竟然如同受惊的鸟兽，向四处逃窜。

在远处观看的始皇对这一幕极为震惊，他头一次看到有战败的士兵是这样逃走的。他对隗状说道："没有想到匈奴如此剽悍，他们的作战方法与中原士兵的作战方法完全不同。难怪边塞的郡守一直向朕进言，说匈奴难以对付。就连朕的精锐部队虎贲军一时都难以占据上风，看来他们之前说的都是真的。隗爱卿，你了解匈奴的兵制吗？"

"回禀陛下，匈奴人称呼君主为单于，君主下面设有左右贤王。匈奴人称'贤'为'屠耆'，太子为左屠耆王，官位高的人可以拥有几万骑兵，官位低的人也拥有上千骑兵……"隗状开始滔滔不绝地讲了起来，他对匈奴的事情了如指掌，其他大臣就算想与他争，也没有这个能力。

这边的李斯开始着急了，他感到始皇已经明显倾向于隗状，如果这个时候自己再主张不攻打匈奴，估计会惹恼始皇。于是，他开始寻找机会向始皇表明，自己已经改变了想法。

虎贲军收兵后，便立马向始皇汇报了具体战况。这一仗，他们损失了二百多骑兵，匈奴则战死三百多人。匈奴人逃走之前，还将掳走的百姓杀死了，人数达三百人。

听完了虎贲军的汇报，始皇阴沉着脸，说道："朕目睹自己的子民遭到匈奴人的屠杀，却什么都做不了，这实在是让朕痛心疾首。众爱卿，你们身为国家大臣，难道要坐视不管吗？"

"陛下，匈奴人如此残害我大秦百姓，这是臣之前所没有想到的，他们实属罪不可赦，臣愿意收回之前说过的话，与右丞相一起商讨征伐匈奴的大计。"李斯借机说道。

随行的文武百官见李斯转变了态度，立马开始附和。一时间，君臣同心，共同商量起了讨伐匈奴的大计。

隗状没有料到李斯的态度转变得如此之快，手足无措之间，风头已经被李斯抢去了大半，还破坏了他准备独揽讨伐匈奴的计划。

始皇听完李斯的一番话后，点了点头，说道："李爱卿不再固执，这让朕的内心得到了些许安慰。众爱卿要多费费神，以最快的速度商讨出讨伐匈奴的策略。"

"是，陛下！"众百官一起响应，只是有人在暗自开心，有人却是一脸郁闷。

出巡的车队途经上郡后，直奔咸阳而来。一路上，嬴政又遇到了几次小股匈奴洗劫中原百姓的事件，这让他更加坚定了攻打匈奴的决心。

"如此看来，仙人的谶文所言不虚，朕如果对他们一忍再忍，只怕用不了多久，这些残忍的匈奴就要抢到咸阳去了！"始皇愤愤不平地想。

兵贵神速，蒙恬北击匈奴

明朝罗贯中《三国演义》第一百十六回《锺会分兵汉中道　武侯显圣定军山》："兵贵神速，不可少停。"明朝张凤翼《红拂记》第二十七出："靖闻兵贵神速，且明日支干大利，就起兵前去。"清朝陈忱《水浒后传》第七回："兵贵神速，今夜分四路去劫大寨，杀得他只轮不返。"

咸阳宫中，始皇正在为讨伐匈奴的事宜忙碌着。虽然他已经下定决心攻打匈奴了，但还没有想好派哪位将领前往，这让他颇为烦恼。

王翦、蒙武等人年岁已高，不适合再征战沙场。现在年轻一点的，在军中有威望的将领只有三人，那就是王贲、蒙恬和李信。这三个人都是善战的将领，带兵作战各具特色。

在王翦的影响下，王贲指挥打仗时极为老练，在秦国征战燕国、魏国、齐国时立下了汗马功劳，年纪轻轻就被封为通武侯。

李信是一个勇猛善战的将领，擅长打奔袭战，但在率兵攻打项燕时被打得落花流水，始皇对此始终心有余悸。始皇虽然也喜欢此人，却再也不敢让他单独带兵打仗了。

相较于王贲和李信，蒙恬的名声不如他们。在吞并六国的战争中，他的战功也不如他们，因此官位也比二人低不少，到现在还只是一个左庶长。但是，蒙家在军中有很高的威望，蒙恬凭借祖辈积攒的威望和稳重的性格，在军中大受欢迎，他也是三人当中唯一还在军中领兵的人。

除了这三个人，隗状也比较适合带兵攻打匈奴，因为隗状十分了解匈奴，并且是一个精通兵法之人。但他也有明显的不足，那就是没有带兵打仗的经验。

始皇为这件事情思考了多日，依然没有下决定。于是，他想听听百官的建议。

王贲知道这件事后，就去同自己的父亲王翦商讨。此时的王翦，头发胡子都已花白，弯着腰坐在堂屋中央，右边是儿子王贲，左边是孙子王离。

王贲现在也已经四十岁了，他一脸平静地坐在那里。

王离只有二十岁，正是翩翩少年。他从小就受到祖父的教导，在军中也有一定的威望。

"大父（秦国人对祖父的称呼），陛下已经准备攻打匈奴了，朝中正在议论，说攻打匈奴的将领极有可能是隗大人、蒙将军、李将军和父亲中的一个。不知道大父对此有什么样的看法？"

王翦虽然年事已高，但依然神采奕奕，双眼炯炯有神。听完孙子王离的问话后，他面带微笑地说道："其实这四个人当中，陛下最倾向两个人，离儿知道是哪两个吗？"

"大父，您就直接告诉孙儿吧，"王离急急地问道，"难道是父亲和蒙将军？"

"是的，那么你能说说其中的原因吗？"

"大父对我说过，李将军最擅长奔袭战，但他只有将才而没有帅才，统军作战不是他擅长的，并且他曾经有过重大失误，我想陛下肯定不敢直接任用他。"王离口若悬河地说道。

王翦听完，面带微笑地点点头。

见祖父认同自己的看法，王离高兴地继续说道："右丞相隗状虽然精通兵法，但没有实际作战经验，想必陛下也不敢起用他。"

王翦听完，捻着花白的胡子，问道："只有这些吗？"

王离左思右想，想破了脑袋，也没有想出其他理由来，只好点了点头。

一直在一旁静静地坐着的王贲此时开口说道："离儿还是年轻了点，不会揣摩君王的心思。当年要不是你大父深知陛下的心思，恐怕就没有我们今日荣华富贵的生活了。隗状本是一戎人，虽然已经在中原安家，但他的亲戚朋友都在塞外，陛下怎么可能将带兵的大权交给他呢？陛下现在需要的是他的作战策略，但统兵作战的一定是其他人。"

王翦向儿子王贲投去了赞许的目光，追问道："你和蒙恬，谁最有可能成为统军的将军呢？"

王贲想了想，答道："我和蒙恬应该一人有一半的胜算，就看谁能够获得更多人的支持了。"

王翦摇摇头说："我的痴儿啊，要是你这么想，估计你连一成的机会都没有。你在朝中这么多年，难道一点都没有看出来吗？陛下对蒙家的信任程度远远超过我王家。虽然我们王家在朝中声名显赫，但你我父子二人并没有领兵权。而蒙恬、蒙毅兄弟二人，一个在军中领兵，一个在陛下身边出入多年，虽然他们在朝中的地位不如我们，但手中掌握的实权远远超过了我们。如果你想让大臣们支持你，只怕不仅得不到领兵权，还会招来陛下的猜忌。"

王贲听后，立马跪了下来，说道："孩儿实在是太蠢笨了，完全不知道这个举动会为咱们招来大祸，还请父亲指点。"

"我们王家为秦国立下了赫赫战功，秦军中再也找不到第二人。这是一个优势，但也是一个劣势。如果评吞并六国的功劳，那一定是我们王家的功劳最大，但你知道'功高盖主'这个词吧？这是为人臣者的大忌，我儿一定要铭记，现在只有隐藏而不外露，表现得对领兵权毫无兴致，才能与蒙恬争上一争。"

"父亲说的是，孩儿一定铭记在心。"

王离听完后愣住了，他完全不知道其中还有那么多道道，不由得对大父心悦诚服。

王翦又思考了一下，云淡风轻地说："其实，上上策是将领兵权拱手相让。父亲知道，我儿有建功立业的抱负，但为了王家后代能够安宁，还是不要争取这领兵的机会了。"

"为什么呢？"王贲不解地问道。

"朝中的文武百官表面上一团和气，背地里却钩心斗角，暗藏凶险。而只有一人能够驾驭这种局面，那就是陛下。但陛下为人独断专行，不少事情全凭个人喜好而定，不按常理出牌，这会为以后埋下祸根啊！"

"父亲是指立太子一事吗？"王贲试探性地问道。

"是，按常理说，立扶苏为太子是名正言顺的事情，但陛下为何迟迟不下诏书？蒙恬、蒙毅、王绾等人都站在扶苏这边，但为何赵高一直踏实地当胡亥的太傅？赵高算是最了解陛下性情的人，你细细品味一番。常言道伴君如伴虎，我们稍有不慎，就会招来满门抄斩的祸端。我儿这次如果领军出征，就会把所有人的注意力吸引到我们王家来，到时候，想要脱身就难了。所以，我儿还是不要蹚这浑水了，等事态明朗了再为自己打算吧。"

王贲、王离听完王翦的一番分析后，觉得自己预见事态发展的能力还很差。他们突然明白了一件事情：所有人都称王翦是继白起之后的绝世名将，但为何白起会遭到君王的猜忌，而王翦却能安然度日？

没过多长时间，始皇便收到了王贲的奏章。他原以为王贲一定是听到了什么风声，向他请求领兵权。但没想到，王贲称自己生病了，想回老家休息一段时间，且言辞十分恳切。

　　始皇正在为让谁领兵的问题而烦恼，可王贲的这封书信立马让他做出了选择。带兵打仗，王贲比蒙恬更加沉稳，也让他更为放心。但这些年来，王家已经声名显赫，有着无上的荣耀，如果这个时候再给王贲领兵权，想必会有更多人站在他们那边，这让专权的始皇感到了威胁。

　　再说蒙家，蒙武虽然也是一代名将，但战绩不如王翦，蒙恬更无法与王贲相提并论。这让始皇有些愧疚，他知道蒙武对自己忠心耿耿，却没有给予他应有的地位和赏赐。不过，蒙家有一点超过了王家，那就是蒙毅随身侍奉自己多年，而蒙恬正在军中担任元帅，蒙家有的是实权。

　　现在王贲主动告归，那么始皇只能任用蒙恬了。但让他没有料到的是，隗状带兵讨伐匈奴的心情十分迫切，多次上书请求带兵出征，始皇为此十分为难。讨伐匈奴需要隗状，因为朝中只有他最了解匈奴，现在如果直接拒绝他，估计他会撒手不管，但要让他领兵出征，自己又放心不下。

　　"赵高，你说这次攻打匈奴，谁为将领比较好？是隗状还是蒙恬？"每当遇到左右为难的事情时，始皇都会问问赵高的想法。

　　"陛下，臣不敢对国事妄加评论，一切还请陛下定夺。但是……"赵高犹犹豫豫的。

　　"但是什么？"始皇追问道。

　　"臣不明白的是，隗状是文官，为何如此热衷于领兵作战？"赵高隐晦地说道。

　　"这你就不清楚了，朕让他担任右丞相，不过是为了平衡朝中的势力，但他在朝中的根基远不如李斯、王绾等人，所以这个右丞相一直当得比较辛苦。如果他这次能够领兵作战，刚好可以扩张自己的势力，所以他才如此积极地争取领兵权。"始皇忍不住地炫耀了一番自己的用人之术。

　　赵高装作一副豁然开朗的样子，说道："原来是这样啊，那这次的将领一定是蒙恬了。"

　　"但朕担心，如果现在宣布蒙恬为讨伐匈奴的将领，隗状会直接撒手不管。即使朕逼着他献出策略，估计他也不会竭尽全力的。"

　　"如果隗状如此做，就说明他是一个内心险恶之人，臣有一招可以对付这种人。"

　　其实，对赵高来说，不管是蒙恬还是隗状带兵讨伐匈奴，他都不开心。因为他们都站在扶苏那边，他们的得势只会让扶苏的声望更高。而想要削弱扶苏的势力，就必须让权势小的人带兵，并找时机瓦解另外一个人的势力。

　　隗状是扶苏的太傅，与扶苏的关系更为亲密。始皇现在已经透露出对隗状不满，那么他赵高便可以利用这个机会，让始皇对隗状产生猜忌之心。

"你有什么招呢？说来听听。"

"陛下可以先让隗状献出策略，给他营造一种错觉，就是征伐匈奴的将领是他，那么他一定会尽心尽力的。之后，再将这些策略交给蒙恬将军，让蒙恬将军带兵打仗，如此就不用担心隗状会撒手不管了。"

"这个办法还行。"始皇点了点头。

"陛下圣明。"赵高不失时机地夸赞道。

在始皇的一番策划下，隗状果然认为始皇即将把讨伐匈奴的重任交给自己。他喜出望外，以为这是自己扩张势力的开始，于是在府中苦思冥想多日，并参考了诸侯各国攻打匈奴的方法，然后向始皇献出了征伐匈奴的策略：

一、派大军扫灭德水之南的匈奴主力，收回河套等地区。

二、自临洮至辽东渤海筑起一道长城，阻挡匈奴骑卒深入。

三、移民实边。将犯罪贬黜塞外或以优厚条件吸引内地庶民迁边塞，增加人口，以利今后抗击匈奴。

隗状尽平生所学，详细地列出了具体的讨伐策略，他相信这一定能够让始皇相信他是讨伐匈奴的将领的最佳人选。但是，隗状的书信交给始皇后便如石沉大海，他几次进宫求见始皇，都被侍卫挡住了，这让他有了一种不好的预感。果不其然，没过几天，始皇便下了诏书，令蒙恬担任这次讨伐匈奴的将领。隗状呢？不仅没有得到领兵权，还被始皇数落了一顿，说他内心险恶，想以才学要挟他，因此撤掉右相之职，但是念在其对朝廷有功，故保留其爵位。

自己辛苦了一场，却落得如此下场，隗状悲愤交加，抑郁于胸，然后一病不起，没过多久就去世了。

秦始皇三十二年（公元前215），蒙恬率领三十万大军浩浩荡荡地出发了。

匈奴单于头曼听到秦军压境，有些忐忑不安，虽然匈奴人一向无比强悍，凡是男丁，都能披挂上阵，但人数远远不及秦军。如果第一次开战能够取得胜利，之后再与秦军谈判，还能占据河套。但是如果与秦军长期作战，中原人多、粮草多，拖延下去只会对匈奴不利。

秦始皇威武，头曼心有余悸。对于能否战胜这个强硬的敌人，他没有十足的把握。就算这次能够击退蒙恬的大军，始皇还可能会派来更多士兵。但是，如果就这样从河套地区撤退，他又心有不甘，族人也会认为他是一个软弱无能的人，那他的单于之位就保不住了。无奈之下，他召集各族族长，一同商讨对付秦军的策略。

对各族族长来说，抢劫中原百姓比野外放牧、捕猎容易得多，因此无论如何也不愿意舍弃河套。最后，大家一致决定不与秦军正面交战，而是利用来去迅速的骑兵来分散袭击秦军，主要是要切断秦军的粮草供给，使秦军不战而退。

蒙恬率领大军来到匈奴经常出没的地方，虽然时常遭受袭击，却始终没有找到匈奴主力。于是他就地驻扎下来，派一小股秦军四处突击，寻找单于所在地，但派出的人总是失败而归。匈奴人见秦军如此不耐打，不禁得意起来，气焰也越来越嚣张。

消息传到咸阳，始皇立马忐忑不安起来，不少文武百官便向始皇进言，谴责蒙恬的不作为，请求替换将领。但始皇始终相信蒙恬，他招来蒙毅，问道："蒙爱卿对你大哥蒙将军目前的战况有什么看法？朕一直都十分信任你大哥，可现在的情况实在是让朕大失所望啊！"

"陛下，您先别太着急，臣仔细研究过战报，发现我大哥是有意这么做的。秦兵虽然被袭击了十多次，但主力依然完好无损，只不过粮草损失得稍微严重一些。我大哥只要还有战斗的力气，就肯定不会退缩的，相信用不了多长时间就会有好消息传来。"蒙毅对这些传言早有耳闻，所以十分淡定。

始皇若有所思地点点头，说道："听你这么一解释，好像是这个道理。朕已经将隗状的策略全部交给了蒙恬，蒙恬应该对匈奴的作战方式有所了解，这样一败再败实在不符合蒙恬带兵作战的习惯。蒙爱卿，朕想派你前去犒劳士兵，你有什么样的想法？"

"陛下，这……"

"怎么了？你不愿意去吗？"

"陛下，我大哥在前线作战，陛下派人去劳军，哪个大臣都可以，唯独臣最不适合。"

"蒙爱卿是为了避嫌吧？"始皇笑道。

蒙毅没有吭声，只是点了点头。

始皇见此，哈哈大笑起来，说："如果朕连你们兄弟二人都信不过，朕还能相信谁？没事，你把文武百官的话都告诉蒙恬也不要紧，就说朕相信他一定能够战胜匈奴，让他不要担心。"

蒙毅知道如果再坚持下去，始皇肯定会不开心，就只好答应了，说道："陛下如此信任臣兄弟二人，臣愿为大秦肝脑涂地。"

赵高一直在怂恿李斯等人上奏蒙恬带兵不力之罪，但他没有想到始皇对此毫不在意。相反，还派蒙毅前去劳军，使他的阴谋诡计没有得逞。

当隗状活活被气死的时候，他赵高显然是那个最开心的人，如果再将蒙恬扳倒，那就最好不过了。可是看着眼前的情景，始皇是如此信任蒙恬、蒙毅兄弟，他不由得开始后悔，当初实在不该支持蒙恬，轰走隗状。

现在，蒙家兄弟二人，一个在外带兵打仗，一个在朝廷上为陛下出谋划策，军中朝中都有势力，相对于隗状来说，他们兄弟二人更难对付。最为关键的是，他们兄弟二人一直站在扶苏那边，将来肯定会成为自己拥护胡亥的最大阻力。

想要与扶苏对抗，一定要不断地加强自己的势力。王绾现在身居高位，但他是扶苏的岳父，肯定不会和自己站在同一条战线上，能够争取的只有李斯。但李斯也是老狐狸一只，自谋害韩非之后，就一直与自己保持貌合神离的关系，似乎一直在观战。赵高一想到这里，就恼火极了。

匈奴这边，打了数次胜仗后，单于头曼得意起来，他这次从秦军手中抢了不少武器和粮草。对他们来说，现在最缺的正是武器。

不久之前，头曼得知了一个消息，那就是始皇派来了劳军特使，还带来了大量粮草武器。他立马将各族族长召集过来，向他们说明了自己的计划：秦国的粮草武器只有五万人护送，他们下次的作战任务就是抢走这些武器粮草，打秦军一个猝不及防。

头曼的计划得到了各族族长的赞成，大家跃跃欲试，都称赞道："单于说得对，我们应该打一次大胜仗，让秦军见识一下我们的厉害！"

头曼眼前仿佛又出现了那数不胜数的战利品，尤其是那锋利的刀枪，这让他极为兴奋。

这个时候，右贤王冒顿提醒道："中原人一向诡计多端，这估计是一个陷阱。"

右贤王此时只有十八岁，虎背熊腰，颇为壮实，五官粗犷，一副草原男子的模样。但单于原本并不喜欢这个儿子，总觉得这个儿子在觊觎自己的单于之位。所以，当他最宠爱的妃子为他生下一个儿子后，他就一直想将冒顿的右贤王之位废掉，只是苦于冒顿备受族人爱戴，找不到机会。直到后来，他想到了一个策略：派冒顿去月氏当人质，然后疯狂地攻打月氏，想借月氏之手除掉他。谁知冒顿在慌乱之际偷了一匹好马，逃回了匈奴。头曼见他如此英勇，开始对他刮目相看，让他统领了一万人。

"中原人虽然诡计多端，但对我们草原骑士也是手足无措，要不然也不会如此不禁打。"单于听完冒顿的话，不满地说道。

"是的，孩儿记住了。"冒顿不敢再说下去。

"各位都回去准备准备吧，三天后行动，不得有任何差池。"头曼下令道。

"是！"众族长一齐响应。

回到领地，冒顿立马去见了自己的师父，那是一个中原人，瘦削、头发胡子花白、走路颤颤巍巍的，让人看了后心生怜悯。

匈奴人一向看重身体强壮之人，而无视年老体衰之人。年轻人一般能吃上丰盛的食物，而年老之人只能吃年轻人的残羹冷炙。所以，族人对冒顿如此敬重一个中原老头儿十分不解，但冒顿丝毫不在意，十分孝顺尊重自己的师父。

那老者听完冒顿的一番话后，长叹道："这明显是秦军的一个圈套，只怕这一战你们会有去无回啊。"

"师父，我已经向单于说明了，但他根本听不进去。现在命令已经下达了，我也无能为力呀！"

"蒙家三代为将，都不是能够轻易被战胜的人。虽然目前秦军已经输了十多次，但他们的主力尚在，我想他们是有意这样做的，目的是让你的族人产生轻敌的心理。单于如果不小心谨慎的话，一定会中计的。"

"师父，我能请求您一件事情吗？您能否去劝说单于，取消这次出兵？"冒顿十分相信自己的师父，希望他能够出面劝说单于收兵。

司马空听完苦笑道："当年我曾经向赵王进献抵抗秦国的计谋，可惜他听不进去，然后又杀了李牧，半年后赵国就灭亡了。我不愿意成为秦王的俘虏，逃到这里，为你的头曼出谋划策，帮助其吞并了周围的部族，使其成为大家都敬仰的单于。但后来，他见我年岁已高，成了一个不中用的人，就把我一脚踢开，要不是太子你收留了我，我早就成了一堆枯骨。太子既然一直以礼待我，我将以礼回报太子。"

冒顿连忙作揖道："师父言重了，我只求师父救我族人于水火之中。"

司马空面带微笑地说道："单于一直不太相信太子，这正是太子获得单于信任的机会，我大概将不久于人世，临死之前，我将为太子出一策略，帮助太子顺利登上单于之位。"

"师父为何这样说？只要冒顿还有一口气，就一定会竭尽全力保护好师父。"冒顿急急地说道。

"如果秦军这次胜利了，你们就很可能无法在此立足，我已经老了，经不起东奔西跑。再说，这里还是中原的地盘，我能死在这里，也是一个不错的结局。太子，不要再多说了，你走吧，明天午后再来拜见我。"司马空说完就闭口不言了，冒顿见此也只好退了出去。

第二天午后，冒顿来见司马空，只见司马空已经自杀，却留下了一大张羊皮信。冒顿仔细看了一遍，脸上露出了笑容，然后向司马空的遗体拜了几拜，说道："我一定会按照师父所说的去做，绝不辜负您的期望。"

秦军大营中，蒙恬正紧锣密鼓地做着战前动员工作，这一次，他要将匈奴主力全部歼灭。

其实，在得知始皇要讨伐匈奴时，蒙恬就仔细研究了一番李牧抗击匈奴的战史。到后来，始皇真的把讨伐匈奴的重任交给了他，外加隗状所献出的讨伐匈奴的策略，他慢慢了解了匈奴人的作战策略，尤其是在交战时，如果进攻顺利，就要不断进攻；如果失败，就要马上后退，不以逃跑为耻。

蒙恬知道，如果两军刚一交战，秦军就使出全力，匈奴人定会警惕逃走，而他们向来居无定所，如此想要再找到他们决战，就十分困难了。因此，他才不断派出一小股秦军出战，吩咐士兵佯败后丢下一些武器粮草，以勾起他们的欲望。

蒙恬井然有序地对士兵调配完后，蒙毅上前问道："匈奴会上当吗？这个计策也不是无懈可击。只要他们事先派出一小股士兵试探，就能够探出其中的虚实来。"

蒙恬胸有成竹地说道："如果我面对的是六国的将领，这个计策可能没有什么效果，但这次是匈奴人，情况就大不相同了。我已经连败了十多次，在匈奴人眼中，就是一个无能的将领。他们现在已经滋生了骄气，在这么多粮草武器的引诱下，根本不用担心这些蛮荒之人不心动。"

"大哥这么胸有成竹，看来，我可以向陛下报喜了。"

"这件事情先不急，我虽然有战胜他们的把握，但能不能将他们全部歼灭，还是一个问号。这次我宣称只有五万人押送辎重武器，匈奴单于头曼一定会前来抢劫，估计士卒可达十万人。只要能够战胜他们，将他们轰到德水之北，那么我就能实施下一步计划了。"

蒙毅听完点了点头，说道："我也看了隗状献出的策略，细细琢磨了一番，觉得相对于驱逐匈奴来说，依德水修筑长城更为艰难。"

蒙恬叹道："是呀，这么浩大的工程，需要服徭役的百姓得上百万啊，不知道百姓能否承受得住。"

"如果没有其他工程，修筑长城还可以勉强坚持下去，就担心陛下太过任性。骊山陵和阿房宫都只修了一半，这两处工程同样浩大，如果三处同时启动，百姓一定无以承受。"蒙毅担心地说道。

"还是先打匈奴吧。"蒙恬不想在此时分心。

太阳金灿灿的光辉洒向大地，一点风都没有，原野寂静得让人心生不安。在各族族长的率领下，十三万匈奴严阵以待，他们士气正盛，如同饥肠辘辘的狼群。单于头曼很早就走出了营帐，朝着太阳的方向跪了下来，求长生天保佑他们。

在几声尖锐的胡笳声中，大军浩浩荡荡地出发了。冒顿望着慢慢走远的队伍，内心默默地祈祷："希望师父这次的预测是错误的，太可惜了。"此时他的内心矛盾极了，因为如果师父预测准确，那么这些族人多半是有去无回了，匈奴很可能会自此一蹶不振。

冒顿听从了师父的嘱咐，留下来驻守营地，对于他的这一举动，族人都迷惑不解。因为对匈奴人来说，参战是获得粮草物资、武器、美人、奴隶的大好机会，这些是他们都梦寐以求的。他们不知道为何一直无比英勇的太子会留下来，放弃这大好的机会。

不料，头曼却一口答应了。因为在过去，每经过一次战役，族人对冒顿的信任、信服就会多一分。这次冒顿不愿意去，头曼当然是无比开心。他留给了冒顿五万士兵，用来保护部落里的老人、孩子和妇女。

大军离开后，冒顿开始有条不紊地忙碌起来。师父在信中嘱咐他，这次秦军不仅会将头曼军队打得落花流水，还会袭击他们的营地，因此他要做好撤走的准备。他不想与秦军硬碰硬，他需要保存自己的实力，为日后登上单于之位打基础。他相信，如果自己当单于，会比父亲好上不少。他要先吞并西边的月氏，然后是东胡，再与中原决一死战。

头曼率领的部队很快就找到了押送粮草武器的五万秦军，看着长龙般的队伍，匈奴人情不自禁地高呼起来。秦军见匈奴人杀了过来，一边战斗一边后退，还不断丢下粮草武器。

匈奴人见到如此多的好东西，两眼放光，本来就混乱的队形，此时更是乱七八糟。头曼见状勃然大怒，杀掉了几个带头抢东西的士卒，这才稳住了队形，然后命令他们继续追打秦军。他想歼灭所有的秦军，包括秦军将领蒙恬，然后再抢走所有的东西。

这边，蒙家兄弟见远处的大队伍慢慢进入了陷阱，不禁相视一笑。

"将军，匈奴人已经进入我军的包围圈了。"一名都尉激动地奔过来汇报道。

"做好出击的准备！"蒙恬大声下令。

"大哥，你来指挥，擂鼓助威的事情就交给小弟我吧。"蒙毅也蠢蠢欲动。

"好！大哥今天让你见识一下我秦军的战车阵。"

眼看马上就要追上在前面溃逃的秦军了，头曼却有了一种不好的预感，因为他隐约听到了雷声。

现在晴空万里，怎么会有雷声？但这雷声越来越清晰，然后就是震耳欲聋的喊杀声。

"情况不妙，有埋伏！"有人惊呼道。

只见上万辆战车从四面八方涌了出来，车轮滚动的声音如同惊雷。这战车坚固、灵活，是秦国工匠集六国战车之长制造出来的。车轴两旁有长达三尺的长矛，在横冲直撞的时候能够杀死靠近的骑兵。这是中原人为了对付匈奴人而制造的，蒙恬出战之前让木匠打造了很多辆，从而训练出了这使人恐惧的战车阵。

头曼知道中了埋伏，立马想要撤退，但后路已经杀出了无数的秦军。

"这些诡计多端的中原人！"头曼破口大骂。慌乱之中，他看到了蒙恬的帅旗，立马挥动着手中的大战刀，喊道："杀，朝那里冲杀，杀死秦军大帅！"

蒙恬看到大量士兵朝自己这边冲了过来，不禁发出一声冷笑："真是一群不自量力的人！不给你们一点颜色瞧瞧，你们就不知道我大秦将领的厉害！"

在以前的交战中，匈奴骑兵的冲击总是所向无敌的，其浩大的声势足以让敌人闻风丧胆。但这次他们遭到了迎头痛击，秦军大阵中突然万箭齐发，匈奴骑兵成片地倒了下来。

这时，战车已经冲进了匈奴骑兵的队形中。每辆战车上有三名士兵，一人手上拿着弩，一人手上拿着戈，一人驾驶车辆。离得近的，他们就用刀去刺；离得远的，他们就用弓去射，十分勇猛强悍。

匈奴人这时才明白过来，秦军在之前的十多次交战中隐藏了实力。顿时，他们的气焰被盖了过去，双方厮杀在了一起，战斗的声音响遍原野。

秦军这次做好了充分的准备，整体作战能力远远超过匈奴人，没过多长时间就占据了上风，匈奴人死的死，伤的伤，人数在急剧减少。头曼见情况不妙，就率先逃窜，匈奴人立马作鸟兽状逃走。

蒙恬对此早就做好了准备，在他的指挥下，秦军对头曼穷追不舍。匈奴骑兵见单于形势危急，纷纷前来营救，这刚好中了蒙恬的计谋，秦军借这个机会又杀死了不少匈奴人。

在族人的拼死营救下，头曼总算冲出了秦军的包围圈，但此时的匈奴骑兵已经由原来的十万人减少到了两三万人。他们逃向营地，却在半路上遇到了冒顿，一打听，才知道秦军已经袭击了营地，幸亏冒顿提前做好了迁徙的准备，不然损失更大。

头曼惭愧万分，拔出身上的刀，想以死谢罪，好在属下一把打落了刀，并拼命相劝。这个时候，冒顿也趁机说道："中原人诡计多端，如果这个时候单于自杀，岂不是中了他们的计谋？我们还是赶紧从这里撤退，再作打算吧。"

"左贤王说得没错，单于千万不要这样做。"众人纷纷上前劝道。他们中有不少人都后悔没有听冒顿的建议，才损失惨重，现在见冒顿保住了族中的老人、小孩和妇女，都对他敬佩有加。

这些话在头曼听来格外刺耳，但他现在是败军的君王，说什么都是在狡辩，在为自己开脱。其实，成为秦军的手下败将，他觉得还能接受，但是被自己的儿子轻视，这实在是让他羞愧难当。这冒顿哪里是在劝自己呀？分明在逼自己自杀让位！

"你觊觎我的单于之位，我偏偏不让你如愿。"头曼心想。

头曼稍稍冷静了一下，说道："头曼是一个无能之人，让族人受到牵连，遭受如此大难。既然族人还信任我，那就听左贤王的一句劝，先退到德水之北，再从长计议吧。"

冒顿听完，不禁有些失望，不过他早就有了心理准备。他手下的人马并没有损失多少，族人中，他的势力是最大的。

另一边，蒙恬率领士兵乘胜追击，收复了河套以南的地方，然后以德水为界，从榆中以东，西到阴山，一共设置了四十四个县，并将有罪的百姓迁徙到这个地方。但是，始皇并没有罢休，他命令蒙恬继续北进，驱赶匈奴。秦军越过德水，占领了高阙、阳山、北假等地，掌握了河套以北和阴山以北的部分地区。

此后，匈奴人一听到蒙恬的名字就闻风丧胆。而始皇又下了一道命令：让蒙恬在此驻守，并修建防御匈奴的工事，也就是万里长城。

以德服人，收复越人

《孟子·公孙丑上》："以力服人者，非心服也，力不赡也。以德服人者，中心悦而诚服也，如七十子之服孔子也。"宋代范仲淹《奏上时务书》："臣闻以德服人，天下欣戴；以力服人，天下怨望。"宋代陈亮《与王季海丞相书》："独亮之于门下,心悦诚服而未尝自言,丞相亦不得而知之。"明代刘基《郁离子·枸橼》:"若曰:非心悦诚服而出不得已,乃欲使之治吾国,徇吾事,则尧舜亦不能矣。"

北方战事顺利,捷报频频传来,始皇大为开心:什么"灭秦者胡人也"?他胡人哪里是我嬴政的对手!要不是因为路程遥远,粮草物资运送起来颇为费劲,朕就要灭他们的祖宗。看来,那神仙谶文也不足为信,对朕起不到什么作用。始皇越想越开心,下令大肆庆祝一番,谁知此时,南越又传来警讯。

原来,当年王翦率领秦军吞并了楚国后,乘胜收服了东越、闽越,并设置了会稽郡和闽中郡。随后,王翦率大军班师回朝,都尉屠睢率五十万秦军继续南下。但行进到五岭(大庾、始安、临贺、揭阳、桂阳)时,因为粮草武器的运输困难重重,始终无法攻下南越和西瓯,就这样,两军对峙了三年之久。

为了解决这个问题,秦始皇二十八年(公元前219),始皇命令监军御史开掘"灵渠",这条渠道将湘江分成南北两渠,引来了珠江之水。漕运一开通,粮草辎重就可以由水路运送,军事行动就方便多了。随后,秦军向西瓯人发动进攻,杀死了西瓯君王。但岭南各部落首领不愿投降,他们借助有利的地形不断袭击秦军,迫使秦军退到空旷的地方,不敢随意出击。

但是前不久,越人在夜间发动了突然袭击,将都尉屠睢杀死。统帅一死,秦军军心涣散,越人趁这个机会发动攻击,秦军再次退到了五岭处。

始皇得知了这个消息后勃然大怒,他原本以为五十万对付这些越人绰绰有余,却不想遭此惨败,连秦军统帅都被杀了。

越地十分贫瘠,遍布穷山恶水,不少地方都是寸草不生的荒石山,经济价值不大。越地的民族文化十分落后,大部分越人现在还过着半农半猎的生活。虽然种族甚多,但彼此之间不像匈奴那样团结,那么多年来也没有形成一个强大的团体,只是偶尔会有百越土匪越界偷袭秦军,但并没有对秦军构成什么大的威胁。

百越贫穷,又与咸阳相距遥远,对大秦威胁小,这也是始皇这么长时间放任其不管的原因。但是,这次越人竟然杀了大秦的统领,这是嬴政所不能忍受的。如果这次大秦还是隐忍不发,边疆民众就会纷纷效仿,那以后的动乱可就多了。那么,这次征伐百越,该派谁去呢?

此时的蒙恬正在镇守北境,监修长城,不能调动。自己也不能总在身边几个熟悉的人中间打转,这个时候,嬴政想起了出生于楚越边境的任嚣。此人以前是王翦的部将,曾跟随王翦东征西讨,作战经验丰富,而且,土生土长的他应该很熟悉百越百姓的习性。此外,王翦讨伐楚国时,此人也参战了,远到湘水和苍梧山之间,应该熟悉那一带的地形。并且他曾在魏庄率领四千兵力击退了数万匈奴,谁能说他不是一个智勇双全的将才? 不错,这次出征就派他前去。

咸阳宫,在蒙毅的陪同下,任嚣拜见了始皇。始皇开门见山地说明了南越目前的情况。

"朕想了好久,决定让爱卿担任这次讨伐百越的将领。"

任嚣听后,并没有像一般人那样欣喜,而是面带忧郁之色。始皇见此问道:"难道任爱卿对这次攻打百越有什么难言之隐吗?"

"对陛下交代的任务,臣理当赴汤蹈火,万死不辞,况且这次征伐百越有很大的胜算。"

"那朕看爱卿一脸忧愁,似乎有什么话想说。"

"臣在想王翦将军和蒙恬将军的事情。"

"王翦、蒙恬与讨伐百越有关系吗?"始皇面露不悦。

"这次蒙将军用了不到一年的时间,就将匈奴从中原地区驱逐了出去。王翦将军率领秦军吞并楚国,也是在两年内完成的。但是,秦军攻打南越西瓯前前后后一共花了十年,出动的兵力达五十万,还是没有从根本上解决问题。"

"何尝不是这样呢,朕也为此担忧不已,想要放弃,但这让大秦颜面何存? 今后边疆的动乱只多不少,所以一时也拿不定主意。任爱卿有什么好的想法,不如说来听听。"

"从表面上看,百越土地贫瘠,没有什么经济价值。但从深层次看,大秦如果想要与南方海洋毗邻,将南海的水上交通打通,就得好好经营百越这个地区。并且,从南海向西,一路上还有不少外族,那里一年四季都是春天,物产丰富,有助于大秦的经济发展。"

"任爱卿之言,朕是第一次听到,真是让人醍醐灌顶,朕这次果然没有找错人。任爱卿还有什么好的经营百越的建议,尽管提出来。"此时的始皇十分激动。

"臣提到蒙恬将军和王翦将军,他们建立功勋的速度是如此之快,百越却如此难以征服,是想提醒陛下要注意百越之地的特点。"

"那百越有什么样的特点呢? 任爱卿能否详细说明一下?"

"灭楚国,不过是改朝换代;驱逐匈奴,本来就是匈奴入侵我们中原之地。这些都是可以用武力解决的。但是想要经营百越,这是我们在入侵他们的国家,如果一味地使用武力,结果只会适得其反。"

"如果朕这次派爱卿前去,爱卿会采取什么策略呢?"始皇兴致勃勃地问道。

"关于策略,臣有一八字诀,不知能否生效,还请陛下指点。"

"哪八个字？"

"怀柔、优遇、教养、同化。"

"什么是怀柔？"

"怀柔就是尽可能不使用武力，除此之外，还要整顿军纪，不得纵容士兵扰民，重用贤能之人；地方官欺负当地人的，贪污敲诈的都要判处重刑；不得歧视当地人；要注重该地的民生建设，初期不要想着有所回报。"

"那什么为优遇呢？"

"尽量多培养当地的人才，多任用当地人为官，铲除旧的顽固势力。如果当地有贤能之人，可以推荐到咸阳或者其他郡为官。"

"那什么为教养呢？"

"派专吏为师，教导当地人各种技艺和中原文化，与此同时，要尊重当地的技艺和文化，将特别好的引入中原来。"

"任爱卿是说，将百越人变成中原人吗？"始皇豁然开朗道。

"要想彻底统治百越，同化是最有效的办法，而通婚又是最好的手段。"

"通婚？"始皇听完哈哈大笑起来，"中原人愿意娶百越女子吗？百越女子愿意嫁给中原男儿吗？"

"初期可能有一些难度，但是经过长期的教化与相处，随着风俗习惯等的相互融合，通婚就是一件水到渠成的事情。并且，我们还要有相应的鼓励政策。"

"什么政策？"始皇刨根问底道。

"比如说，选拔大量当地青年到咸阳或者别的郡担任官吏，或者提高驻军待遇，让当地人对从军趋之若鹜。这样，当地的适婚女子就会多过当地的青壮年，而从中原地区过去的以年轻男子居多，如此，通婚就成了一件自然而然的事情。"

"真是太妙了！真是太妙了！"始皇大笑道，"朕以前怎么就没有想到呢？"

"如此一来，百年之后，百越就没有华夏夷狄之分，大秦的疆土就能扩张到南海。"任嚣意味深长地说道。

"任爱卿这次去百越，有什么要求？"

"臣此次前去，路途遥远，交通阻塞，还请陛下允许臣不必凡事请示，能够自行决定。"

"这是应该的。今天晚上听爱卿一席话，就知道爱卿是一个做实事之人，朕准许你全权行事。既然我们要怀柔，朕就不能封你为什么将军了，朕封你为南海尉吧，任务就是收服南海。收服南海之后，这个地区的一切事务就由任爱卿全权负责。"

"谢陛下。"任嚣跪谢。

始皇又和蒙毅交代，南海地区需要大量移民，细节要和任嚣一起商讨。最后，始皇问任嚣："这次任爱卿前去，需要带多少兵力？"

"臣只需要带走家卒护卫和陛下的符节。"任嚣笑道。始皇听完，不得不对他刮目相看。

任嚣按照他的八字诀政策，只用了不到两年的时间，就收服了南越和西瓯，将其划为南海、象和桂林等郡。直到秦二世时，任嚣逝世前，百越人都不曾反叛过。

处心积虑，沙丘之变

《榖梁传·隐公元年》："何甚乎郑伯？甚郑伯之处心积虑，成于杀也。"清朝李宝嘉《官场现形记》第四十六回："如此者处心积虑，已非一日。"

秦始皇三十四年（公元前 213）正月，始皇在咸阳宫大摆寿筵，众百官都明白，这次宴席还是为了庆祝相继平定匈奴和百越的功绩。

驱逐匈奴，让边境百姓少了被劫掠之苦。征服百越，极大地开拓了秦国的疆土，并且得到了像珍珠、翡翠、牛角之类的南越珍宝。这一系列胜利，让大秦的威名远播四海。

百官们看出了始皇的心思，个个倾心准备。宴席之上，到处都是歌功颂德的声音，这让始皇的内心愉悦极了。他的疆土辽阔，已经超过了三皇五帝，对于群臣的赞誉，他自认为是当之无愧的。

次日，始皇下了一道旨意，封李斯为左丞相，王绾为右丞相，蒙毅接替李斯之位，担任廷尉。

这次封赏受益最大的就是李斯，他终于得到了朝思暮想的相位。虽然名义上王绾的职位在他之上，但论实权，现在的他无人能比。因为他是始皇的宠臣，他的儿子娶的都是秦国公主，女儿都嫁给了秦国公子，而王绾只有一个女儿嫁给了扶苏。并且，他与赵高存在着某种微妙的关系，这是王绾所没有的。

李斯一上任，便立马提出了一个让始皇称赞不已的建议：

丞相臣斯昧死言：古者天下散乱，莫之能一，是以诸侯并作，语皆道古以害今，饰虚言以乱实，人善其所私学，以非上之所建立。今皇帝并有天下，别黑白而定一尊。私学而相与非法教，人闻令下，则各以学议之，入则心非，出则巷议，

夸主以为名，异取以为高，率群下以造谤。如此弗禁，则主势降乎上，党与成乎下。禁之便。

　　臣请史官非秦记皆烧之。非博士官所职，天下有敢藏《诗》《书》《百家语者》，悉诣守、尉杂烧之。有敢偶语诗书者弃世，以古非今者族；吏见知不举者与同罪。今下三十日不烧，黥为城旦。所不去者，医药卜筮种树之书。若欲有学者，以吏为师。

　　看到这篇气贯长虹的奏章，始皇大呼"快哉"。儒生们冥顽不化，现在依然对嬴政制定的制度心存不满，这让嬴政觉得就应该烧掉那些让他们思想混乱的书籍。但这件事关系到千万人，他一时也难以决定下来，于是让文武百官下去商议，再做决定。

　　文武百官得知这是李斯的建议，顿时议论开了。要知道，在当时想要写成一本书，甚为艰难。手写刀刻，是几代人智慧的结晶，如果遇到战乱，想要保存下来就更为不易。如果就此轻易毁掉，实在是太可惜了。但他们知道始皇的性情，一般下发臣议的奏章，其实他都是持赞同态度的。

　　虽然如此，以王绾为首的文武百官以及众多博士还是对焚书持反对意见。李斯也毫不示弱，纠集支持他的大臣支持焚书。

　　但王绾的死谏冒犯了始皇，始皇撤了王绾的右丞相之职。王绾对此灰心不已，告老还乡，离开了这个是非之地。

　　几日之后，焚书之令在全国施行，接到命令的各地郡守虽然觉得不妥，但谁都知道秦法严苛，没有人敢草草了事。即便如此，始皇依然派御史去各地巡视，发现有执行不力的人，立马严惩。三十天内，国内处处都是冲天的火光，先贤们的智慧结晶顷刻间都化为了灰烬。

　　同时，也有不少读书人内心悲愤，不顾严苛的秦法私自藏书，还有人因为舍不得烧书而被贬到塞外修筑长城。但是，用这种方法保存下来的书籍十分有限。

　　祈年宫中，始皇正在摆夜宴，扶苏作陪。宴会上来的都是朝中重臣，如李斯、蒙毅、冯去疾、冯劫、赵高等。王绾遭到罢黜后，始皇没有让李斯独揽大权，而是让冯去疾担任右丞相，朝中又出现了一位新贵。

　　这些天是李斯最为得意之时，始皇批准了他焚书的奏章，并将这件事情交给他去处理，他与始皇的关系亲近了不少。如此一来，表现的机会自然多了不少。李斯对各地郡守上报的执行情况进行了一番总结，获得了始皇的连连称赞。

因此今晚的夜宴，其实也是庆功宴。

蒙毅、扶苏和冯去疾对焚书是持反对意见的，但他们都无法阻止始皇。看着李斯一脸得意的模样，他们的内心五味杂陈，只盼望着宴会早点结束。但始皇、李斯、赵高、冯去疾的兴致正浓，甚至招来了乐工舞伎助兴。

殿中顿时钟鼓齐鸣，琴瑟和鸣，倩影来回穿梭，热闹纷繁。

李斯几杯美酒下肚，站起来颂扬道："陛下广纳贤才，完成了天下统一的大任，功劳远远超过了殷周之王。臣等不才，依赖陛下的恩宠才得以建此功业，臣祝陛下'德音是茂，万寿无疆'。"

始皇此时已经喝得醉醺醺的了，也不管是否有违礼节，指着李斯哈哈大笑地说："好，爱卿说得太好了！只要朕取得了长生不老之药，一定会与你们共享这万里江山的。来，朕要敬爱卿一樽美酒！"

李斯脸上堆满了笑容，推辞道："臣不敢，还是臣敬陛下。"

"李爱卿为朕不辞劳苦，理应喝了这樽美酒。来，众爱卿也不要闲着，陪朕饮了这樽美酒！"

没有人敢不从命，蒙毅、扶苏和冯去疾勉强拿起酒樽，直接无视李斯送来的笑脸。李斯颇为难堪，然后装出一副满不在乎的模样，举起酒樽向始皇、冯劫、赵高示意。

冯劫也拿起了酒樽，满脸笑容地说道："丞相功德无量，理应喝了这樽酒。"

赵高也在一旁附和道："是呀，丞相是国家的栋梁之材，臣十分钦羡，希望丞相日后能多指点指点。"

"不敢，不敢，中车府令言重了。"

几人一同举起酒樽，一饮而尽。

此时的扶苏，内心极其愤慨，他十分清楚李斯焚烧书籍的后果，如此钳制言论，只会让更多的读书人将愤恨积压在心中，而这些人又会影响身边的人，到时候秦国就会失去民心。可是，父皇不仅对此毫不知晓，还为李斯庆功，实在是糊涂至极！

虽然扶苏只能在心里埋怨父皇，并不敢直接说出来，但作为长子，他不能对李斯的所作所为无动于衷，他如果懦弱下去，只会让支持他的人失望。于是，他对始皇说道："父皇，焚书这一行为虽然能够让百姓不再迷惑、混乱，但如此一来，百姓怎样才能知廉耻、守礼仪呢？不让百姓说话，必然有很大的危害。儿臣认为，不要再以暴烈的手段对待藏书之人了。焚书已经让他们知道了天子的威严，如果这个时候赦免他们，并加以安抚，就能够彰显出天恩的浩荡，使他们不再怨恨，这才是社稷之福。"

扶苏的这席话就如同一盆冷水，浇得兴致正浓的始皇瞬间脸色阴沉："你难道反对朕的焚书之举？"

"儿臣不敢，儿臣只是认为不该如此强硬，以免百姓心生不满。"

李斯听到这里，不免忐忑起来，扶苏已经把针尖对准了他，显而易见，这是对他的不满，但他一时又想不出用什么话来反驳，因为扶苏有可能是未来的君王，他不敢有所得罪。

始皇一声不吭地看着扶苏，发现他似乎在一夜之间长大了。在他的印象中，扶苏一直是个懵懵懂懂的少年，而现在站在他眼前的，是一个稳重、英气逼人的男子。

看着意气风发的儿子，始皇突然意识到自己老了。

此时的扶苏也十分不安，这种压抑的气氛是父皇大发脾气的征兆。大家都看着他们父子，没有人站出来说话，似乎都在等待。

其实，始皇明白扶苏说得十分在理，他早就想过焚书的后果，但与他的江山社稷相比，这些不好的后果又显得不足挂齿。权衡了一番后，他才批准了焚书之举。现在听扶苏这么一说，难道自己真的做错了？不！扶苏现在还太年轻，不知道其中的利害关系。百姓懂得越多，统治起来就越困难，唯一的方法就是切断其祸乱的根源——书。

始皇想要教训扶苏一番，但他冷静了一下，压低声音问道："朕听说你喜欢儒学，时常在府中穿着儒服听儒生讲课，是吗？"

扶苏愣了一下，然后小声地回答："是的。"他知道父皇不支持他学儒学，因此他一直小心翼翼地做这件事情，没想到还是被父皇知道了。

"'儒以文乱法'是谁说的？你知道吗？"

扶苏低着脑袋，说道："是韩非。"

"难得你还记得。韩非虽然已经去世，但朕曾经嘱咐过你要仔细研读他的著作，你有做到吗？我大秦以法治国长达五百多年，才有了如今天下统一的局面。对百姓来说，只要让他知法守法就行，不需要知什么廉耻、守什么礼节。商鞅把礼乐、诗书、修善、孝悌、诚信、仁义、贞廉、非兵和羞战统称为六虱，并认为要统统消灭它们。国家有这些有害的东西,君主的统治就不能超过他的臣子，官府对民众的治理就不能超过他的民众。如果这些思想有根基的话，国家就一定会被削弱。所以，兴盛的国家不用这些思想来统治……"始皇口若悬河，他那雄浑低沉的声音在殿中回荡着。

　　扶苏听了后额头直冒冷汗，他觉得自己在父皇面前就是一个小孩，只有服从命令的份儿。

　　"扶苏，朕的话你回去好好琢磨一下，你是朕的长子，要多学习一下处理政事的方法，人言可畏，不要轻信人言。朕现在有些累了，你们都退下吧。"始皇虽然使扶苏屈服了，却一点也高兴不起来，再也提不起寻欢作乐的兴致了。

　　这次的夜宴之争很快就在文武百官中传开了，都说陛下对李斯的宠爱已经超过了长公子。李斯的名望再次大增，但他却在心里直叫苦。他当然知道这些传言都是赵高故意传播的，他在逼自己和他联合。李斯清楚朝中的势力，赵高是不可能站在扶苏那边的，他在尽最大的可能保胡亥。

　　始皇现在依然没有立太子，因此胡亥也是有机会的。他是始皇最宠爱的姬妾所生，从小就集万千宠爱于一身，虽然其骄纵顽劣在众多公子中无人能比，但由于赵高的照顾，始皇对他的宠爱有增无减。不过在文武百官之中，扶苏的威望远远超过了胡亥，因为他品性敦厚，有治事的才能，大臣们一致认为他将来会是一个杰出的君王。

　　因此李斯一直十分为难，他不知道该站在哪边。他想先观望观望，等形势明朗后再做决定，但赵高不给他时间，无所不用其极地迫使自己和他站在一起。虽然不管是在官职上还是在爵位上，李斯都超过了赵高，但赵高是一个阴毒之人，内心深处，他是害怕赵高的。

　　扶苏有些丧气，他现在整天待在府中，拒绝一切应酬，细细琢磨着父皇的每一句话。他对自己目前的身份地位很不满，从各个方面来讲，他都是太子的不二人选，但父皇偏偏不肯下诏。难道父皇真的认为世上存在长生不老之药，他能够永远统治这万里江山？他扶苏是不相信这些鬼话的，也清楚这一切都是拜赵高所赐。

　　这些奸佞小人，就是因为他们的引导，父皇才变得如此暴虐荒淫。如果他扶苏掌权，一定会将这些人赶尽杀绝！

　　这个时候发生了一个插曲，那就是扶苏母亲的病情日益严重，最后病死。太医告诉扶苏，是由心火郁结所致，但根据用药情况，理应可以维持一段时间，但不知为何适得其反。

　　扶苏经过一番调查，发现是赵高为了对付他们母子而动了手脚。于是，新仇旧恨加在一起，让扶苏更加痛恨赵高了。

　　这边的始皇，见扶苏这么反对他的决定，与他针锋相对，十分生气。他单独把扶苏找了过来，对他说道："为父十四岁登基，二十二岁铲除奸佞之臣，接着，用十七年统一了天下，使天下百姓过上了安居乐业的生活，不再遭受战乱之苦。朕的功德已经超过了三皇五帝，他们有什么资格对朕不满？这些儒生、术士敢以下论上，议论朝政，就是因为朕对他们太纵容了。我的皇儿啊，你并不了解天下的民情啊，你应该出去走走。朕当年在邯郸的日子，对朕的一生都起着至关重要的作用。"

扶苏一听呆住了，他万万没有想到，父皇竟然因为夜宴之争而将自己贬出都城，让自己去边塞协助蒙恬修筑长城，不禁黯然神伤，快要控制不住自己的眼泪了。

他扶苏是长公子，明知道说这些话会触犯父皇，但为了社稷着想，他不想父皇一错再错。依照现在的情景看，父皇已经对自己没有任何好感，现在恳请父皇，让父皇开恩，让自己留在咸阳，只会让父皇更加厌烦。于是，他跪了下来，拜了拜，说道："儿臣谨记父皇的教诲，儿臣再也不能在父皇身边尽孝了，还请父皇多多保重身体。"

"你到了蒙恬那里，有什么事情要多和蒙恬商量，他是一个值得信任的臣子。"始皇此时的一片苦心，扶苏怎么会明白呢？只是他不能对扶苏明说。

卢生和侯生因为担心性命不保，在一个月黑风高的夜晚悄悄溜走了。始皇知道后并没有追杀他们，因为他们的悄然离去让他明白，求取长生不老之药已经是一件很渺茫的事情了。

此时，天下动荡的局面已经开始显现。虽然各地郡守都报喜不报忧，极力隐瞒，但始皇还是不时接到有人叛乱的密报。他预感到山雨欲来，但已经心有余而力不足。他在百姓心中树立起了威霸刑杀的形象，不管做什么都难以挽回民心，只能把这希望寄托在扶苏身上。

咸阳是风暴的中心，只有迁出扶苏才能保证他的安全。扶苏品性忠厚，身份特殊，自己百年之后，扶苏受到的威胁将是最大的。即使扶苏能顺利登上皇位，后面的局势也比较动荡。而此时蒙恬手中掌握着三十万大军，即使有人不服谋反，他们凭借着强劲的军事实力，也能抵抗一番。

始皇继续说道："至于赵高，父皇知道他为人阴险，骄横妄为，但他毕竟陪伴了父皇那么多年。父皇将他留下来，你不会有意见吧？"

"只要父皇开心就行。"

"你能这样想，父皇十分高兴，就让他再陪父皇几年吧，以后你想怎么处置就怎么处置。"始皇无可奈何地说道。扶苏见父皇言语奇怪，但也不好多说什么。

蒙毅听说扶苏被贬到了上郡，十分不安。在他心中，扶苏贤明，是太子的唯一人选。始皇这么做，只会给朝廷中的文武百官带去扶苏失势的印象，那么支持扶苏的人必将大大减少，对他以后只会更加不利。

想到这里，蒙毅立马进宫，向始皇上奏道："陛下，公子扶苏是嫡长子，按礼说不应该外出驻守。陛下将他贬出咸阳，朝中只会更混乱。"

"爱卿所说的，朕心里清楚。扶苏现在掌管着蒙恬手下的三十万大军，朕难道会不相信扶苏？现在天下局势动荡，朕让他离开咸阳，躲开这个最危险的地方。而扶苏正好可以趁这个机会，看看谁是真正的忠良之臣，这对他日后也有好处。"

"陛下深谋远虑，非一般人所及。陛下这样做有自己的原因，也不是臣能够了解的。"

"至于赵高，他想谋害扶苏母子，这件事情已经查实，你觉得应该怎样处理这件事情呢？"

"赵高是一个很有心机的人，这个得陛下自己拿主意。"

蒙毅知道，赵高在始皇心中占据着非常重要的位置。其实，他觉得最好的办法就是杀掉赵高，如果不抓住这个机会，他日后肯定还会生出祸端。但是如果他现在指责赵高，不就是在指责始皇不会用人吗？

始皇叹了一口气，若有所思地说道："天下人都认为赵高是奸佞之人，却不知道他陪朕出生入死多年。并且不少事情，都是他按照朕的心思去做的。他对社稷来说没有什么功劳，但他对朕是有功劳的。就让扶苏以后用他来平息民怨吧，也许比现在杀他更有用。"

蒙毅听完，对始皇佩服得五体投地。始皇现在越宠爱赵高，天下人就越仇恨赵高，那么以后扶苏杀他，就更容易收服人心。

始皇又叮嘱蒙毅道："你们蒙家三代都是忠良的臣子，有你们兄弟二人辅佐扶苏，朕十分踏实。今天的事情，爱卿不要对任何人提起，包括扶苏。"

"臣遵命。"一直以来，蒙毅一直担心始皇被奸佞小人所蒙蔽。但是现在看来，不过是没有明白始皇的良苦用心而已。

天下的形势果然像始皇所预感的那样，不祥的预兆纷纷显现。

秦始皇三十六年（公元前211），宫中观星象者向始皇报告天空中出现了荧惑守心之象。

荧惑，是金、木、水、火、土五行星中的火星。心，即二十八宿东方苍龙七宿中的心宿，是天帝布政的明堂。荧惑守心即火星侵犯心宿，是君主非常忌讳的事情。一般情况下，就是代表君王身上将有不好的事情发生。

始皇听完报告后一直闷闷不乐，难道上天对自己的所作所为有所不满吗？为何要给自己这个警示呢？无奈之下，他让观星象者解释此异象。没有料到的是，这个异象还没有解开，东郡郡守就上报说东郡有星星坠落，星坠在地上成为石头后，人们发现上面刻有"始皇死而地分"的字样。

始皇听到后勃然大怒，显而易见，这是有人借天象来诅咒他，于是派赵高前去查访。

上次陷害扶苏母亲的事情被查出后，赵高收敛了不少。除了尽心尽力服侍始皇外，大部分时间都在悉心教导胡亥问案断狱之学。这次始皇派赵高出去办事，似乎恢复了往日对他的宠爱。赵高决定好好抓住这次机会，将功补过。

但调查这件事情的难度很大，赵高把在石头附近居住的百姓都抓起来，一一盘问。无奈百姓都知道秦法严苛，诅咒皇帝这种事情更是要满门抄斩，所以没有人敢承认与这件事情有关联。赵高查来查去，也没有查出任何眉目。他担心始皇会责怪他办事不力，于是开始诋毁在石头附近居住的百姓，说他们都是一些刁民，根本不服从管理，应给予严惩。

始皇看了赵高的汇报后，二话没说，下令诛杀那些在石头附近居住的百姓。文武百官都暗骂赵高心肠歹毒，赵高的奸佞之名也越传越广，天下百姓无不对其深恶痛绝。始皇暗自得意，以后扶苏除去赵高后更能收服民心。

始皇派出的使者在关东巡视一番后回到了咸阳，夜晚途经华阴县平舒道时，有个人拿着玉玺对他说道："帮我把这个交给滈池君（滈池水神），明年祖龙会死。"说完，这个人便放下玉玺消失了。

使者拿着玉玺回到咸阳，向始皇汇报了这件事情。

始皇听完后，沉默了好长时间，然后说道："这一定是山鬼所为，山鬼只能预测当年的事情，明年的事情他怎么会知道呢？"

始皇内心明白，"祖龙"就是暗指自己，但他嘴上并不承认："祖龙应该是指人的祖先吧。"

始皇将玉玺交给御府令调查，御府令调查后告诉始皇："这是陛下第一次出巡时沉入江水中的祭祀之物。"

这一连串的征兆让始皇郁郁寡欢，时间一长，就生病了，御医诊治也不见好。所以始皇命令太卜算卦，来定吉凶。

太卜祷告了神祇一番后，以龟甲卜之，所得的卦辞十分深奥。太卜看了后，不由得大惊，也不敢向始皇言明，只说出门游徙最为吉利。

君王可游但不能迁徙，民可迁徙但不能游，只有君王游百姓迁徙，才能逢凶化吉。于是始皇下令，让三万户百姓迁徙到榆中、北河两地，郡守官位提升一个侯爵。然后向文武百官下令，他要再次出游天下。

秦始皇三十六年十月，惶惶不可终日的始皇决定再次出巡，对百姓进行镇压外加安抚。他让右丞相冯去疾留守咸阳，处理政事，自己则带着李斯、蒙毅、赵高、冯劫一起出巡。

始皇感觉身体不舒服，按理说不应该出巡，万一路上有什么不测也不好应付，但文武百官都知道其性情，因此朝廷中没有人敢直言劝谏。

这次出巡，赵高最为热心，不仅积极张罗，还极力劝说幼公子胡亥一同出游。胡亥十分不愿意，因为父皇一出游，咸阳宫中就再也没有人能管他，他就可以尽情地玩乐了，这是一件多么美好的事情啊。

赵高十分清楚胡亥的纨绔，但他这么做有自己的算盘，他对胡亥说："公子，如果你这次不跟陛下巡游，只怕以后这样逍遥的日子就要结束了。"

"太傅这么说是什么意思？除了父皇外，没有一个人管得了我吧。"

"长公子扶苏。"

"他？"胡亥对这个兄长又是嫉妒又是害怕，"等他继承了王位，估计还能管管，现在说这个还有点早。"

"公子，已经不早了，你要是不出游，就迟了。这次陛下出游，说不定回来时坐在咸阳宫大殿上的就是扶苏了，那么他就会夺走公子的美人，并且公子再也不能出去狩猎了。"

"他凭什么这么对待我？"胡亥嚷嚷道。

"就凭你是陛下最宠爱的公子。你的母亲一直和他的母亲争宠，最后使他的母亲抑郁而终，这是朝中上下都心知肚明的事情，扶苏上位后能够饶了你？再说，就是因为陛下宠爱你，才导致他这个长子这么多年来也没当上太子。"

"这……那我该如何是好？"胡亥焦灼地问道。

"公子想不想保住现在的地位？"看到胡亥忐忑不安的模样，赵高知道自己得逞了。

"这还用说，我当然想保住现在的地位了，太傅有什么好的主意，快说。"

"最好的办法就是你跟着陛下一起出游，万一陛下驾崩，你就知道陛下将皇位传给谁了。要知道，扶苏现在还不是太子，你在陛下面前好好表现一番，说不定陛下会对你刮目相看，将皇位传给你，到时候，你就能想干什么就干什么，再也不用顾忌扶苏了。"

"太傅说得太对了，那以后太傅让我怎么在父皇面前表现，我就怎么表现。"

在赵高的授意下，胡亥一再请求跟随始皇出游，始皇疼爱幼子，就答应了他的要求。

浩浩荡荡的车队出了武关，途经丹水、汉水、云梦。始皇在这里停留了一段时间，并向九嶷山的虞舜行了祭拜之礼。然后顺着长江水而下，经过丹阳，到了钱塘，登上了会稽山。

始皇在这里祭祀了大禹，又望祭了南海，并立石刻辞，以示后人。

始皇在这次东南之行途中，见各地百姓的习俗十分落后，于是在刻辞中多次强调礼教，期望改变当地的习俗。

从会稽山下来，始皇那浩浩荡荡的车队又返回钱塘，一路上旌旗招展，引起不少百姓围观。人群中一个英姿勃发的少年看到这个情景，情不自禁地说道："彼可取而代也！"

旁边一个年纪稍大的人急忙捂住了他的嘴，小声斥责道："不得胡说，以免招来祸端。"

年长之人为原来楚国大将项燕的儿子项梁，而那英姿勃发的少年则是他的侄儿项羽。

始皇从钱塘到吴地，从江乘（今江苏句容北）乘船渡江北上，准备去琅邪郡。

到了琅邪郡，当地的郡守告诉始皇，那个求仙问药的徐福已经回来了，只是并没有带回不死丹药。始皇立马让郡守将徐福抓起来，他要亲自审问。如果徐福不能给他一个满意的答案，他将对徐福处以极刑。

多年不见，徐福的容貌与九年前差不多，依然器宇轩昂，颇有几分仙气。经过卢生和侯生的事情后，始皇不再那么相信神仙之说了，所以一见到徐福，就严厉地训斥道："你找的不老仙药呢？朕给了你那么多财物，你就空手来见朕？"

徐福已经在海外寻找到了一块地方，带着童男童女和技工在那里安居乐业，过着逍遥自在的生活。但是因为受到当地土著的侵扰，这才想着回来带一些善于打仗的青壮年过去。没有料到的是，人没有招到，却遇到了巡游的秦始皇。

在被关押的日子里，徐福已经想好了应对的话语。只见他镇定自若地对始皇说："陛下，臣原本以为可以抵达蓬莱仙境，但在即将到达的时候，遇到了海中的大鲛，它不让臣的船只靠近仙岛。因此，这次回来是想请求陛下派遣一些擅长射箭的人，同臣一起射杀海中大鲛，只要能够驱逐它们，臣就能够上蓬莱仙境取仙药了。"

始皇一方面对徐福说的话充满怀疑，另一方面又希望徐福说的是真的，那样他就能得到不老仙丹了。他一时难以决定下来，于是将徐福关押了起来。

赵高担心徐福在无路可走的情况下，会将自己收受贿赂的情况告诉始皇，便对始皇说："陛下，臣认为徐福所说应该不假。以陛下之前赏给他的人和钱财，他可以在任何地方生存下来，又何必冒险回来呢？再说，陛下已经为这件事情耗费了不少财力，现在即使将他处死，财物也追不回来，何不赏给他一些擅长射箭的人，让他继续寻药？如果杀了他，就彻底断了寻找长生不老之药的路了。"

赵高的这番话再次让始皇动摇起来，自己已经在上面耗费了大量钱财，现在再给他几个武士，又能怎样呢？万一寻到仙药了，他就不必为病痛烦恼了。

于是，始皇让琅邪郡守拨给徐福一千名武士，让他继续寻找仙药。徐福欣喜若狂，带领一千名武士再次扬帆出海，他发誓这次出去了就再也不回来了。

徐福走后，始皇率领文武百官乘坐船只出海，寻找大鲛。船行驶到芝罘，果然看到了一条硕大的鱼，始皇立马下令射杀。如此一来，他就更相信徐福的话了。只是他的身体每况愈下，大部分时候只能待在金根车内，听臣子们向他们汇报沿途的民情。

秦始皇三十七年（公元前 210）六月，始皇的车队行驶到平原津。因为饱受颠簸之苦，始皇再也撑不住，终于病倒了。随行的御医立马进行诊治，却发现始皇剩下的时日不多了。

听到了御医的诊断结果，始皇勃然大怒，他实在无法接受自己将要死去这个事实，他还要等徐福为他送来不死仙药呢！于是他下令处死御医，百官大惊，再也不敢提死这件事情了。

赵高知道这一情况后，便立马开始谋划。始皇身边的人，他最忌讳的便是蒙毅，蒙毅是一个性情耿直的人，始皇又极其宠爱他，并且他一直与扶苏站在同一战线上。只有调走蒙毅，他才能按照自己的计划行事。于是，他对始皇说："陛下的病情，要向神明祈祷才能好转。臣听说关中的山川之神十分灵验，陛下可以派遣心腹前去为陛下祈祷，就能好转。"

病痛缠身让始皇不堪忍受，他没有细细辨别赵高所言是真是假，就派蒙毅前往关中代替自己向神灵祈祷。

蒙毅十分忐忑，万一在自己离开之际，始皇驾崩了怎么办？赵高虽然权势不高，但这次他让胡亥同始皇一起出游，就能够看出他有自己的一番打算。于是，他偷偷地见了始皇一面，说出了自己的担忧。

始皇躺在金根车的床榻上，气息奄奄地说道："爱卿放心吧，即使朕有什么不测，也只会把皇位传给扶苏，你踏实地去关中吧。"

蒙毅这才放心离开了，只要始皇不改变初衷，坚持将皇位传给扶苏，他的担心就是多余的。可惜他低估了赵高，他没有想到赵高竟然会联合随行的大臣，私自篡改始皇遗诏。

始皇的病情越来越重，他觉得自己剩下的时间不多了，于是决定下遗诏，让扶苏继位。

赵高掌管着符玺，始皇召他前来，准备让他在诏书上盖上玉玺，再让人交给扶苏。

赵高来到始皇的金根车内，只见始皇一人静静地躺在床上。他轻轻地走到床前跪了下来，小声地说道："陛下，臣来了。"

始皇微微睁开眼睛，看了赵高一眼，用手指了指案几上的白绢。

赵高立马心领神会，铺好了白绢。

"你……你在……上面……盖好……玉玺。"始皇用微弱的声音说道。

赵高听完，直接愣住了：白绢上什么字都没有，为何要盖上玉玺？难道陛下已经病得神志不清了？

"陛下，上面什么字都没有。"赵高小声地提醒道。

始皇一脸的不开心，盯着赵高，说道："朕让你盖章你就盖章，不要多说话。"

始皇这个时候也完全明白过来了，那些神仙之说、不死之药都虚妄至极。

"是，陛下。"赵高将玉玺拿了出来，恭恭敬敬地在上面盖上了印章。

"你在……上面……写上……'以兵属蒙恬，与丧会咸阳'。"

赵高写好后，始皇拿过来看了看，说道："你去把李斯叫过来。"

"陛下，您这诏书是什么意思？"赵高就像没有听到始皇的命令一样，看着诏书问道。

"你不要多说话……按照朕所说的去做就行。"始皇冲赵高瞪着眼，十分不开心他的无礼举动，但此时的他已经没有力气计较这些了，他感觉生命正从体内逝去。

此时的赵高却不像平时那样害怕始皇，他将诏书拿在手中，翻来覆去地看了一遍又一遍，然后冒失地说道："陛下不解释，臣也想得到。陛下是想把这诏书交给李斯，让李斯转交给咸阳城外的扶苏，是吗？"

始皇气得直发抖："你……你……想干……什么？"

"您什么都替扶苏想好了，臣替您干尽了坏事，等扶苏当上了皇帝，好拿臣开刀。陛下，臣全心全意侍奉您那么多年，难道只有这种下场？"看着始皇气得脸色发青，赵高越说越来劲，要不是担心有人听到，他真想哈哈大笑。

"陛下，您就安心地走吧，臣会将这诏书交给你最宠爱的儿子胡亥的。"看着快要死去的始皇，赵高没有一丝害怕，他心中只有阴谋诡计得逞的快感。

"你……这个……奸佞……小人，朕真是……后悔……当初……没……除掉……你！"始皇用尽最后一点力气骂道，骂完后，他已经没有多余的力气向车外的侍卫们传达命令了。在赵高的奸笑声中，始皇不甘心地永远闭上了双眼。此时，车队已经行驶到沙丘平台（河北巨鹿县）。

秦始皇三十七年（公元前 210）七月丙寅日，叱咤风云的一代霸主就这样离开了这个让他恋恋不舍的世界。

赵高出了金根车，对侍卫说道："陛下正在睡觉，没有命令，不得进去。"

侍卫都知道平日里始皇极其宠幸赵高，就相信了赵高的话。

接着，赵高径直来到胡亥的车中，让胡亥身边的人都退下后，说道："陛下已经驾崩了，没有给众王子留下遗命，只留给扶苏一封遗诏。扶苏一到，就会被立为皇帝。公子，你很可能就没有自己的立足之地了。"

胡亥听了以后沮丧万分，父皇最终还是将皇位传给了扶苏，他这几个月算是白努力了。他萎靡不振地说道："我该如何是好？明君知道哪个臣子贤能，明父知道哪个儿子有用。父皇当然知道哪个儿子最适合继承自己的王位，哪个儿子最不应该受到封赏，我无话可说。"

赵高见胡亥如此，只好明白地提醒道："我看不是这样的，陛下的诏书在我手中，也就是说，我已经掌握了天下的大权。制人与受制于人、要别人臣服与臣服于别人，公子应该了解这其中的滋味。现在陛下已经驾崩，只有你我二人知道。我们可以联合丞相李斯，这样我们就可以按照自己的意愿来行事了。"

胡亥听后，立马明白这是赵高在劝自己篡位，他心中想这么做，但又十分害怕。篡位的计谋要是被人知道了，那他就犯下了谋逆的大罪，也会为天下人所不齿的。他摆了摆头，说道："废兄立弟，这是不道义的行为；不奉父诏，这是不孝顺的行为；自己无才，依靠他人之功，不能这么做。这三件事情都违背了道德，只怕不足以让天下人顺服。我如果这样做，不仅会让自己遭遇不测，只怕社稷都难以保存。"

赵高没有料到胡亥如此坚决，他十分生气，但又不能强迫他，只能慢慢诱导，于是说："我听说商汤和周武杀掉其君主，称义于天下，没有人说其不忠诚的；卫出公将其父亲杀掉，卫国人却说他德高望重，孔子不在《春秋》上记载，这不能算其不孝顺。做大事的人要不拘小节，盛德不计较琐屑的礼让。如果只顾小节而将大体忘掉，事后一定会生出祸端来，犹犹豫豫的，事后一定会后悔的，希望公子一定要听臣的安排。”

胡亥见赵高一副胜券在握的模样，也受到了感染。对他来说，皇位的诱惑实在太大了，但他还是有一些担忧：“父皇刚刚去世，还没有公布死讯，怎么能拿这件事情和李丞相商议呢？”

赵高见胡亥已经动心，就干脆地说道：“公子放心吧，我一定会说服李丞相的。现在我们要利用好每分每秒，公子既然已经答应，我现在就去找李丞相。”

从胡亥那里出来后，赵高就去了李斯处。见到李斯，赵高直截了当地说道：“陛下已经驾崩了，目前只有我一人知道。胡亥已经拿了赐给扶苏的诏书和玉玺，现在由谁来继承王位，就看你我二人的一句话了。”

李斯大吃一惊，他没有料到始皇这么快就驾崩了，更没有料到赵高竟然如此胆大包天。他低声斥责道：“你怎么能说出这样的亡国之话来！这不是臣子所能说出的话。”

赵高很清楚李斯的为人，不然他也不敢这样做。他淡定地说道：“丞相掂量一下自己，你的才能比得上蒙恬吗？你对国家的功劳比得上蒙恬吗？你的足智多谋比得上蒙恬吗？你比蒙恬更得人心吗？你与扶苏的关系比得上蒙恬吗？”

赵高的一连串发问让李斯无话可说，李斯只能翻着白眼回答道：“我知道这五个方面我都比不上蒙恬，可你有什么权力说我呢？”

赵高听完扑哧一笑，说道：“我是没有权力数落丞相，但我现在是真心实意地在为丞相着想。陛下的儿子有二十多个，你非常清楚他们的为人。长公子扶苏性情刚毅，为人孝顺，与蒙氏兄弟关系密切，如果他当上皇帝，一定会重用蒙氏兄弟，只怕丞相一回咸阳，就会失去丞相之位。我担任胡亥太傅多年，他为人忠厚仁慈，轻财重士，这么多公子中，没有人比得过他，他一样可以继承皇帝之位。”

李斯很清楚赵高的用心，扶苏一上位，赵高就是第一个被除掉的人，而他李斯并没有这种危险，此时的赵高只不过是在危言耸听而已。

李斯立马阴沉着脸说道：“你还是回去做你该做的事情吧，我遵奉陛下的遗诏，听从上天的安排，没有什么可以考虑的。”

赵高听完哈哈大笑道：“你以为自己什么危险都没有吗？你要记住，韩非是你我二人合谋害死的，扶苏要是知道你谋害了这么贤能的人，能饶过你吗？立胡亥为皇帝，表面上看十分危险，其实是十分安全的策略。在这种紧要关头，你如果不掌握好时机，一定算不上是一个不同凡响之人。”

李斯听完，瘫坐在椅子上，他知道如果扶苏知道自己陷害韩非，可能现在拥有的一切都将不复存在。他长长地叹了一口气，说道：“我最初不过是上蔡的平民百姓，得到了陛下的重用，封我为丞相，子孙也被赐给尊位，我怎么能做出对不起陛下的事情来呢？你不要再说了，不要让我犯下死罪。"

赵高看出李斯的决心在慢慢动摇，只是良心上过意不去，于是继续劝说道："聪明的人都知道顺势而为，见末而知本，不会因循守旧。现在胡亥掌握着天下人的命运，我最了解胡亥了，扶苏在外，胡亥在内，始皇在上，扶苏在下，你我二人以始皇的命令以上制下，以内制外，没有人敢不听从！一旦错过了这个最佳时机，上下内外的形势发生了变化，再想制约住扶苏，那我们就成了乱臣贼子，丞相应该明白这个道理吧？"

李斯依然拿不定主意："晋献公废掉申生而立奚齐，结果三世都不得安宁；齐桓公与哥哥公子纠争夺皇位，结果公子纠招致杀身之祸；商纣王杀了自己的亲人，导致社稷灭亡。这三者都有违天理，导致其宗庙得不到祭祀。如果我们违背天理，也会和他们一样遭到天谴的。所以，我不敢同你谋划。"

赵高听完后说道："如果你我二人同心协力，那么我们现在拥有的富贵就能长长久久。咱俩里外呼应，办起事来就更加游刃有余。事情办成后就可以传位于子孙后代，从而永享这荣华富贵，世人歌颂你的智慧就像歌颂孔子和墨子一样。如果你现在不听从我的安排，恐怕你的子孙后代也会跟着倒霉，我真的是在替丞相着想啊。"

李斯知道赵高已经和胡亥串通好了，自己如今知道了他俩的阴谋诡计，如果不答应，肯定会遭到迫害，于是扬起头，长叹道："唉，我生在乱世，既然不能以死来报答陛下，何处才能安身立命呢？"

最终，在赵高的各种威逼利诱之下，李斯妥协了。他们找来几个心腹侍卫，像始皇生前那样去伺候他，然后假传圣旨，立胡亥为太子。

上郡，扶苏和蒙恬日夜为修建长城而忙碌着。他们登上了一座高山之顶，俯瞰着蜿蜒于山岭深谷的道路，百感交集。

"幸亏有公子前来相助，要不然我一人真的难以应付过来。"蒙恬感叹道。

这几个月来，扶苏为了调人筹粮而忙碌着，人变得又瘦又黑，精神却很好。

"这么浩大的工程，不知道耗费了多少钱财，让多少人丧生了呀。"扶苏感慨道。

"末将在上谷郡修建长城时，曾经听到民夫们唱了一首歌，让末将难以忘怀。"

"哦，是什么歌？"扶苏兴致勃勃地问道。

"此曲末将也不会唱，但记得其词，'生男慎无举，生女哺用脯。不见长城下，尸骸相支拄。'"

扶苏听完后没有吭声，他知道蒙恬的用意，是暗示他登上皇位后要善待百姓。

突然，一颗流星从天边划落，侍从们一阵惊呼。

流星坠地，这是不吉祥的预兆。扶苏和蒙恬为之震惊，他们不安地看了对方一眼。这个时候，一个士卒跑了过来，说道："公子、将军，陛下改变了原来的路线，不经过上郡，而是直接由九原郡返回咸阳了，还派来了使者，让公子和将军前去接旨。"

始皇突然改变了路线，是不是有什么不好的事情发生了？扶苏变得不安起来，蒙恬看在眼里，安慰道："公子，不管发生了什么，末将都会率这三十万大军保护公子的。公子大可以放心，只要蒙毅那边传来消息，我们就能够看情况行事了。"

"那一切就依靠二位了。"

扶苏向着流星坠落的方向，心中呼喊道："父皇，您到底怎么了？"

扶苏和蒙恬接见了使者，使者拿出赵高和李斯两人篡改的诏书读道：

朕巡天下，祷祠名山诸神以延寿命。今扶苏与将军蒙恬将师数十万以屯边，十有余年矣，不能进而前，士卒多耗，无尺寸之功，乃反数上书直言诽谤我所为，以不得罢归为太子，日夜怨望。扶苏为人子不孝，其赐剑以自裁！将军恬与扶苏居外，不匡正，宜知其谋。为人臣不忠，其赐死，以兵属裨将王离。

念完诏书，使者递给扶苏一把宝剑。

"罢了，罢了，父皇最终还是不肯原谅我！他最宠爱的孩儿还是胡亥，我活在这个世上已经没有了意义。"扶苏拿着宝剑，心灰意懒，只见他泪流满面地走进内室，准备自杀。蒙恬立马阻止他说："陛下现在正在巡游，并没有立下太子。陛下让臣率领三十万大军戍守边疆，让公子担任监军，这是天下的重任。现在公子仅凭使者的一句话就要自杀，要是其中有诈怎么办？还是请公子向陛下请示一番，得到证实后再死也不迟。"

使者见势，立马严肃地对蒙恬说："难道将军认为这诏书有假吗？"

扶苏见诏书上那朱红色的玉玺印章，绝望地说道："父让子死，君要臣亡，我还要请示什么呢？"说完便拔剑自杀了，鲜血溅了一地。蒙恬呆住了，抚摩着扶苏的尸体大哭起来。

蒙恬是三十万大军的将领，使者不敢草率地逼他自杀，只得将其押走，关在阳周（今陕西长安）狱中。

赵高和李斯又假传圣旨，将蒙毅也囚禁了起来，然后才向天下宣布始皇已经驾崩，立胡亥为皇帝，称秦二世。

胡亥为始皇举行了盛大的丧礼，将其安葬在骊山陵中，并下令后宫没有子女的姬妾全部殉葬。

至此，始皇一手创立的基业彻底落入了奸臣贼子之手，再也没有了留传千秋万代的可能，而是很快走向了消亡。

秦二世元年（公元前209），赵高诋毁蒙氏兄弟，二世下令杀死了囚禁在代郡的蒙毅，让蒙恬服毒自杀。二世又听信赵高之言，杀死了诸多忠臣和众多公子公主。

七月，陈胜吴广揭竿而起。

九月，刘邦在沛县起兵；项梁在吴地起兵。

秦二世二年（公元前208），赵高陷害李斯，将其腰斩于咸阳，赵高掌握了朝中大权。

十二月，项羽在巨鹿城下大败秦军，俘获秦国将领王离。

秦二世三年（公元前207）八月，赵高杀死秦二世，想自己称帝，遭到文武百官的强烈反对，赵高只得立始皇的孙子子婴为帝。子婴不想被赵高控制，联合宦官杀了赵高，并诛其三族。

十月，刘邦驻兵灞上，子婴投降，秦国灭亡。

十二月，项羽入关，杀死子婴，火烧阿房宫，分割天下，立诸侯。中原大地上，新一轮的角逐拉开了序幕。